职业院校
汽车类"十二五"规划教材

工业和信息化高
"十二五"规划教材立项项目

U0626146

汽车
检测技术与设备

Detection Technology
And Equipment of the Car

◎ 王治平 主编
◎ 王云霞 张雨薇 段伟 副主编

人民邮电出版社
北 京

图书在版编目（CIP）数据

汽车检测技术与设备 / 王治平主编. -- 北京：人
民邮电出版社，2013.4（2019.1重印）
职业院校汽车类"十二五"规划教材
ISBN 978-7-115-30535-0

Ⅰ. ①汽… Ⅱ. ①王… Ⅲ. ①汽车－检测－高等职业
教育－教材②汽车－车辆维修设备－高等职业教育－教材
Ⅳ. ①U472.9

中国版本图书馆CIP数据核字(2013)第021187号

内 容 提 要

　　本书系统地介绍了汽车使用性能的不解体检测以及合理使用汽车的相关知识。全书共有 4 章，系统地论述了汽车检测的基本知识、汽车发动机部分检测、汽车底盘部分检测、汽车整车性能检测等的相关知识。为了让读者能够及时地检查自己的学习效果，把握自己的学习进度，每章后面都附有习题。

　　本书可作为高等职业技术学院汽车检测与维修技术、汽车制作与装配技术、汽车电子技术等汽车类专业的教学用书，也可供有关技术人员与操作人员参考、学习、培训之用。

◆ 主　　编　王治平

　　副 主 编　王云霞　张雨薇　段　伟

　　责任编辑　赵慧君

　　执行编辑　王丽美

◆ 人民邮电出版社出版发行　　北京市丰台区成寿寺路 11 号

　　邮编　100164　　电子邮件　315@ptpress.com.cn

　　网址　http://www.ptpress.com.cn

　　北京九州迅驰传媒文化有限公司印刷

◆ 开本：787×1092　1/16

　　印张：17　　　　　　　　　　2013 年 4 月第 1 版

　　字数：402 千字　　　　　　　2019 年 1 月北京第 7 次印刷

ISBN 978-7-115-30535-0

定价：35.00 元

读者服务热线：(010)81055256　印装质量热线：(010)81055316
反盗版热线：(010)81055315

Forward

前　言

随着汽车保有量的不断增加，人们对汽车动力性、经济性、安全性、舒适性和环保性等各方面性能的要求越来越高，汽车技术正在向电子化和智能化方向发展。这必然会引起汽车运用领域相关产业和相关技术的变革。因此，了解汽车使用性能，正确、合理使用汽车，以及正确选择汽车检测方法等已经变得越来越重要。

目前，我国很多高职院校的汽车专业都开设了"汽车检测"类的课程，为了帮助高职院校的教师能够全面、系统、有重点地讲授这门课程，使学生能够系统地了解汽车的检测知识，我们编写了《汽车检测技术与设备》这本书。

本书条理清晰，语言简练，图文并茂，简化了冗长的理论分析，强化了汽车检测实用技术的介绍，内容的取舍以高职学生必须、够用为出发点，特别注重理论与实践的紧密结合，内容具有极强的针对性和实用性，旨在切实培养和提高学生的技术应用能力。

全书共分4章，全面、系统地阐述了作为汽车检测诊断工程师应具备的基础知识和基本技能。在简单介绍汽车检测基础知识之后，着重阐述和讲授发动机、底盘以及整车性能的检测方法和相关设备的使用。此外，对汽车排放污染物、汽车噪声等环保性能检测内容也作了充分的介绍。

本书是按照授课时数约为60学时编写的。各学校在选用本书作为教材时，可根据自己的教学大纲适当增、减学时。具体的学时分配表如下。

学时分配表

项　目	课程内容	学　时
第1章	概述	4～6
第2章	汽车发动机部分检测	16～18
第3章	汽车底盘部分检测	16～18
第4章	汽车整车性能检测	16～18
课时总计		52～60

本书由安徽机电职业技术学院王治平任主编，安徽机电职业技术学院王云霞、石家庄财经职业学院张雨薇、安徽水利水电职业技术学院段伟任副主编。具体写作分工如下：第1章1.1、1.2，第4章4.8、4.9由段伟编写；第1章1.3、1.4，第2章2.7、2.8、2.9由张雨薇编写；第2章第2.1、2.2、2.3由安徽机电职业技术学院李琤编写；第2章第2.4、2.5、2.6由安徽机电职业技术学院王爱国编写，并对各章节中汽车电器、汽车电子控制部分的相关内容给予了大量的指导和帮助；第3章由王治平编写；第4章4.1~4.7由王云霞编写。

本书编写过程中，得到许多专家和同行的大力支持，并参考和借鉴了许多国内外公开出版和发表的文献，在此表示衷心的感谢！

由于编者水平有限，书中难免存在不足或疏漏之处，恳请广大读者批评指正。

编　者

2012 年 11 月

目 录
Content

Chapter 1

第1章

| 概　　述 |

　　汽车检测设备应用技术是贯彻我国汽车"定期检测，强制维护，视情修理"的维修制度，积极推广现代汽车检测诊断技术的重要组成部分。

学习任务

1. 明确汽车诊断的目的、方法，专业术语的含义。
2. 了解汽车检测与诊断技术的发展概况及国家的有关规定。
3. 熟悉汽车故障类型与故障产生的规律。
4. 了解汽车维修企业常用检测设备。

 # 汽车检测设备应用技术发展概况

　　汽车检测设备应用技术与汽车检测诊断技术一样，是随着汽车的发展从无到有并逐渐发展起来的一门应用性技术。

| 1.1.1　国外发展概况 |

　　国外一些发达国家，早在 20 世纪 40～50 年代就研制成功一些功能单一的检测或诊断设备，并发展成为以故障诊断和性能调试为主的单项检测诊断技术。进入 20 世纪 60 年代后，检测设备应用技术获得较大发展，设备使用率大大增加，逐渐将单项检测诊断技术连线建站（出现汽车检测站），成为既能进行维修诊断，又能进行安全环保检测的综合检测技术。

随着微机的发展，不仅单个检测设备实现了微机控制，而且于 20 世纪 70 年代初出现了检测控制自动化、数据采集自动化、数据处理自动化、检测结果自动存储并打印的现代综合检测技术，其检测效率极高。进入 20 世纪 80 年代后，一些先进国家的现代检测诊断技术已达到广泛应用的阶段，不仅社会上的汽车检测站众多，而且汽车制造厂装配线终端和汽车维修企业内部也都建有汽车检测线，给交通安全、环境保护、节约能源、降低运输成本和提高运力等方面带来了明显的社会效益和经济效益。

1.1.2　国内发展概况

我国的汽车检测设备应用技术起步较晚。在 20 世纪 60～70 年代，国家有关部门虽然也从国外引进过少量检测设备，国内不少科研单位和企业对检测设备也组织过研制，但由于种种原因，该项技术一直发展缓慢。跨入 20 世纪 80 年代以后，随着国民经济的发展，特别是随着汽车制造业、公路交通运输业的发展和进口车辆增多，我国的机动车保有量迅速增加。车辆增加必然带来一系列社会问题，如何保证这些车辆安全运行和降低社会公害，逐渐提到政府有关部门的议事日程上来，因而促进了汽车检测设备应用技术和汽车检测诊断技术的发展，使之成为国家"六五"期间重点推广的项目，并视为推进汽车维修现代化管理的一项重要技术措施。交通部门自 1980 年开始，有计划地在全国公路运输系统筹建汽车综合性能检测站，取得了很大成绩。公安部门在全国的中等以上城市中，也建成了许多安全性能检测站。到 20 世纪 90 年代初，除交通、公安两部门外，机械、石油、冶金、煤炭、林业和外贸等系统和部分大专院校，也建成了相当数量的汽车检测站。进入 21 世纪的中国已基本形成了全国性的汽车检测网，汽车检测诊断技术已初具规模，全国各地的汽车维修企业使用的检测与诊断设备也日益增多。随着公路交通运输企业、汽车维修企业、汽车制造企业和国民经济的发展，我国的汽车检测设备应用技术与检测诊断技术必将获得进一步发展，取得更加明显的经济效益和社会效益。

1.1.3　我国有关规定

我国交通部在 13 号部令《汽车运输业车辆技术管理规定》、28 号部令《汽车维修质量管理办法》和 29 号部令《汽车运输业车辆综合性能检测评估管理办法》中，对汽车检测诊断设备、汽车检测诊断技术、汽车检测制度和汽车综合性能检测站等均有明确规定，现将有关条款节录如下。

1. 车辆技术管理应坚持预防为主和技术与经济相结合的原则，对运输车辆实行"择优选配、正确使用、定期检测、强制维护、视情修理、合理改造、适时更新和报废"的全过程综合性管理。

2. 车辆技术管理应依靠科技进步，采取现代化管理方法，建立车辆质量监控体系，推广检测诊断和微机应用等先进技术。

3. 车辆检测诊断技术，是检查、鉴定车辆技术状况和维修质量的重要手段，是促进维修技术发展、实现视情修理的重要保证，各地交通运输管理部门和运输单位应积极组织推广检测诊断技术。

4. 检测诊断设备应能满足车辆在不解体情况下确定其工作能力和技术状况，以及查明故障或隐患的部位和原因。检测诊断的主要内容包括：汽车的安全性（制动、侧滑、转向、前照灯等）、可靠性（异响、磨损、变形、裂纹等）、动力性（车速、加速能力、底盘输出功率、发动机功率、转矩和供给系、点火系状况等）、经济性（燃油消耗）及噪声和废气排放状况等。

5. 各省、自治区、直辖市交通厅（局）应建立运输业车辆检测制度。根据车辆从事运输的性质、使用条件和强度以及车辆老旧程度等，进行定期或不定期检测，确保车辆技术状况良好，并对维修车辆实行质量监控。

6. 建设汽车综合性能检测站是加强车辆技术管理的重要措施。各省、自治区、直辖市交通厅（局）是汽车综合性能检测站的主管部门，负责规划、管理和监督。

7. 各省、自治区、直辖市交通厅（局）应对汽车综合性能检测站进行认定。经认定的检测站可代表交通运输管理部门对车辆行使质量监控。

8. 汽车综合性能检测站经认定后，交通运输管理部门应组织对运输和维修车辆进行检测。

9. 经认定的汽车综合性能检测站在车辆检测后，应发给检测结果证明，作为交通运输管理部门发放或吊扣营运证依据之一和确定维修单位车辆维修质量的凭证。

10. 车辆二级维护前应进行检测诊断和技术评定，根据结果确定附加作业或修理项目，结合二级维护一并进行。

11. 车辆修理应贯彻"视情修理"的原则，即根据车辆检测诊断和技术鉴定的结果，视情按不同作业范围和深度进行。既要防止拖延修理造成车况恶化，又要防止提前修理造成浪费。

12. 各级汽车维修行业管理部门应建立健全汽车维修质量监督检验体系，实行分组管理。建立汽车维修质量监督检测站（中心），为汽车维修质量监督和汽车维修质量纠纷的调解或仲裁提供检测依据。汽车维修质量监督检测站必须是经当地交通主管部门会同技术监督部门认定后颁发了检测许可证的汽车综合性能检测站。

13. 各级汽车维修行业管理部门应制定并认真执行汽车维修质量检验制度，对维修车辆实行定期或不定期的质量检测，并将检测结果作为评定维修业户维修质量和年审技术合格证的主要依据之一。

14. 检测站应根据国家和行业标准进行检测，确保检测质量。未制定国家、行业标准的项目，可根据地方标准进行检测；没有国家、行业、地方标准的项目，可根据委托单位提供的资料进行检测。

15. 检测站使用的计量检测设备应按技术监督部门的有关规定，组织周期检测，保证检测结果准确可靠。

16. 各省、自治区、直辖市交通厅（局）可指定一个 A 级站作为本地区的中心站直接管理。该中心站应经交通部汽车维修设备质量监督检验测试中心的认定，并接受其业务指导；认定后的中心站可对本地区其他各级检测站进行业务指导。

17. 对不严格执行检测标准、弄虚作假、滥用职权、徇私舞弊的检测站，交通厅（局）或其授权的当地交通运输管理部门可根据《道路运输违章处罚规定（试行）》的有关规定处理。

汽车检测设备基础知识

　　在汽车检测诊断作业中，为了获得诊断参数测量值，检测人员要选择合适的测量仪表、仪器或设备（这三者往往统称为检测设备）组成检测系统，在一定的测量条件、测量方法下，对汽车进行检测、分析和判断。

1.2.1　检测系统的基本组成

　　对于一个由一般仪表、仪器构成的检测系统，通常是由传感器、变换及测量装置、记录与显示装置、数据处理装置等组成。有的配有试验激发装置。如图1-1所示。

　　1. 传感器

　　传感器是一种能够把被测量（物理量、化学量、生物量等）的某种信息拾取出来，并将其转换成有对应关系的、便于测量的电信号的装置。它是一种获取信息的手段，在整个检测系统中占有首要地位。由于它处于检测系统的输入端，所以它的性能直接影响到整个检测系统的工作可靠性。也有将传感器称为变送器、发送器或检测头的，在生物医学及超声检测仪器中，常被称为换能器。

图1-1　检测系统的基本组成

　　汽车检测设备使用的传感器，如果按测量性质分类，可以将传感器分为机械量传感器（如位移传感器、力传感器、速度传感器、加速度传感器等）、热工量传感器（如温度传感器等）、化学量传感器和生物量传感器等类型；如果按传感器输出量的性质分类，可以将传感器分为参量型传感器（输出的是电阻、电感、电容等无源电参量，如电阻式传感器、电感式传感器和电容式传感器等）和发电型传感器（输出的是电压和电流信号，如热电偶传感器、光电传感器、磁电传感器和压电传感器等）等。

　　2. 变换及测量装置

　　变换及测量装置是一种将传感器送来的电信号变换成易于测量的电压或电流信号的装置。这类装置通常包括电桥电路、调制电路、解调电路、阻抗匹配电路、放大电路、运算电路等，能对传感器信号进行放大，对电路进行阻抗匹配、微分、积分不线性运算处理工作，是检测系统里比较复杂的部分。

3. 记录与显示装置

记录与显示装置是一种将变换及测量装置送来的电信号进行记录和显示，使检测人员了解测量值的大小和变化过程的装置。记录和显示装置的显示方式一般有模拟显示、数字显示和图像显示三种。

① 模拟显示一般是利用指针式仪表指示被测量的大小，应用广泛。其优点是结构简单，价格低廉，读数方便和直观，缺点是易造成读数误差。

② 数字显示是直接以十进制数字形式指示被测量的大小，应用越来越广泛。该种显示方式有利于消除读数误差，并且能与微机联机，使数据处理更加方便。

③ 图像显示是用记录仪显示并记录被测量处于动态中的变化过程，以描绘出被测量随时间变化的曲线或图像作为检测结果，供分析和使用。常用的自动记录仪有光线示波器、电子示波器、笔式记录仪和磁带记录仪等。其中，光线示波器具有记录和显示两种功能，电子示波器只具有显示功能，磁带记录器只具有记录功能。

4. 数据处理装置

数据处理装置是一种用来对检测结果（数据或曲线）进行分析、运算、处理的装置。例如，对大量测量数据进行数理统计分析，对曲线进行拟合，对动态测试结果进行频谱分析、幅值谱分析和能量谱分析等。

1.2.2　智能化检测系统简介

由一般仪表、仪器构成的检测系统，其指示装置大多为指针式。这种检测系统的最大缺点是指示精度低、分辨率差和使用寿命低，将逐渐被智能化检测系统所代替。

智能化检测系统一般是指以微机（单板机、单片机或 PC）为基础而设计制造出来的一种新型检测系统。由于用微机控制整个检测系统，因而使检测系统的结构和功能发生了根本性的变化。

一般检测系统设有许多调节旋钮，在测量过程中的量程选择、极性变换、亮度调节、幅度调节和数据显示等工作都需要人工操作。智能化检测系统是以微处理器作为控制单元，能把系统中各个测量环节有机地结合起来，并赋予了微机所特有的诸如编程、自动控制、数据处理、分析判断、存储打印等功能，因此是一种自动控制的、新型的检测系统。

智能检测系统一般由传感器、放大器、A/D 转换器、微机系统、显示器、打印机和电源等组成。

智能化检侧系统与一般检测系统相比有如下一些特点。

（1）自动零位校准和自动精度校准

为了消除由于环境条件的变化（例如温度）使放大器的增益发生变化所造成的仪器零点漂移，智能检测系统设置有自动零位校准功能，采用程序控制的方法，在输入接地的情况下，将漂移电压存入随机存储器 RAM 中，经过运算即可从测量值中消除零位偏差。

自动精度校准是采用软件的自校准功能、事先分别测出零位偏差、增益偏差以及各项修正值，

进而建立各部分的校准方程——数学模型。自动校准的精度取决于数学模型的建立，即取决于数学模型是否能真正反映客观实际。

（2）自动量程切换

智能检测系统中的量程切换也是通过软件来实现的。编制软件是采用逐级比较的方法，从大到小（从高量程到低量程）自动进行。软件一旦判定被测参数所属量程，程序即自动完成量程切换。

（3）功能自动选择

智能检测系统中的功能选择，实际上是在数字仪表上附加时序电路，是用一个 A/D 采集多通道的信号，在程序控制下，通过电子开关来实现的。只要智能检测系统中的各功能键（如温度 T、流量 L 等）进行统一编码，然后 CPU 发送各种控制字符（如 A_1、A_2 等），通过接口芯片来控制各个电子开关的启闭。这样，在测量过程中检测系统能自动选择或自动改变测量功能。这种功能的改变完全可以由用户事先设定，在程序中发送不同的控制字符，相应的电子开关便接通，从而实现了功能的自动选择。

（4）自动数据处理和误差修正

智能检测系统有很强的自动数据处理功能。例如，能按线性关系、对数关系及乘方关系，求取测量值相对于基准值的各种比值，并能进行各种随机量的统计分析和处理，求取测量值的平均值、方差值、标准偏差值、均方根值等。对于系统误差的修正，由于往往事先知道被测量的修正量，故在智能检测系统中，这种误差的修正就变得更为简单。除此之外，智能检测系统还能对非线性参数进行线性补偿，使仪器的读数线性化。

（5）自动定时控制

自动定时控制是某些测量过程所需要的。智能检测系统实现自动定时控制有两种方法：一种是用硬件完成，例如某些微处理器中就有硬件定时器，可以向 CPU 发出定时信号，CPU 会立即响应并进行处理；另一种是用软件达到延时的目的，即编制固定的延时程序，按 0.1s、1.0s……甚至 1.0h 延时设计，并作为子程序存放在只读存储器 ROM 中，用户在使用中只要给定各种时间常数，通过反复调用这些子程序，就可实现自动定时控制。后者方法简单，但定时精度不如前者高。

（6）自动故障诊断

智能检测系统可在系统内设有故障自检系统，一般采用查询的方式进行，能在遇到故障时自动显示故障部位，大大缩短诊断故障的时间，实现检测系统自身的快速诊断。

（7）功能强大

一些综合性能的智能检测系统，如发动机综合参数测试仪、故障解码器、新型示波器等，不仅能对国产车系进行检测诊断，而且能对亚洲车系、欧洲车系和美洲车系进行检测诊断；不仅能检测诊断发动机的电控系统，而且能检测自动变速器、防抱死制动装置、安全气囊、电子悬架、巡航系统和空调的电控系统；不仅能读出故障码、清除故障码，而且还能读出数据流，进行系统测试，OBD-Ⅱ诊断等多项功能。

（8）使用方便

像发动机综合参数测试仪、故障解码器、新型示波器和四轮定位仪等检测设备，均设有上、下级菜单。使用中只要单击菜单，选择要测试的内容即可，操作变得非常方便。

1.2.3 检测设备的使用维护与故障处理

汽车检测设备既有一般检测系统，也有智能检测系统，而且智能检测系统的使用越来越广泛。为了使检测设备保持良好的技术状况，必须做好日常的使用、维护和故障处理等工作。

1. 使用与维护

① 检测设备的使用环境，如温度、湿度、灰尘、振动等必须符合其使用说明书的规定，否则应采取必要的措施。

② 指针式检测设备在使用前应检查指针是否在机械零点位置上，否则应调整。

③ 如需预热，检测设备使用前应预热至规定时间。

④ 应按使用说明书规定的方法对检测设备进行校准和调整，符合要求后才能投入使用。

⑤ 电源开关不宜频繁开启和关闭。

⑥ 检测设备的电源电压应在额定值 ± 5%范围内，并应加强交流滤波。

⑦ 严格防止高压电窜入控制线和信号线内，且控制线、信号线不宜过长。

⑧ 检测设备使用完毕应及时关闭电源，有降温要求的应使机内风扇继续工作数分钟、直至温度降至符合要求为止。

⑨ 要经常检视检测设备传感器的外部状况，如有破损、松动、位移、积尘和受潮等现象，应及时处理。

⑩ 检测设备积尘，可定期用毛刷、吸尘器等清除，严禁用有机溶剂和湿布等擦拭内部元件。

2. 智能检测设备的故障处理

（1）检测设备不工作，面板指示灯全灭

① 检查电源是否接通，熔丝是否烧断。

② 检查整流管、调整管等是否短路或损坏。

③ 检查电解电容器和外部控制引线状况，此两处往往是故障多发点。

（2）检测设备显示值偏离实际值较多

① 检查传感器工作是否正常，其输出电压是否符合标准。

② 检查电路板的放大器工作是否正常。

③ 检查 A/D 转换器参考电压是否正常。

（3）检测设备显示值不变

① 检查传感器、放大器的工作是否正常。

② 检查电路板上的集成块（A/D 转换芯片、显示驱动芯片、微处理器等）是否损坏。

（4）检测设备误动作或误发数

① 检查是否有外部干扰源。

② 检查电源滤波、机壳接地、输入信号屏蔽等措施是否完善。

（5）检测设备发送数据误码较多

① 检查通信插座接触情况，若接触不良应紧固。

② 在满足通信速率的情况下，尽可能降低传送波频率。除以上外，还应经常检查检测设备中继电器、电解电容器、电位器、接插件和按键等一些易损坏的器件，若工作不良要及时修理或更换，以减少检测设备发生故障。

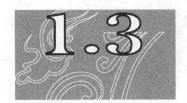

1.3　汽车检测诊断的基础理论

对于汽车的性能检测与故障诊断，不仅要求有完善的检测、分析、判断手段和方法，而且要有正确的理论指导。为此，在检测诊断汽车技术状况时，必须选择合适的诊断参数，确定合理的诊断参数标准和最佳诊断周期。

诊断参数、诊断参数标准、最佳诊断周期是从事汽车检测诊断工作必须掌握的基础理论。

1.3.1　诊断参数

1. 诊断参数概述

参数是表明某一种重要性质的量。诊断参数，是供诊断用的，表征汽车、总成及机构技术状况的量。有些结构参数（如磨损量、间隙量等）可以表征技术状况，但在不解体情况下，直接测量汽车、总成和机构的结构参数往往受到限制。如气缸间隙、气缸磨损量、曲轴和凸轮轴各轴承间隙、曲轴和凸轮轴各道轴颈磨损量、各齿轮间隙及磨损量、各轴向间隙及磨损量等，都无法在不解体情况下直接测量。因此，在检测诊断汽车技术状况时，需要采用一种与结构参数有关而又能表征技术状况的间接指标（量），该间接指标（量）称为诊断参数。可以看出，诊断参数既与结构参数紧密相关，又能够反映汽车的技术状况，是一些可测的物理量和化学量。

汽车诊断参数包括工作过程参数、伴随过程参数和几何尺寸参数。

（1）工作过程参数

该参数是汽车、总成、机构工作过程中输出的一些可供测量的物理量和化学量。例如，发动机功率、机动车输出功率或驱动力、汽车燃料消耗量、制动距离或制动力或制动减速度、滑行距离等，往往能表征诊断对象总的技术状况，适于总体诊断。

例如，通过检测得知底盘输出功率符合要求，这说明汽车动力性符合要求，也说明发动机技术状况和传动系技术状况均符合要求；反之，通过检测得知底盘输出功率不符合要求，说明汽车动力性不符合要求，也说明发动机输出功率不足或传动系损失功率太大。因此，可以整体上确定汽车和总成的技术状况。

汽车不工作时，工作过程参数无法测得。

（2）伴随过程参数

该参数是伴随汽车、总成、机构工作过程输出的一些可测量。例如，工作过程中出现的振动、噪声、异响、过热等，可提供诊断对象的局部信息，常用于复杂系统的深入诊断。

汽车不工作（过热除外）时，伴随过程参数无法测得。

（3）几何尺寸参数

该参数可提供总成、机构中配合零件之间或独立零件的技术状况。例如，配合间隙、自由行程、圆度、圆柱度、端面圆跳动、径向圆跳动等，都可以作为诊断参数来使用。它们提供的信息量虽然有限，但却能表征诊断对象的具体状态。

汽车常用诊断参数见表 1-1。

表 1-1　　　　　　　　　　　　汽车常用诊断参数

诊 断 对 象	诊 断 参 数	诊 断 对 象	诊 断 参 数
汽车整体	最高车速/(km/h) 加速时间/s 最大爬坡度/(°) 驱动车轮输出功率/kW 驱动车轮驱动力/N 汽车燃料消耗量/ (L/km), (L/100km), (km/L) 汽车侧倾稳定角/(°) 汽车排放 CO 体积分数/% 汽车排放 HC 体积分数/10^{-6} 汽车排放 NO 体积分数/% 汽车排放 C 体积分数/% 汽车排放 O_2 体积分数/% 柴油车自由加速烟度/FSN	发动机总成	额定转速/(r/min) 怠速转/(r/min) 发动机功率/kW 发动机燃料消耗量/(L/h) 单缸断火（油）转速平均下降值/(r/min) 排气温度/℃
		柴油机供给系	输油泵输油压力/MPa 喷油泵高压油管最高压力/MPa 喷油泵高压油管残余压力/MPa 喷油器针阀开启压力/MPa 喷油器针阀关闭压力/MPa 喷油器针阀升程/mm 各缸喷油器喷油量/mL 各缸喷油器喷油不均匀度/% 供油提前角/(°) 喷油提前角/(°)
汽油机供给系	空燃比 汽油泵出口关闭压力/MPa 供油系供油压力/MPa 喷油器喷油压力/MPa 喷油器喷油量/mL 喷油器喷油不均匀度/%	点火系	断电器触点间隙/mm 断电器触点闭合角/(°) 点火波形重叠角/(°) 点火提前角/(°) 火花塞间隙/mm 各缸点火电压值/kV 各缸点火电压短路值/kV 点火系最高电压值/kV 火花塞加速特性值/kV
曲柄连杆机构	气缸压力/MPa 气缸漏气量/kPa 气缸漏气率/% 曲轴箱漏气量/(L/min) 进气管真空度/kPa		
配气机构	气门间隙/mm 配气相位/℃		

续表

诊 断 对 象	诊 断 参 数	诊 断 对 象	诊 断 参 数
润滑系	机油压力/N 机油液面高度/mm 机油温度/℃ 机油消耗量/(L/100km) 理化性能指标变化量 清净性系数 K 的变化量 介电常数的变化量 金属微粒的体积分数/%	冷却系	冷却液温度/℃ 冷却液液面高度/mm 风扇传动带张力/(N/mm) 风扇离合器接合、断开时的温度/℃
		传动系	传动系游动角度/℃ 传动系功率损失/kW 机械传动效率 总成工作温度/℃
转向桥与转向系	车轮侧滑量/(m/km) 车轮前束值/mm 车轮外倾角/(°) 主销后倾角/(°) 主销内倾角/(°) 转向轮最大转向角/(°) 最小转弯直径/m 转向盘自由转动量/(°) 转向盘最大转动力/N	制动系	驻车制动力/N 制动时间/s 制动协调时间/s 制动完全释放时间/s 制动距离/mm 充分发出的平均减速度/(m/s²) 制动力/N 制动拖滞力/N
行驶系	车轮静不平衡量/g 车轮动不平衡量/g 车轮端面圆跳动/mm 车轮径向圆跳动量/mm 轮胎胎面花纹深度/mm	其他	前照灯发光强度/cd 前照灯光束照射位置/mm 车速表允许误差范围/% 喇叭声级/dB 客车车内噪声级/dB 驾驶员耳旁噪声级/dB

2. 诊断参数的选择原则

在汽车的使用过程中，诊断参数的变化规律与汽车技术状况变化规律之间有一定的关系。能够表征汽车技术状况的参数有很多，为了保证诊断结果的可信性和准确性，应该选择符合下列要求或具有下列特性的诊断参数。选用原则如下。

（1）灵敏性

灵敏性亦称为灵敏度，是指诊断对象的技术状况在从正常状态到进入故障状态之前的整个使用期内，诊断参数相对于技术状况参数的变化率。

选用灵敏性高的诊断参数诊断汽车的技术状况时，可使诊断的可靠性提高。

（2）单值性

单值性是指汽车技术状况参数从开始值 u_f 变化到终了值 u_t 的范围内，诊断参数的变化不应出现极值，即不应出现 $\mathrm{d}p/\mathrm{d}u = 0$ 的值。否则，同一诊断参数将对应两个不同的技术状况参数，给诊断技术状况带来困难。所以，具有非单值的诊断参数没有实际意义。

（3）稳定性

稳定性是指在相同的测试条件下，多次测得同一诊断参数的测量值，具有良好的一致性（重复性）。诊断参数的稳定性越好，其测量值的离散度（或方差）越小。

（4）信息性

信息性是指诊断参数对汽车技术状况具有的表征性。表征性好的诊断参数，能表明、揭示汽车技术状况的特征和现象，反映汽车技术状况的全部信息。所以，诊断参数的信息性越好，包含汽车技术状况的信息量越高，得出的诊断结论越可靠。

（5）经济性

经济性是指获得诊断参数的测量值所需要的诊断作业费用的多少，包括人员、工时、场地、设备和能源消耗等项费用。经济性高的诊断参数，所需要的诊断作业费用低。如果诊断作业费用很高，这种诊断参数是不可取的，没有经济意义。

3. 诊断参数与测量条件、测量方法的关系

不同的测量条件和不同的测量方法，可以测得不同的诊断参数值。测量条件中，一般有温度条件、速度条件、负荷条件等。多数诊断参数的测得需要汽车运行至正常工作温度，只有少数诊断参数可在冷态下进行。除了温度条件外，速度条件和负荷条件也很重要。如发动机功率的检测，需在一定的转速和节气门开度下进行；汽车制动距离的检测，需在一定的制动初速度和载荷（空载或满载）下进行。对诊断参数的测量方法也有规定，如汽油车排放污染物的测量，采用怠速法，规定各排气组分均应采用不分光红外线吸收型（NDIR）监测仪进行；柴油车自由加速烟度的测量，采用滤纸烟度法，规定采用滤纸式烟度计进行等。没有规范的测量条件和测量方法，无法统一尺度，因而测得的诊断参数值也就无法评价汽车的技术状况。所以，要把诊断参数及其测量条件、测量方法看成是一个不可分割的整体。

1.3.2 诊断标准

诊断标准是汽车技术标准中的一部分。诊断标准是对汽车诊断的方法、技术要求和限值等的统一规定，而诊断参数标准仅是对诊断参数限值的统一规定，有时也简称为诊断标准。诊断标准中包括诊断参数标准。

1. 诊断标准的类型

汽车诊断标准与其他技术标准一样，分为国家标准、行业标准、地方标准和企业标准四种类型。

（1）国家标准

国家标准是国家制定的标准，冠以中华人民共和国国家标准字样。国家标准一般由某行业部、委提出，由国家技术监督局批准、发布，全国各级、各有关单位和个人都要贯彻执行，具有强制性和权威性。如 GB 7258—2012《机动车运行安全技术条件》、GB 14761.5—1993《汽油车怠速污染物排放标准》、GB14761.6—1993《柴油车自由加速烟度排放标准》等都是强制执行的国家标准。GB/T 3845—1993《汽油车排气污染物的测量怠速法》、GB/T 3846—1993《柴油车自由加速烟度的测量滤纸烟度法》等，是推荐性国家级标准。

（2）行业标准

行业标准也称为部、委标准，是部级或国家委员会级制定、发布并经国家技术监督局备案的标

准，在部、委系统内或行业内贯彻执行，一般冠以中华人民共和国某部或某行业标准，也在一定范围内具有强制性和权威性，有关单位和个人也必须贯彻执行。

（3）地方标准

地方标准是省（直辖市、自治区）级、市地级、市县级规定并发布的标准，在地方范围内贯彻执行，在一定范围内具有强制性和权威性，所属范围内的单位和个人必须贯彻执行。省、市地、市县三级除贯彻执行上级标准外，可根据本地具体情况制定地方标准或率先制定上级没有制定的标准。地方标准中的限值可能比上级标准中的限值要求还要严格。

（4）企业标准

企业标准包括汽车制造厂推荐的标准、汽车运输企业和汽车维修企业内部制定的标准和检测设备制造厂推荐的参考性标准三部分。

汽车制造厂推荐的标准是汽车制造厂在汽车使用说明书中公布的汽车使用性能参数、结构参数、调整数据和使用极限等，从中选择一部分作为诊断参数标准来使用。该种标准是汽车制造厂根据设计要求、制造水平，为保证汽车的使用性能和技术状况而制定的。

汽车运输企业和汽车维修企业的标准是汽车运输企业、汽车维修企业内部制定的标准，只在企业内部贯彻执行。有条件的企业除贯彻执行上级标准外，往往还能根据本企业的具体情况，制定企业标准或率先制定上级没有制定的标准。企业标准中有些诊断参数的限值甚至比上级标准还要严格，以保证汽车维修质量和树立良好的企业形象。一般情况下，企业标准应达到国家标准和上级标准的要求，同时允许超过国家标准和上级标准的要求。

检测设备制造厂推荐的参考性标准是检测设备制造厂针对本设备所检测的诊断参数，在尚没有国家标准和行业标准的情况下制定的诊断参数限值，通过检测设备使用说明书提供给使用单位作参考性标准，以判断汽车、总成、机构的技术状况。任何一级标准的制定和修订，都要既考虑技术性和经济性，又要考虑先进性，并尽量靠拢同类型国际标准。

2. 诊断参数标准的组成

为了定量地评价汽车、总成及机构的技术状况，确定维护、修理的范围和深度，预报无故障工作里程，单有诊断参数是不够的，还必须建立诊断参数标准，提供一个比较尺度。这样，在检测到诊断参数值后与诊断参数标准值对照，即可确定汽车是继续运行还是进厂（场）维修。

诊断参数标准一般由初始值 P_f、许用值 P_d 和极限值 P_n 三部分组成。

（1）初始值

此值相当于无故障新车和大修车诊断参数值的大小，往往是最佳值，可作为新车和大修车的诊断标准。当诊断参数测量值处于初始值范围内时，表明诊断对象技术状况良好，无需维修便可继续运行。

（2）许用值

诊断参数测量值若在此值范围内，则诊断对象技术状况虽发生变化但尚属正常，无需修理（但应按时维护）可继续运行。超过此值，勉强许用，但应及时安排维修。否则，汽车带病行车，故障率上升，可能行驶不到下一个诊断周期。

（3）极限值

诊断参数测量值超过此值后，诊断对象技术状况严重恶化，汽车应立即停驶修理。此时，汽车的动力性、经济性和排气净化性大大降低，行驶安全性得不到保证，有关机件磨损严重，甚至可能发生机械事故。所以，汽车必须立即停驶修理，否则将造成更大损失。

可以看出，通过对汽车进行检测，当诊断参数测量值在许用值以内时，汽车可继续运行；当诊断参数测量值超过极限值时，须停止运行进厂修理。因此，将诊断参数测量值与诊断参数标准值比较，就可得知汽车技术状况，并做出相应的决断。

3. 诊断参数标准的制定或修正

诊断参数标准的制定与修正，既要有利于汽车技术状况的提高，又要以经济为基础，进行综合考虑。标准制定得严格了，汽车的动力性、经济性、安全性、排气净化性等性能必定得到提高，即汽车整体技术状况得到提高，但汽车维护与修理的费用也会相应提高。反之，标准制定得宽松了，维护与修理的费用下降，但汽车整体技术状况也下降。随着我国国民经济的快速发展和对安全、节能、排放等方面的要求越来越高，标准的制定与修正必定会越来越严格，并且越来越向国际标准靠拢。

诊断参数标准的制定与修正是个比较复杂的过程，一般采用统计法、经验法、试验法或理论计算法完成。统计法是通过找出相当数量的在用汽车在正常状况下诊断参数的分布规律（如正态分布），然后经综合考虑而制定的并能使大多数在用汽车合格的标准。较常见的做法是随机选择相当数量的在用车辆，其中，技术状况良好的车辆要占有一定数量，然后对某一诊断参数进行测量，数值从 P_0 到 P_x。把 P_0 到 P_x 的数值分成若干个区间，再把对应各区间的汽车占有量算出，然后制成直方图，描出曲线，如图 1-2 所示，类似正态分布密度函数曲线。

在测量的诊断参数中，相对完好技术状况的诊断参数值是散布的，分散在最佳值的两侧。同样相对故障状况的诊断参数值也是散布的。故障状况的诊断参

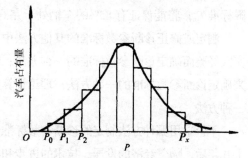

图1-2 用统计方法确定诊断参数的分布规律

数值可能与完好技术状况的诊断参数值交叉或重叠。在知道诊断参数的分布规律后，可以对诊断参数散布的允许范围加以限制，并要符合完好工作概率水平。用这种方法获得的诊断参数限值，便是诊断参数标准，分以下三种情况。

（1）上下均有限值的诊断参数标准

这种情况是以正态分布均值为中心，取汽车正常概率为85%和95%的参数范围为诊断参数标准，如图 1-3 所示。所有在散布范围 $A_{0.85}$ 内的诊断参数值视为处于技术状况完好状态，所有超出散布范围 $A_{0.95}$ 外的诊断参数值视为处于有故障状态。当诊断参数值处于 $A_{0.85} \sim A_{0.95}$ 时，视为技术状况可能是完好的，也可能是有故障的两种概率相等。可以看出，当诊断参数值变化到散布范围 $A_{0.85}$ 时，可作为许用标准 P_d；当诊断参数值变化到散布范围 $A_{0.95}$ 时，可作为极限标准 P_n。用这种方法确定的诊断参数标准，将能保证有85%的车辆处于完好技术状况下工作。如诊断参数标准下符合实际情况，

还可以修正诊断参数的散布范围。

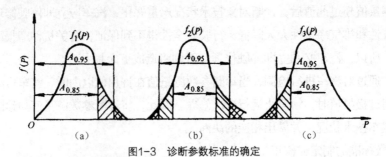

图1-3　诊断参数标准的确定

（2）仅要求上限值的诊断参数标准

这种情况是取正态分布函数曲线右侧某个数值作为限值，而对左边不作任何限制。一般是取汽车正常概率为85%和95%的诊断参数值作为诊断参数标准，如图 1-3（a）所示。同样，当诊断参数值变化到散布范围 $A_{0.85}$ 时，可作为许用标准 P_d；当诊断参数值变化到散布范围 $A_{0.95}$ 时，可作为极限标准 P_n；将能保证有 85% 的车辆处于完好技术状况下工作。

（3）仅要求下限值的诊断参数标准

这种情况是取正态分布函数曲线左侧某个数值作为限值，而对右边不作任何限制。一般是取汽车正常概率为85%和95%的诊断参数值作为诊断参数标准，如图 1-3（c）所示，同样，当诊断参数值变化到散布范围 $A_{0.85}$ 时，可作为许用标准 P_d；当诊断参数值变化到散布范围 $A_{0.95}$ 时，可作为极限标准 P_n；将能保证有 85% 的车辆处于完好技术状况下工作。

制定或修正诊断参数标准的其他方法中，如经验法，是由一批有经验的专家，根据长期积累的实践经验而确定诊断参数标准的一种方法；试验法，是在试验台上采用加速损坏、强化运行的手段来确定诊断参数标准的一种方法；理论计算法，是仅适用确定个别机件（如轴承）诊断参数标准的一种方法。

不管采用哪种方法制定的诊断参数标准，都要经过试行、修改后才能确定下来，但经数年以至十几年后，随着经济的发展、技术的进步和社会需求的提高，诊断参数标准还要不断修正才能满足需要。

1.3.3　诊断周期

诊断周期是汽车诊断的间隔期，以行驶里程或使用时间（月或日）表示。诊断周期的确定，应满足技术和经济两方面的条件，以获得最佳诊断周期，最佳诊断周期，是能保证车辆的完好率最高而消耗的费用最少的诊断周期。

确定最佳诊断周期的工作是非常重要的，它既要使车辆在无故障状态下运行，又要使我国维修制度中"定期检测、强制维护、视情修理"的费用降至最低，因此要在"定期"上做好文章。

1. 制定最佳诊断周期应考虑的因素

制定最佳诊断周期，应考虑汽车技术状况，汽车使用条件，汽车检测诊断、维护修理、停驶损耗的费用等因素。

（1）汽车技术状况

在汽车新旧程度不一、行驶里程不一、技术状况等级不一，甚至还有使用性能、结构特点、故障规律、配件质量不一等情况下，制定的最佳诊断周期也不会一样。凡是新车或大修车、行驶里程较少的车、技术状况等级为一级的车，其最佳诊断周期应长；反之，则应短。

（2）汽车使用条件

它包括气候条件、道路条件、装载条件、驾驶技术、是否拖挂、燃润料质量等条件。凡是气候恶劣、道路状况极差、经常超载、驾驶技术不佳、拖挂行驶、燃润料质量得不到保障的汽车，其最佳诊断周期应短；反之，则应长。

（3）费用

它包括检测诊断、维护修理、停驶损耗的费用。若使检测诊断、维护修理费用降低，则应使最佳诊断周期延长，但汽车因故障停驶的损耗费用增加；若使停驶损耗的费用降低，则应使最佳诊断周期缩短，但检测诊断、维护修理的费用增加。

根据交通部《汽车运输业技术管理规定》，运输业汽车实行"定期检测、强制维护、视情修理"的制度。该规定要求车辆二级维护前应进行检测诊断和技术评定，根据结果，确定附加作业或修理项目，结合二级维护一并进行。又规定车辆修理应贯彻"视情修理"的原则，即根据车辆检测诊断和技术鉴定的结果，视情按不同作业范围和深度进行，既要防止拖延修理造成车况恶化，又要防止提前修理造成浪费。

从上述规定中可以看出，二级维护前和车辆大修前都要进行检测诊断。其中，大修前的检测诊断，一般在大修间隔里程行将结束时结合二级维护前的检测诊断进行。既然规定在二级维护前进行检测诊断，则二级维护周期（间隔里程）就是我国目前的最佳诊断周期。根据JT/T 201—1995《汽车维护工艺规范》的规定，二级维护周期在 10000～15000km 范围内依据各地条件不同选定。

汽车常用检测设备

根据国家标准 GB/T 16739.1—1997《汽车维修业开业条件第 1 部分：一类汽车维修企业》、GB/T 16739.2—1997《汽车维修业开业条件第 2 部分：二类汽车维修企业》、GB/T 16739.3—1997《汽车维修业开业条件第 3 部分：三类汽车维修业户》的规定，三种类型汽车维修企业开业时，企业配备的设备型号、规格和数量应与其生产纲领、生产工艺相适应；设备技术状况应完好，满足加工、检测精度要求和使用要求；允许外协的设备必须具有合法的技术经济合同书。

1.4.1 一类汽车维修企业应配备的检测设备

一类汽车维修企业是指从事汽车大修和总成修理生产的企业。此类企业亦可从事汽车维护、汽车小修和汽车专项修理生产。一类汽车维修企业应具备下列试验、检测诊断设备、量具和计量仪表：

1. 发动机总成

① 发动机综合检测仪。

② 气缸体、气缸盖和散热器水压试验设备。

③ 燃烧室容积测量装置。

④ 气缸漏气量检测仪。

⑤ 曲轴箱漏气测量仪。

⑥ 工业纤维内窥镜。

⑦ 润滑油质量检测仪。

⑧ 润滑油分析仪。

⑨ 废气分析仪。

⑩ 烟度计。

⑪ 声级计。

⑫ 油耗计（允许外协）。

⑬ 无损探伤设备（与底盘各总成共用）。

⑭ 汽油泵、化油器试验设备。

⑮ 喷油泵、喷油器试验设备。

⑯ 曲轴、飞轮与离合器总成动平衡机。

⑰ 电控汽油喷射系统检测设备。

⑱ 气缸压力表。

⑲ 发动机检测专用真空表。

⑳ 转速表。

㉑ 温度计。

㉒ 塞尺。

2. 底盘各总成

① 前轴检验装置。

② 制动检测设备。

③ 四轮定位仪或转向轮定位仪。

④ 转向盘转动量和转矩检测仪。

⑤ 车轮动平衡机。

⑥ 车速表试验台（允许外协）。

⑦ 传动轴动平衡机（允许外协）。

⑧ 侧滑试验台（允许外协）。

⑨ 底盘测功设备（允许外协）。

⑩ 前束尺。

⑪ 轮胎气压表。

3. 电气部分

① 电气试验台。

② 前照灯检测设备。

③ 万用表。

④ 电解液密度计。

⑤ 高频放电叉。

1.4.2 二类汽车维修企业应配备的检测设备

二类汽车维修企业是指从事汽车一级、二级维护和汽车小修生产的企业。二类汽车维修企业应具备下列试验、检测诊断设备、金具和计量仪表：

1. 试验、检测与诊断设备

① 发动机综合检测仪。

② 气缸漏气量检测仪。

③ 曲轴箱漏气测量仪。

④ 润滑油质量检测仪。

⑤ 润滑油检测仪。

⑥ 工业纤维内窥镜。

⑦ 电气试验台。

⑧ 废气分析仪。

⑨ 烟度计。

⑩ 声级计。

⑪ 汽油泵、化油器试验设备。

⑫ 喷油泵、喷油器试验设备。

⑬ 电控汽油喷射系统检测设备。

⑭ 无损探伤设备。

⑮ 转向盘转动量检测仪。

⑯ 车轮动平衡机。

⑰ 转向轮定位仪。

⑱ 前照灯检测设备（允许外协）。

⑲ 制动检测设备（允许外协）。

⑳ 车速表试验台（允许外协）。

2. 量具与计量仪表

① 前束尺。

② 塞尺。

③ 万用表。

④ 电解液密度计。

⑤ 高频放电叉。

⑥ 转速表。

⑦ 轮胎气压表。

⑧ 气缸压力表。

⑨ 发动机检测专用真空表。

⑩ 温度计。

1.4.3　三类汽车维修业户应配备的检测设备

三类汽车维修业户，是指专门从事汽车专项修理（或维护）生产的企业和个体户。专项修理（或维护）的主要项目为：车身修理，涂漆，篷布、座垫及内装饰修理，电气、仪表修理，蓄电池修理，散热器、油箱修理，轮胎修补，安装汽车门窗玻璃，空调器，暖风机修理，喷油泵、喷油器、化油器修理，曲轴修磨，气缸撞磨，车身清洁维护等。

三类汽车维修业户应具备的试验、检测设备、量具和计量仪表不多，主要有以下一些。

① 万用表。

② 电解液密度计。

③ 高频放电叉。

④ 水压试验设备。

⑤ 排气试验设备。

⑥ 轮胎气压表。

⑦ 压力测试仪。

⑧ 检漏计。

⑨ 真空仪。

⑩ 温度计。

⑪ 喷油泵、喷油器清洗和试验设备。

⑫ 化油器清洗、试验设备。

⑬ 曲轴动平衡设备。

⑭ 无损探伤设备。

⑮ 量缸表。

⑯ 塞尺。

1. 什么是汽车检测与诊断？检测的目的是什么？

2. 简述汽车故障的类型及产生的规律。

3. 什么是汽车的诊断参数、诊断标准和诊断周期？

4. 汽车诊断的基本方法有哪些？各有何特点？

5. 诊断参数标准有哪几部分构成？

6. 汽车常用的诊断参数有哪些？

7. 确定诊断周期应考虑的因素。

8. 简述汽车常用的检测设备有哪些。

Chapter 2

第2章

汽车发动机部分检测

发动机是汽车的心脏，是汽车的动力来源。汽车的动力性、燃油经济性、排气净化性和可靠性等性能指标都直接与发动机有关。发动机的性能是评价一部汽车性能好坏的主要因素。发动机不仅结构复杂，而且工作条件很不稳定，经常在转速与负荷变化的条件下运转，某些零件还要在高温及高压等苛刻条件下工作，因此，故障率高，其性能下降快，以至不能正常工作。所以发动机是汽车检测工作的重点。

发动机技术状况变化的主要外观症状有：动力性下降，燃料与润滑油消耗量增加，启动困难，漏水、漏油、漏气、漏电以及运转中有异常响声和排烟不正常等。

学习任务

1. 掌握评价发动机技术状况的主要参数及相关标准。
2. 了解发动机各检测设备的结构原理。
3. 掌握发动机主要参数的检测方法及检测设备的使用方法。
4. 掌握检测结果的分析方法。

2.1 发动机功率检测

发动机的有效功率是评价发动机动力性的主要指标。发动机的有效功率是指发动机动力输出轴上输出的功率，是发动机的一项综合性能指标，通过检测，可掌握发动机的技术状况，确定发动机是否需要大修或鉴定发动机的维修质量。

发动机有效功率是曲轴对外输出的净功率，是一个综合性评价指标。通过该评价指标，不仅可以定量地获得发动机的动力性，而且可以定性地确定发动机的技术状况。检测发动机功率的方法，可以分为稳态测功和动态测功两种。

稳态测功是指发动机在节气门开度一定，转速一定和其他参数都保持不变的稳定状态下，在测功器上测定发动机功率的一种方法。常见的测功器有水力测功器、电力测功器和电涡流测功器 3 种。测功器能测出发动机的转速和转矩，然后通过下式计算得出功率。

$$P_{e} = \frac{T_{e} \cdot n}{9550}$$

式中：P_{e}—— 发动机的有效功率；

　　　T_{e}—— 发动机的有效转矩；

　　　n—— 发动机转速，r/min。

稳态测功的结果比较准确、可靠，多为发动机设计、制造、院校和科研单位做性能试验所采用。缺点是测功时费时费力、成本较高，并且需要大型、固定安装的测功器。因而，在一般的汽车运输企业、汽车维修企业和汽车检测站中采用不多。

动态测功是指发动机在节气门开度和转速等参数均处于变动的状态下，测定发动机功率的一种方法。由于动态测功时无需对发动机施加外部载荷，所以又称为无负荷测功或无外载测功。这种测功方法是基于动力学的原理。当发动机在怠速或某一空载低转速运转时，突然全开节气门加速运转，此时发动机产生的动力，除克服惯性和内部各种运转阻力矩外，将使曲轴加速运转。即发动机以自身运动机件为载荷加速运转。如果被测发动机的有效功率越大，则曲轴的瞬时加速度也越大，而加速时间越短。所以，只要测得角加速度和加速时间，就可以获得发动机功率。

由于动态测功时无需向发动机施加负荷，也就不需要像测功器那样的大型设备，用小巧的无负荷测功仪就车检测即可。虽然无负荷测功仪测量精度稍差，但具有使用方便和省时、省力的优点。

2.1.1　用便携式无负荷测功仪测定发动机功率

1. 仪器自校和预热

便携式无负荷测功仪如图 2-1 所示，按使用说明书，对仪器进行预热，然后进行自校。

① 将计数检查旋钮 1 拨到“检查”位置，左边时间（T）表头指针 1s 摆动一次。

② 将旋钮 1 拨到“测试”位置，把旋钮 3 拨向“自校”位置，再缓慢旋转“模拟转速”旋钮 2，注意转速（n）表头指针慢慢向右偏转（模拟增加转速）。

③ 当指针偏转至起始转速 $n_{1}=1000$r/min 位置时，门控指示灯即亮。继续增加模拟转速至

n_2 =2800r/min 时，"T"表即指示出加速时间，以表示模拟速度的快慢。

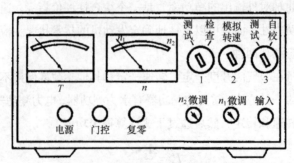

图2-1　便携式无负荷测功仪面板
1—计数检查旋钮　2—模拟转速旋钮　3—自校旋钮

④ 按下"复零"按钮，表针回零，门控指示灯熄灭，表示仪器调整正常。否则，微调 n_1、n_2 电位器。

2. 预热发动机和安装转速传感器

预热发动机至正常工作温度（80～90℃），并使发动机怠速正常，变速器置空挡，然后把仪器传感器两接线卡分别接在分电器低压接线柱和搭铁线路上（汽油机）。

3. 测加速时间

① 操作者在驾驶室内迅速地把加速踏板踩到底，发动机转速迅速上升，当"T"表指针显示出加速时间（或功率）时，应立即松开加速踏板，切忌发动机长时间高速空转。

② 记下读数，仪器复零。

③ 重复操作三次，取其平均值。

4. 确定功率

仅能显示加速时间的无负荷测功仪，测得加速时间后应对照仪器厂家推荐的曲线或表格确定发动机的功率值。表 2-1 所示为某发动机功率时间对照表。

表 2-1　　　　　　　　　　某发动机功率时间对照表

加速时间/s	0.31	0.36	0.46
稳态外特性功率值/kW	99.3	88.3	66.2

有的无负荷测功仪做成袖珍式，带有伸缩天线，可接收发动机运转时的点火脉冲信号，而不必与发动机采取任何有线连接。使用时，用手拿着该测功仪，只要面对发动机侧面拉出伸缩天线，发动机突然加速运转，即可遥测到加速时间和转速。然后查看仪器背面印制的主要机型的功率时间对照表，便可得知发动机功率的大小。

2.1.2　用发动机综合性能检测仪检测发动机功率

以远征 EA—1000 型发动机综合性能检测仪为例，发动机功率的检测方法如下。

1. 检测仪准备

① 接通电源，打开检测仪总开关、微机主机开关和微机显示器开关，暖机 20min。

② 在发动机不工作和点火系关闭的情况下，将检测仪信号提取系统连接到被测发动机上。

③ 检测仪电源线必须可靠接地。

④ 在测试电控燃油喷射发动机电子控制器 ECU 时，除检测仪电源接地外，检测仪地线还必须与发动机共地，测试人员必须随时与汽车车身接触。

2. 发动机准备

① 发动机应预热至正常工作温度。

② 调整发动机怠速、怠速转速应在规定范围之内。

③ 发动机在运转中。

3. 启动检测仪

① 检测仪已经预热。

② 鼠标左键双击显示器上"远征发动机检测仪"图标，启动检测仪综合性能检测程序。

③ 检测仪主机对单片机通信和 8 个适配器逐一进行自检。自检通过为绿色显示，未通过将给以提示。

④ 检测仪显示屏出现"用户资料录入"界面。单击"修改"按钮，录入汽车用户资料，然后单击"确定"按钮，显示屏出现检测程序主、副菜单，如图 2-2 所示。

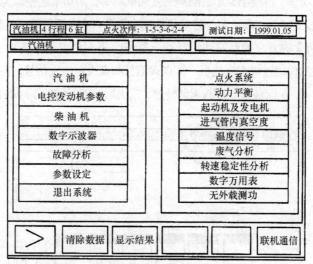

图2-2　显示屏主、副菜单

⑤ 在主菜单中单击"柴油机"或"汽油机"。

⑥ 在柴油/汽油机下级菜单中选择"无外载测功"，进入无外载测功界面，如图 2-3 所示。

⑦ 设定起始转速 n_1，和终止转速 n_2。

⑧ 键入发动机当量转动惯量（查阅相关资料或使用转动惯量仪器测定）。

⑨ 单击"检测"按钮，界面出现 5s 倒计时。

⑩ 当倒计时为 "0" 时，迅速踩下加速踏板，至发动机转速超过 n_2 时抬起加速踏板。

⑪ 读取发动机的加速时间和最大平均功率。

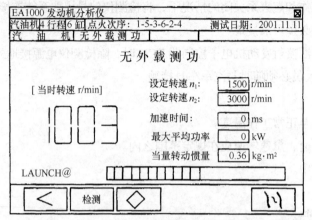

图2-3　发动机综合性能分析仪无外载测功界面

⑫ 单击 "保存报表" 按钮，对数据进行保存或打印。

⑬ 单击 "显示菜单" 返回。

4. 单缸功率的检测

无负荷测功仪既可以检测发动机的整机功率，又可以检测某气缸的单缸功率。检测单缸功率的方法是，先测出发动机整机功率，再测出某单缸断火后发动机功率，两功率之差即为断火之缸的功率。技术状况良好的发动机，各缸的功率相同，称为发动机的动力平衡。动力不平衡，会造成发动机运转不平稳。

也可以通过单缸断火的方法检测发动机转速下降值，来评价发动机各缸工作状况。

发动机综合性能检测仪通过提取汽油机一缸点火信号和点火系一次信号，在 "动力平衡" 菜单启动后，自动使各缸依次断火，从而获得各缸断火前转速、断火后转速及转速下降的百分比，如图 2-4 所示。

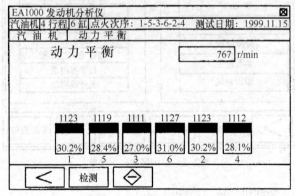

图2-4　检测动力平衡界面

单缸断火试验时，会造成断火气缸内积存燃油，破坏润滑条件，所以断火试验时间不宜过长。

5. 检测结果分析

检测完毕后，应对测量结果进行分析，对照诊断标准确定发动机的技术状况，及时查明故障原因并给予排除。

在用发动机功率不得低于原额定功率的 75%，大修后发动机功率不得低于原额定功率的 90%。

若发动机功率偏低，应首先检查燃料供给系和点火系技术状况，若两系统工作正常但功率仍然偏低时，应结合气缸压力和进气歧管真空度的检查（后述），判断机械部分是否有故障。

工作正常的发动机，在某一转速下稳定空转时，发动机的指示功率与摩擦消耗功率是平衡的。此时，若取消任一气缸的工作，发动机转速都会有相同的下降值。要求最高与最低下降值之差不大于平均下降值的 30%。如果转速下降值低于一定规定值，说明断火之缸工作不良。转速下降值越小，则该缸功率越小，当下降值等于零时，该缸功率也等于零，即该缸不工作。

发动机单缸功率偏低，一般系该缸高压分火线或火花塞技术状况不佳、气缸密封性不良、气缸窜机油、喷油器故障等原因造成，应调整或检修。

发动机功率与海拔高度有密切关系，无负荷测功仪所测结果是实际大气压力下的发动机功率，如果要校正到标准大气压下的功率，应乘以校正系数。

2.2 发动机密封性检测

发动机气缸的密封性与气缸活塞组的技术状况有着直接的联系，因而气缸密封性的检测可作为气缸活塞组技术状况的评价指标。这里所指的气缸活塞组包括气缸、活塞、活塞环、气门、气缸盖和气缸垫等部分。在发动机运行过程中，由于磨损、烧蚀、结胶、积炭等原因，使气缸活塞组技术状况变差，从而造成气缸密封性不良、发动机动力性和经济性下降。

气缸压力测量是发动机检测的重要内容。气缸压力表是测量气缸压力的常用仪表。气缸压力表用于检测气缸压缩压力，根据测试结果可以判断气缸衬垫、气缸体与缸盖之间的密封状况、活塞环与缸壁配合状况以及燃烧室内积炭是否过多等与气缸有关的技术状况。

2.2.1 气缸压力表

1. 气缸压力表

气缸压力表（见图 2-5）是一种专用压力表，一般由表头、导管、单向阀和接头等部分组成。气缸压力表接头有螺纹管接头和锥形或阶梯形橡胶接头两种。螺纹管接头可以拧在火花塞或喷油器的螺纹孔中；橡胶接头可以压紧在火花塞或喷油器孔中。单向阀处于关闭位置时，可保持测得的气缸压缩压力读数（保持压力表指针位置）；单向阀打开时，可使压力表指针回零，以便于下次测量。

2. 检测方法

① 使发动机运转至正常工作温度（75℃～95℃）。

② 停机后，拆下空气滤清器，用压缩空气吹净火花塞或喷油器周围的灰尘和脏物，然后卸下全部火花塞或喷油器（柴油机），并按气缸次序放置。

③ 把分电器中央电极高压线和油泵保险丝拔下，把气缸压力表的橡胶接头插在被测气缸的火花塞孔内，扶正压紧。

④ 节气门和阻风门置于全开位置，用起动机转

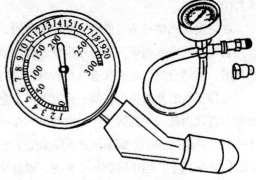

图2-5　气缸压力表

动曲轴3～5s（不少于四个压缩行程），待压力表头指针指示并保持最大压力后停止转动。取下气缸压力表，记下读数，按下单向阀使压力表指针回零。按上述方法依次测量各缸，每缸测量次数不少于两次。

就车检测柴油机气缸压力时，应使用螺纹接头的气缸压力表。如果该机要求在较高转速下测量，此种情况除受检气缸外，其余气缸均应工作。其他检测条件和检测方法同于汽油机。

3. 检测结果的影响因素

用气缸压力表测得的气缸压缩压力，不仅与气缸的密封性有关，还受发动机转速的影响，即与活塞在缸内压缩行程所持续的时间密切相关。当起动机带动发动机在较低转速范围内运转时，即使是较小的转速差，也会使气缸压缩压力的检测结果发生较大的变化，而只有当发动机曲轴转速超过某一值时（一般为1500r/min），检测结果受转速的影响才会较小，因此，检测时的转速应符合制造厂规定（见表2-2）。检测时，发动机转速高低取决于蓄电池、起动机的技术状况以及发动机旋转时的摩擦阻力，因此，要求蓄电池、起动机的技术状况良好，同时，要求发动机润滑条件良好，并且要运转至正常热状况，以减小运转时的摩擦阻力。起动转速不符合检测气缸压缩压力时的转速要求是用气缸压力表所得测试结果误差大的主要原因，因此，检测气缸压力时，如能监控曲轴转速，对于减小测量误差，获得正确的检测分析结果是非常重要的。

表2-2　　　　　　　　　　　常见几种车型气缸压缩压力值

发动机型号	压缩比	气缸压力/（kPa）	检测压力时发动机转速/（r/min）
奥迪 100 1.8L	8.5	新车：800～1000 极限：650（各缸偏差＜300）	200～250
AJR1.8L	9.3	1000～1350（各缸偏差＜300）	200～250
切诺基	8.6	1068～1275（各缸偏差＜206）	200～250
捷达 EA827	8.5	900～1100（各缸偏差＜300）	200～250
解放 CA6102	7.4	930	100～150
天津夏利 TJ7100	9.5	1029～1225	350

4. 检测结果分析

当所检测的气缸压缩压力低于标准值时，我们根据机油具有密封作用的特点，采用下述方法确

定导致气缸密封性不良的原因。从火花塞或喷油器孔注入适量（一般 20～30mL）机油后，再次检测气缸压缩压力，并对两次检测结果进行比较。

① 第二次检测结果比第一次高，并接近标准值，表明气缸密封性不良是由于气缸、活塞环、活塞磨损过大或活塞环对口卡死、断裂及缸壁拉伤等原因引起的。

② 第二次检测结果与第一次近似，表明气缸密封性不良的原因为进、排气门或气缸衬垫密封不良（滴入的机油难以到达这些部位）。

③ 如果两次检测某相邻两缸压力均较低，说明该两缸相邻处的气缸衬垫损坏，导致相邻的两缸窜气。

若气缸压缩压力高于标准值，并不一定表示气缸密封性好，具体原因应结合使用和维修情况分析。因为燃烧室内积炭过多、气缸衬垫过薄或缸体与缸盖的结合平面经多次修理后加工过甚，这些都会导致气缸压缩压力过高。同时，气缸压缩压力高于标准值常会导致爆燃、早燃等不正常燃烧情况的发生。气缸压缩压力检测标准值一般由制造厂通过汽车使用说明书提供。气缸压缩压力与发动机的压缩比有直接关系，因此也可根据以下公式近似计算，但对于新型轿车，该式的计算值偏低。

$$P = 0.15\varepsilon - 0.22$$

式中：P——气缸压缩压力，MPa；

ε——压缩比。

根据 GB/T 15746.2—1995《汽车修理质量检查评定标准发动机大修》的规定，大修竣工后，气缸压缩压力应符合原设计规定；每缸压力与各缸平均压力的差，汽油机不超过 8%，柴油机不超过10%。

根据交通部《汽车运输业车辆技术管理规定》，在用汽车发动机气缸压缩压力不得低于原设计额定值的 75%，否则应进行大修。

2.2.2 真空表

利用真空表我们可以对发动机进行真空分析。真空分析是在发动机运转的条件下，通过对进气歧管真空度的变化规律（即真空度数值的大小）进行分析进而判断发机动机械部分故障的方法。真空分析是最重要、最有用且最快捷的发动机机械工作状况测试方法之一。它无需拆卸任何一个火花塞或检查任何一缸的气缸压力或漏气，就可以反映出气缸压力的情况。

真空表显示数值单位为千帕（kPa）。在海拔高度为零完全真空时，真空度为101.58kPa。真空表指针反映进气歧管内与发动机外大气压之间的压力差，真空表读数因海拔高度不同而变化，因此，对于海平面以上的不同高度，真空表读数要加以修正。例如，海拔高度每增加1000m，真空读数就会降低 10kPa。

1. 真空表的结构与工作原理

真空表由表头和软管组成。真空表的表头与气缸压力表的表头一样，多为鲍登管。当发动机进气歧管中的真空（负压）进入表头内的弯管时，弯管更加弯曲。于是，通过杠杆和齿轮等机构带动

表头指针动作，在表盘上指示出真空度的大小。真空表表头的量程为 0～101.325kPa。软管的一头固定在表头上，另一头连接在节气门后方的进气管专用接头上。

2. 真空表使用方法

① 发动机应预热至正常工作温度。

② 把真空表的软管连接在节气门后方的进气管接头上。

③ 使发动机处于怠速运转。

④ 读取真空表上的数值。

考虑到进气管的真空度随海拔高度增加而降低（一般海拔每增加 1000m，真空度将减少 10kPa 左右），因此，真空度检测中应根据所在地海拔高度修正真空度诊断参数标准。

3. 对指针位置和动作的分析、判断方法

检测中真空表指针的位置和动作，如图 2-6 所示。图中，白针表示指针稳定，黑针表示指针漂移。

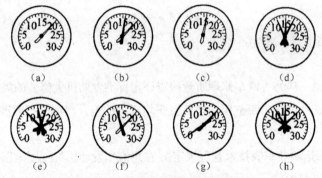

图2-6　真空表指针的位置和动作

① 在相当于海平面高度的条件下，发动机怠速运转（700～900r/min，下同）时，真空表指针稳定地指在 57～71kPa（见图 2-6（a））范围内，表示气缸密封性良好。

② 当迅速开启并立即关闭节气门时，真空表指针随之摆动在 6.8～84kPa 之间，则进一步表明气缸组技术状况良好。

③ 怠速时，真空表指针在 50.6～67.6kPa（见图 2-6（b））之间摆动，表示气门黏滞或点火系统存在问题。

④ 怠速时，若真空表指针低于正常值（见图 2-6（c）），主要是活塞环、进气管或化油器衬垫漏气等造成的，也可能与点火过迟或配气过迟有关。此种情况下，若突然开启并关闭节气门，指针会回落到 0，但不能回跳到 84kPa。

⑤ 怠速时，真空表指针在 40.5～60.8kPa（见图 2-6（d））之间缓慢摆动，表示化油器调整不良。

⑥ 怠速时，真空表指针在 33.8～74.3kPa（见图 2-6（e））之间缓慢摆动，且随发动机转速升高加剧摆动，表示气门弹簧弹力不足、气门导管磨损或气缸衬垫泄漏。

⑦ 怠速时，真空表指针有规律地跌落（见图 2-6（f）），表示某气门烧毁。每当烧毁的气门工作时，指针就跌落。

⑧ 怠速时，真空表指针逐渐跌落至 0（见图 2-6（g）），表示排气消音器或排气系统堵塞。

⑨ 怠速时，真空表指针快速地在 27～67.6kPa（见图 2-6（h））之间摆动，发动机升速时指针反而稳定，表示进气门杆与其导管磨损松旷。

进气管真空度是一项综合性很强的诊断参数。若进气管真空度符合要求，不仅表明气缸密封性符合要求，而且也表明点火正时、配气正时和空燃比等也都符合要求。虽然以上只介绍了九种典型用真空度分析、判断故障的情况，但实际上真空表能检测的项目还有许多，而且检测时无需拆卸火花塞等机件，它被认为是最重要、最实际和最快速的诊断方法之一。但是，进气管真空度的检测也存在不足之处，它往往不能指出故障的具体部位。比如，利用真空表能测出气门有故障。但是，是哪一个气门有故障，它就无能为力了。这就需要结合气缸压力检测或结合气缸漏气量（率）检测，才能加以确诊。

2.2.3 气缸漏气检测仪

气缸漏气量的检测采用气缸漏气量检测仪进行检测。检测的基本原理是利用充入气缸的压缩空气，用压力表检测活塞处于压缩终了上止点时气缸内压力的变化情况，来表征整个气缸组的密封性。即不仅表征气缸活塞摩擦副的密封性，还能表征进排气门、气缸衬垫、气缸盖及气缸的密封性。

1. 气缸漏气量检测仪的结构与工作原理

国产 QLY-1 型气缸漏气量检测仪主要由减压阀、进气压力表、测量表、校正孔板、橡胶软管、快换管接头和充气嘴等组成，如图 2-7 所示。此外，还得配备外部气源、指示活塞位置的指针和活塞定位盘。

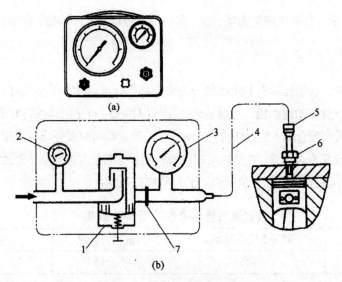

图2-7 气缸漏气量检测仪
1—调压阀 2—进气压力表 3—测量表 4—橡胶软管
5—快换管接头 6—充气嘴 7—校正孔板

外部气源的压力应相当于气缸压缩压力，一般应为 600～900kPa。压缩空气按图中箭头所示方向进入气缸漏气量检测仪，其压力由进气压力表显示。随后它经由减压阀、校正孔板、橡胶软管、快换管接头、充气嘴进入处于压缩终了上止点的气缸。气缸内的压力变化情况由测量表显示，该压力变化情况即可表明气缸组的密封状况。

2. 气缸漏气量检测仪的使用方法

① 先将发动机预热到正常工作温度，然后用压缩空气吹净火花塞孔周围的灰尘，最后拆下所有火花塞，装上充气嘴。

② 将仪器接上外部气源。在仪器出气口完全密封的情况下，通过调节减压阀，使测量表指针指在 400kPa 位置上。

③ 卸下发动机分电器盖和分火头，装上指针和活塞定位盘。指针可用旧分火头改制，仍装在原来分火头的位置上。活塞定位盘用较薄的板材制成，其上按缸数进行刻度，并按分火头的旋转方向和点火顺序刻有缸号。假设被测发动机是 6 缸，分火头顺时针旋转，点火顺序为 1-5-3-6-2-4，则活塞定位盘上每 60° 有一刻度，共有 6 个刻度，并按顺时针方向在每个刻度上刻有 1、5、3、6、2、4 的阿拉伯数字。

④ 摇转曲轴，先使 1 缸活塞处于压缩终了上止点位置，然后转动活塞定位盘，使刻度 "1" 对正指针。变速器挂低速挡，拉紧驻车制动器手柄。

⑤ 在 1 缸充气嘴上接上快换管接头，向 1 缸充入压缩空气，测量表指针稳定后的读数便反映出该缸的密封性。在充气的同时，可以从空气滤清器、排气消声器口、加机油口、散热器加水口和火花塞孔等处，察听是否有漏气声，以便找出故障部位。

⑥ 摇转曲轴，使指针对正活塞定位盘下一缸的刻度线，按以上方法检测下一缸漏气量，直至将所有气缸检测完。

⑦ 为使数据可靠，各缸应重复测量一次，每缸测量值取算术平均值。仪器使用完毕后，减压阀应退回到原来位置。

3. 诊断参数标准

对于气缸漏气量，我国还没有制定出统一的诊断参数标准。QLY-1 型气缸漏气量检测仪的使用说明书中，对于国产货车的发动机，在确认进、排气门和气缸衬垫密封性良好的情况下，气缸密封状况（主要指气缸活塞配合副）的判断可参考表 2-3 处理。即当测量表读数大于 250kPa 时，表明气缸活塞配合副密封状况符合要求，发动机可以继续使用；当测量表读数小于 250kPa 时，表明气缸活塞配合副密封状况不符合要求，发动机气缸需换活塞环或镗缸。

表 2-3　　　　　　　　　气缸漏气量参考性诊断参数标准

气缸密封状况	测量表读数值/kPa	气缸密封状况	测量表读数值/kPa
合格	> 250	不合格	< 250

交通行业标准 JT/T201—1995《汽车维护工艺规范》在汽车二级维护前的检测中采用了这一参考性诊断参数标准，要求国产东风 EQ1090 和解放 CA1091 汽车的气缸漏气量，在被检气缸活塞置

于静态压缩上止点位置时，测量表气压值应≥250kPa。

4. 气缸漏气率的检测

气缸漏气率的检测，无论是使用的仪器，检测的方法，还是判断故障的方法，都与气缸漏气量的检测是一致的，只不过气缸漏气量检测仪的测量表标定单位为kPa或MPa，而气缸漏气率测量表的标定单位为百分数。

气缸漏气率检测仪是这样标定的：接通外部气源，在仪器出气口密封的情况下，调节减压阀，使测量表指针指示为"0%"，表示气缸不漏气；完全打开仪器出气口，测量表指针回落至最低点，标定为"100%"，表示气缸内的压缩空气百分之百的漏掉。在测量表"0%"至"100%"间，把原气缸漏气量检测仪表盘的气压数折合成漏气的百分数，便能直观地指示漏气率了。为了检测各缸整个压缩过程中不同阶段中的漏气率和漏气部位，还须在活塞定位盘各缸压缩终了上止点刻线上，沿分火头逆转方向按凸轮轴转角标出进气门关闭点，此点代表压缩行程的开始点。这样，气缸漏气率的检测，可通过摇转曲轴从压缩行程一开始就进行，一直进行到压缩行程终了上止点位置。

气缸漏气率的诊断参数标准可参考国外经验，见表2-4。当气缸漏气率达30%~40%时，如果能确认进排气门、气缸衬垫、气缸盖和气缸等是密封的（可从各泄漏处有无漏气声或迹象确认），则说明气缸活塞配合副的磨损已接近极限值，到了必须换活塞环或镗磨气缸的程度。

表2-4 气缸漏气率参考性诊断参数标准

气缸密封状况	测量表读数/%	气缸密封状况	测量读数/%
良好	0~10	较差	20~30
一般	10~20	更换或镗缸	30~40

气缸漏气率的检测虽然比较麻烦、费时，但检测全面，指示直观，国外使用该仪器往往备有全套附件，能快速地连接到流行的任何汽车上，应用非常普遍。

2.2.4 曲轴箱窜气量检测仪

汽车发动机在长期使用中，会出现气缸活塞组零件磨损，气门与气门座磨损、烧蚀以及缸体密封面翘曲，使气缸的密封性不良、发动机动力性和经济性下降。为保证发动机的正常工作状况，须对发动机的密封性进行检测，检测内容包括气缸压缩压力的检测、曲轴箱窜气量的检测、气缸漏气率的检测及进气管真空度的检测等。

曲轴箱窜气量是指气缸内的工作介质和燃气从气缸与活塞间不密封处窜入曲轴箱的量，窜入曲轴箱的气体量越多，表明气缸与活塞、活塞环间不密封程度越高。曲轴箱窜气量检测仪专门用于测量通过气缸活塞组间隙窜入曲轴箱的气体量，考核发动机密封性能，判断发动机的磨损情况。

1. 流量式曲轴箱窜气量检测仪

（1）流量式曲轴箱窜气量检测仪结构原理

流量式曲轴箱窜气量检测仪的主要部件为玻璃流量计，结构原理如图2-8所示。测量时，把曲

轴的机油尺口、曲轴箱通风进出口堵住，将曲轴箱窜气量检测仪的胶管与曲轴箱机油加注口相连，漏窜气体由此导入玻璃流量计。当气体沿图中箭头方向流动时，由于流量孔板两边存在压力差使压力计水柱移动，直到气体压力与水柱落差达到平衡为止。压力计通常以流量为刻度，因而由压力计水柱高度可以确定窜入曲轴箱气体的数量，流量孔板备有不同直径的小孔，可以根据漏窜气体量的范围来选用。

（2）曲轴箱窜气量的测量与分析

曲轴箱窜气量除与发动机气缸活塞副的技术状况有关外，还与发动机的转速和负荷有关。因此在检测时，发动机应加载，节气门全开（或柴油机最大供油量），在最大转矩转速（此时窜气量最大）测试。发动机加载可在底盘测功机上实现，由于测功机可方便地对发动机进行加载，使发动机能在全负荷工况下从最大转矩转速至额定转速的任一转速下运转，因此，可用曲轴箱窜气量检测仪检测出任一工况下曲轴箱的窜气量。

试验表明：汽车运行里程与曲轴箱窜气量的曲线关系如图 2-9 所示，我们可以利用这一关系来判断发动机故障。

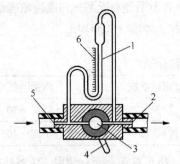

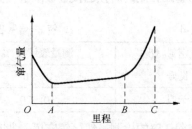

图2-8　流量式曲轴箱窜气量检测仪结构原理图　　　　图2-9　汽车行驶里程与曲轴箱窜气量的曲线关系
1—压力计　2—通大气的管　3—流量孔板
4—流量孔板手柄　5—通曲轴箱的胶管　6—刻度板

① 新车或大修车在走合期内，随里程的增加窜气量下降很快，即 OA 段，利用这一段的变化可以判断发动机的磨合程度。

② 磨合后的 AB 段为发动机正常工作区段，窜气量不应有大的变化，一般在 10～20L/min，若出现大幅度上升说明缸内出现故障。

③ 图中 BC 段为发动机的磨损区，在这一期间内窜气量上升较快，能达到 40～50L/min。当 C 点值高于最低窜气量的 4 倍左右时，表明该发动机需要修理。

2. 微压式曲轴箱窜气量检测仪

（1）微压式曲轴箱窜气量检侧仪的结构原理

图 2-10 所示的曲轴箱窜气量检测仪使用微压传感器，当窜漏气体流过取样探头孔道时，在测量小孔处产生负压，微压传感器检测出负压并将其转变成电信号。流过集气头孔道的气流流量越大，测量小孔处产生的负压越大，微压传感器输出的电信号越强，该信号输送到仪表，由仪表指示出流量的大小。

（2）微压式曲轴箱窜气量检测仪的使用

① 打开电源开关，按仪器使用说明书的要求对检测仪进行预调。

② 密封曲轴箱，即堵塞机油尺口、曲轴箱通风进出口等，将取样探头插入曲轴箱机油加注口内。

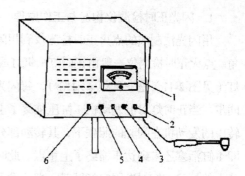

③ 启动发动机，待其运转平稳后，仪器上仪表的指示值即为曲轴箱在该转速下的窜气量。对曲轴箱窜气量还没制定出统一的检测标准，同时，曲轴箱窜气量大小还与缸径大小和缸数多少有关，也很难把众多车型的曲轴箱窜气量综合在一个检测标准内。维修企业和汽车检

图2-10　微压式曲轴箱窜气量检测仪
1—指示仪表　　2—预测按钮　　3—预调旋钮
4—挡位开关　　5—调零旋钮　　6—电源开关

测站应积累具体车型的曲轴箱窜气量检测数据资料，经分析整理制定企业标准，作为检测依据。

点火性能检测

2.3.1　点火正时检测

点火正时是指正确的点火时间，一般用点火提前角表示。点火提前角是指从点火开始至活塞到达上止点为止曲轴转过的角度。若点火正时，则点火提前角就处于最佳状态。点火提前角大小对发动机动力性、经济性和排放性能影响很大，因此，应重视发动机点火提前角的检测及调整，使之处于最佳状态。

点火正时检测仪是专用于检测发动机运转时点火时间是否正确的测试仪器，它用正时灯泡与一缸分缸高压线上高压电同步发光作为正时记号来测试点火时间。点火正时也称为点火定时，是指正确的点火时间。点火时间一般用点火提前角表示。当点火时间正确时，点火提前角处于最佳状态。然而，最佳点火提前角是随着发动机的转速、负荷、空燃比和汽油的辛烷值等因素的变化而变化的。对于传统的点火系统，随着发动机转速和负荷的变化，是在动态情况下由分电器上的离心式调节器和真空式调节器自动调节的；随辛烷值的变化，则是在静态情况下通过获得最佳初始点火提前角，亦即调整分电器到最佳固定位置得到的。当使用的汽油辛烷值改变时，发动机的初始点火提前角亦即分电器壳的固定位置也需要随之改变。初始点火提前角也称为初始点火正时，是点火提前自动调节装置进入工作状态前的基础。在离心式调节器和真空式调节器工作正常的情况下，发动机最佳点火提前角往往取决于初始点火提前角。发动机的点火正时是非常重要的，它将直接影响到发动机的动力性、燃料经济性和排气净化性。

1. 闪光正时检测仪构造与工作原理

用闪光法制成的点火正时检测仪利用闪光时刻与1缸点火同步的原理，测出发动机的点火提前角。点火正时检测仪一般由正时灯（氖灯或氙灯）、传感器、中间处理环节和指示装置等组成。正时灯（见图2-11）是一种频率闪光灯，每闪光一次表示1缸的火花塞点火一次，因此闪光与1缸点火同步。当正时灯对准发动机1缸压缩终了上止点标记，并按实际跳火时间进行闪光时，可以看到运转中的发动机在闪光的照耀下，其转动部分（飞轮或曲轴传动带盘）上的标记还未到达固定指针，即1缸活塞还未到达压缩终了上止点。此时，若调整正时灯上的电位器，使闪光时刻推迟至转动部分上的标记正好对准固定指针时，那么推迟闪光时刻的时间就是点火提前角的时间，将其显示在表头上，便可读出所要检测的点火提前角。需要说明的是，有些表头指示的角度是分电器凸轮轴转角，对于四行程发动机来说，换算成曲轴转角需要乘以2。用闪光法制成的点火正时检测仪，既可以制成单一功能便携式，又可以和其他仪表组合成多功能综合式。其指示装置既可以是指针式、数码管式，也可以是显示屏式，带有打印功能的还可以打印输出。指示装置应有显示瞬时转速的功能，以便在规定的转速下测得点火提前角。

2. 闪光正时检测仪使用方法

（1）准备工作

① 将闪光正时检测仪（以下简称"正时仪"）的两个电源夹，夹到蓄电池（12V）的正、负电极上，红正、黑负。

② 将正时仪的外卡式传感器，卡在1缸的高压线上。

③ 将正时仪的电位器退回到初始位置，打开开关，正时灯应闪光，指示装置应指示零位。

（2）发动机准备

① 事先擦拭飞轮或曲轴传动带盘上1缸压缩终了上止点标记，以便在闪光照耀下能够看得清楚。

② 发动机运转至正常工作温度。

（3）检测方法

① 发动机在怠速下稳定运转，打开正时灯并对准飞轮或曲轴传动盘上的标记，如图2-12所示。

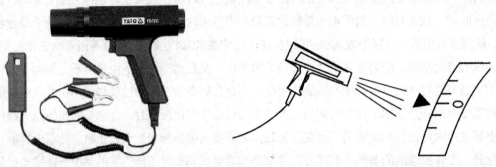

图2-11　点火正时灯　　　　　图2-12　闪光灯正时检测仪检测点火正时

② 调整正时仪上的电位器，使飞轮或曲轴传动带盘上的活动标记逐渐与固定标记对齐，此时，

正时仪指示装置上的读数即为发动机怠速运转时的点火提前角。

③ 用同样的方法，分别测出发动机不同工况时的点火提前角。若测出的点火提前角符合规定，对于传统点火系来说，初始点火提前角调整正确，同时也说明离心式调节器和真空式调节器工作正常。如果需要分别测量离心提前角和真空提前角，可拆下分电器真空管进行测量。在发动机怠速运转时由于传统点火系离心式和真空式调节器未起作用或起作用很小，此时测得的离心提前角实为初始提前角。在拆下真空管（要堵塞通往化油器的管道）的情况下，发动机在某转速下测得的提前角减去初始提前角，即可得到该转速下的离心提前角；反之，在连接真空管的情况下，在同样转速下测得的提前角减去离心提前角和初始提前角，则又可得到真空提前角。

④ 如果需要检测并调试汽车实际运行中的点火提前角，须路试或在底盘测功试验台上（见图2-13）进行。

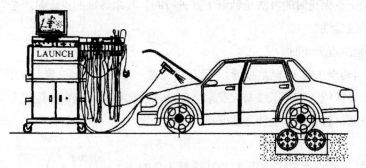

图2-13 在底盘测功机试验台上检测并调整点火正时

⑤ 检测完毕，关闭正时灯，取下外卡式传感器和两个电源夹。

3. 用经验法检测点火正时

经验法适用于目前的电磁感应型、霍尔效应型、光电型分电器的点火系统。

① 摇转曲轴，检查分电器是否正常。

② 将1缸活塞摇至压缩行程上止点位置。

③ 拆下1缸火花塞，摇转曲轴，直到能听到从火花塞孔发出排气声，说明1缸已处于压缩行程。

④ 继续摇转曲轴，注意观察飞轮上或曲轴带轮上的上止点标记。当该标记与固定标记对正时，停止摇转并抽出摇把，此时1缸活塞正好处于压缩行程上止点位置。

⑤ 拆去分电器真空式调节器的连接管路，松开分电器壳与缸体之间的定位螺钉。

⑥ 插上分火头，扣上分电器盖，分火头指向的插孔即为1缸高压线插孔。插上1缸高压线，该线的另一端和1缸火花塞连接。然后，沿分火头转动方向按点火次序插上其他各缸高压线，并与对应的火花塞连接好。

⑦ 拧紧分电器壳定位螺钉，并连接好真空调节器的管路。

⑧ 启动发动机并运转至正常热状态，进行无负荷加速试验。当突然打开节气门时，发动机应加速良好；如果加速不良，且有爆燃声，则为点火过早；如果加速不良，且发闷，甚至排气管有"突、

突"声，则为点火过晚。用无负荷加速试验检查点火正时，不太准确，只能起一定参考作用，更准确的检查应进行路试。

⑨ 为检查点火正时进行汽车路试时，应选择平坦、坚硬的直线道路或专用跑道，全车运转至正常热状态后，以最高挡最低稳定车速行驶，然后突然将加速踏板踩到底，使汽车急加速行驶。此时，若能听到发动机有轻微的爆燃声，且随着车速提高逐渐消失，则为点火时间正确；若听到的爆燃声强烈，且车速提高后长时间不消失，则为点火时间过早；若听不到爆燃声，且加速困难，甚至排气管有"突、突"声，则为点火时间过晚。

⑩ 路试中发现发动机点火时间不正确时，可停车进行调整。如点火时间过早，可使分电器壳顺分火头方向转动少许；如点火时间过晚，可使分电器壳逆分火头方向转动少许，再结合路试反复调试几次就可获得满意结果。

以上检查及校正点火正时的方法是针对1缸进行的，其余各缸的点火时间是否正确，则决定于各缸间点火间隔的准确性。

4. 用缸压法检测点火正时

① 发动机应运转至正常工作温度，拆下发动机任意一缸的火花塞，装上缸压传感器。在拆下的火花塞上仍接上原高压线，在高压线与火花塞之间插接点火传感器或在高压线上卡上外卡式点火传感器，然后将火花塞放置在机体上使之良好搭铁，起动发动机使之运转。

② 由于被测缸不能点火工作，因而缸压传感器采集的是气缸压缩压力信号，其压力最大点就是活塞压缩行程上止点。拆下的火花塞虽在缸外但仍在跳火，其上的点火传感器可采集到点火开始的信号。此时输入操作指令，即可从指示装置得到怠速、规定转速或任意转速下的点火提前角及对应转速。

③ 检测中，如果示波器屏幕显示的缸压波形最高峰值出现在后部，则表示点火提前角为负值，即发动机在上止点后点火，如图2-14所示。

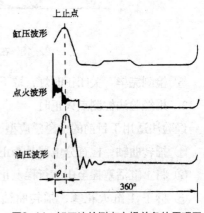

图2-14 缸压法检测点火提前角的原理图

2.3.2 检测点火波形

1. 汽车发动机示波器的作用

示波器是把汽油机点火过程的电压变化用波形显示出来，用于诊断故障的仪器（见图 2-15）。荧光屏上的纵坐标为点火电压值，横坐标为用配电器凸轮转角表示的时间。通过诊断波形与标准波形相比较，找出差异，从而能分析出点火系统故障的原因及所在部位。

汽车发动机示波器为汽车修理技术人员快速判断汽车电子设备故障提供了有力的工具。用普通的示波器去测试电子设备时，最大的困难是设定示波器（即调整示波器的各个按钮，使显示的波形更为清楚）和分析波形的形状。汽车示波器将汽车电子设备的测试设定变得非常简单，只要像点菜单一样选择要测试的内容，无需任何设定和调整就可以直接观察波形了。这是因为汽车示波器是专门为汽车维修人员设计的"傻瓜"示波器，它的设定调整是全自动的，使用汽车示波器，就像使用一台"傻瓜"照相机一样方便。

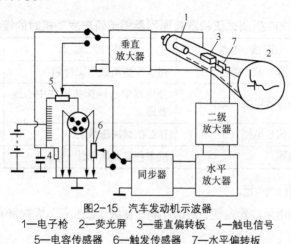

图2-15　汽车发动机示波器
1—电子枪　2—荧光屏　3—垂直偏转板　4—触电信号
5—电容传感器　6—触发传感器　7—水平偏转板

示波器与万用表相比有着更为精确及描述细致的优点。万用表通常只能用一、二个电参数来反映电信号的特征；而示波器则用电压随时间变化的图像来反映一个电信号，它显示电信号比万用表更准确、更形象，所以，一个画面通常要胜过 1000 个数字。

汽车电子设备的有些信号变化速率非常快，变化周期达到千分之一秒，通常测试仪器的扫描速度应该是被测信号的 5～10 倍，许多故障信号是间歇的，时有时无，这就需要仪器的测试速度高于故障信号的速度。汽车示波器完全可以胜任这个速度，它不仅可以快速捕捉电路信号，还可以用较慢的速度来显示这些波形，以便可以一面观察，一面分析。它还可以用储存的方式记录信号波形，可以倒回来观察已经发生过的快速信号，这就为分析故障提供了极大方便。无论是高速信号（如喷油嘴、间歇性故障信号），还是慢速信号（如节气门位置变化及氧传感器信号），用汽车示波器来观察都可以得到想要得到的波形结果，一个好的示波器就像一把尺子，它可以去测量计算机系统工作状况，可以观察到汽车电子系统是如何工作的。此外，汽车示波器能够使你确认故障是否真的被排除了，而不是仅仅知道故障码是否清除，这可以通过修理前后从汽车示波器中观看到氧传感器的信号波形来加以判断。这可以实实在在的在修理中提高你的水平，汽车示波器能够显示出需要你修理的故障是怎样地一种波形，使你能够清楚故障的真实存在。汽车示波器在汽车电子控制故障诊断中，有两种应用方式：一是整个系统运行状态的分析——确定整个系统运行的情况；二是某个电器或电路的故障分析——确定在整个系统运行正常的情况下，某个电器或某段电路的故障。

2. 用示波器检测汽油机点火波形

用远征 ADC2000 型示波器检测普通桑塔纳电喷发动机点火波形的操作程序如下。

（1）车辆准备

① 发动机怠速调整正确。

② 发动机预热至正常工作温度。

（2）点火示波器的联机与准备工作

1）各种测试的接线方法。在主菜单选择测试项目后，屏幕提示用户将测试电缆连接好。不同的测试项目有不同的接线方法。ADC2000 在测试普通型桑塔纳轿车发动机时的接线接法见表 2-4。

表 2-4　用 ADC2000 型测试仪检测普通型桑塔纳轿车发动机时的接线方法

通 道 号	连 接 电 缆	连 接 地 点	备 注
CH1	示波器电缆（带针）	初级线圈负极用探针刺入	测试次级波形时不接
CH2	次级信号电缆（无针）	分电器中心线探头加在中心线表面	测试初级波形时不接
CH3	1#缸信号电缆	1#缸次级高压线上	注意方向
CH5	接地线	汽车任意金属部件	接触良好

接线时应注意以下几个问题。

① 初级信号电缆采用示波器电缆，用探针刺入初级线圈负极。因探针有高电压，注意使用过程中，不要用手触摸探针。

② 使用 1#缸信号电缆时，注意将信号夹表面刻有 "SPARK PLUG SIDE" 字的一面朝向第一缸火花塞。

③ 次级信号电缆连接到次级高压线时，一定要将探头的铜弧面与高压线接触严密，不能留有空隙。

④ 测量初级/次级点火波形时，一定要连接地线。

2）打开电源开关，示波器通电预热，完成自检查校正，待符合要求后再投入使用。

3）进入系统。在系统主菜单中按[4]键，选择进入点火波形测量主菜单。

4）选择功能。根据所测量的车型和测试项目选择相应测试功能，按对应的数字键或用[↑]，[↓]键移动到相应位置后按[确认]键，即可进入相应的点火波形测试。

3. 测试波形

（1）初级点火波形测试

按测试初级点火波形的接线方法连接好示波器后，在点火波形主菜单选择需要的菜单项进入后，屏幕提示用户连接好测试电缆。如果测试电缆连接正确，并且检测到有信号输入，初级点火波形立即在屏幕上显示出来。

如果电缆连接错误，探针损坏或者没有检测到初级信号，屏幕将提示错误信息"没有检测到输入信号，请检查电缆连接"。

如果出现信号输入错误信息，可以退出点火波形测试，从主菜单中选择示波器功能。选择[2]。自动设定通道[CHl]进入，传感器类型选择[10]初级点火波形。

（2）次级点火波形测试

按测试次级点火波形的接线方法连接好示波器后，在点火波形主菜单选择需要的菜单项进入后，屏幕提示用户连接好测试电缆。因示波器默认为测初级点火波形状态，所以，此时会提示"没有检测到输入信号，请检查电缆连接"，此时需点按[确认]键，然后点击[1]键，再点击[2]键，屏幕上即显示次级点火波形。

4. 显示控制

用户可以根据自己的要求改变波形的显示模式。如放大/缩小，移动/改变，存储/打开等。在屏幕上，上部显示扩展功能菜单，中间部分显示波形，底部显示当前状态，例如，时间和电压的分辨率，发动机的转速，蓄电池电压和电流等。各功能菜单可完成的功能如下。

[0 保持]锁定波形显示和显示扩展功能菜单。

[1 初级]选择显示初级点火波形和次级点火波形。

[2 时间和电压]可以设置时间和电压的分辨率。

[3 当前页]显示当前的页码。

[4 气缸]选择气缸波形的显示模式。

[5 移动]可以上下和左右的移动波形。

[6 显示]可以把波形转换成单一波形，并列波形，棒形波。

[7 正极/负极]选择放电极性，不适用于分电器形式，仅适用于无分电器类型的车辆。

[8 英文]进行中文和英文的切换。

[9 网格]显示或隐藏画面上的横竖虚线的功能。

[0 恢复]恢复先前存储的波形数据。

ADC2000可以保存在闪存中的8个地址的波形。当按下[恢复]键。8个存储地址将显示出来。储存的数据的地址标有*号。

按[↑]或[↓]键选择所需地址，按确认键恢复波形。

按[↑]或[↓]键将光标固定在所需删除的地址，按[ERARE]键删除。

5. 打印输出

ADC2000可以利用打印机打印示波器波形。可以打印当前显示波形或打印从存储地址恢复的存储波形数据。

当要打印的波形选择完毕后。按下[确认]键，打印开始。这时出现打印提示信息。如果打印失败，"打印机初始化错误，打印机是否正确？"信息出现，用户按[退出]键退出打印。如果条件准备好，则开始打印。

2.3.3 点火波形分析

1. 标准单缸点火波形

图2-16所示为点火示波器显示的传统点火系单缸一次、二次电压随时间变化的标准波形。它描绘了从断电器触点打开开始，经过闭合至再次打开为止（一个完整的点火循环）的电压随时间变化的过程。

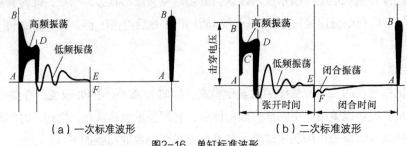

（a）一次标准波形　　　　　　　　（b）二次标准波形

图2-16　单缸标准波形

（1）一次标准波形

该标准波形如图 2-16（a）所示。它是从跨接在断电器触点（俗称白金）上得到的，又称为白金波形。当断电器触点打开时，一次电压迅速增加，二次电压也迅速增长，两电压之和击穿火花塞间隙，如 AB 线所示。当火花塞两电极间出现火花时，随之出现的高频振荡，由于点火线圈一、二次间的变压器效应，也出现在一次波形中，所以，图中 ABD 段为高频振荡波形。当二次点火放完电时，点火线圈和电容器中的残余能量要继续释放，一次电路中出现低频振荡波形，如图 DE 段所示。同样，由于点火线圈一、二次间的变压器效应，低频振荡波形也出现在二次波形上，这就是图 2-16（b）中 DE 段波形。

DE 段波形振荡终了时为一段直线，高于基线的高度表示施加于一次电路上断电器触点两端的电压。触点从 E 点闭合。闭合后的一次电压几乎降至零，显示如一条直线，一直延续到断电器触点下一次打开，如 FA 段所示。当下一次点火时，点火循环将在下一个气缸重复开始。

（2）二次标准波形

二次标准波形如图 2-16（b）所示，波形各段含义如下。

AB 在断电器触点打开的瞬间，由于一次电流迅速下降，点火线圈内一次线圈的磁场迅速消失，在二次线圈中感应出的高压电动势急剧上升。当二次电压还没有达到最大值时，就将火花塞间隙击穿。击穿火花塞间隙的电压称为击穿电压（点火电压），如图中 AB 线所示。AB 线也称为点火线。B 点的高度表明点火系克服火花塞间隙、分火头间隙和高压导线各电阻并将可燃混合气点燃的实际二次电压。

BC 在一举击穿火花塞间隙后，二次电压骤然下降，BC 为此时的放电电压。

CD 火花塞间隙被击穿后，通过火花塞间隙的电流迅速增加，致使两电极间隙之间引起火花放电。火花放电电压比较稳定。在示波器屏幕上，CD 的高度表示火花放电的电压，CD 的宽度表示火花放电的持续时间。据资料介绍，当发动机转速为 2000r/min 时，火花放电持续时间约为 0.001s，即使一个完整的点火循环，对于 6 缸发动机来说也不过 0.01s。CD 线称为火花线。

在火花塞间隙被击穿的同时，储存在 C（指分布电容，即点火线圈匝间、火花塞中心电极与侧电极间、高压导线与机体间等所具有的电容量总和）中的能量迅速释放，故 ABC 段称为“电容放电”。其特点是放电时间极短（1μs），放电电流很大（可达几十安培）。所以，A、C 两点基本上是在同一垂线上。电容放电时，伴有迅速消失的高频振荡，其频率为 106～107Hz。但电容放电只消耗了磁场能的一部分，剩余磁场能所维持的放电称为"电感放电"。其特点是放电电压低，放电电流小，持续时间长，但振荡频率仍然较高。所以，整个 *ABCD* 段波形为高频振荡波形。

DE 当保持火花塞间隙持续放电的能量消耗完毕时，电火花在 *D* 点消失，点火线圈和电容器中的残余能量以低频振荡的形式耗完。此时，电压变化为一连续的减幅振荡，波峰一般在 4 个以上。

EF 断电器触点闭合，点火线圈一次电路又有电流通过，二次电路导致一个负压。

FA 触点闭合后，先是产生二次闭合振荡，之后二次电压由一定负值逐渐变化到零。当至 *A* 点时，断电器触点又打开，二次电路又产生击穿电压。

从图 2-16 中可以看出，由左至右，从 *A* 点至 *E* 点为断电器触点张开时间，从 *E* 点至右端 *A* 点为断电器触点闭合时间。张开时间加闭合时间等于一个完整的点火循环，即等于一个多缸发动机按点火顺序各缸间的点火间隔。断电器触点的张开时间、闭合时间和点火间隔，一般用分电器凸轮轴转角表示。多缸发动机按点火顺序的点火间隔：4 缸发动机为 90°，6 缸发动机为 60°，8 缸发动机为 45°。所以，断电器触点的张开时间和闭合时间又可分别称为触点张开角和触点闭合角。上述角度如果用曲轴转角表示，对于四冲程发动机来说须乘以 2。

2. 波形排列形式

点火示波器采集到发动机点火信号后，通过不同排列，以多缸平列波、多缸并列波、多缸重叠波和单缸选缸波四种排列形式分别显示点火波形，以便于检测人员从不同排列形式波形中观测、分析、判断点火系技术状况。

（1）多缸平列波

在示波器屏幕上，从左至右按点火顺序将所有各缸点火波形首尾相连的一种排列形式称为多缸平列波。6 缸发动机的标准二次平列波如图 2-17 所示。

（2）多缸并列波

在示波器屏幕上，从下至上按点火顺序将所有各缸点火波形之首对齐并分别放置的一种排列形式，称为多缸并列波。6 缸发动机的标准二次并列波，如图 2-18 所示。有的点火示波器，将各缸点火波形按点火顺序以三维的排列形式显示出来，可称为三维多缸并列波。

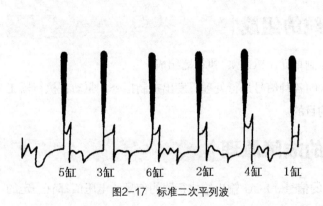

图2-17　标准二次平列波

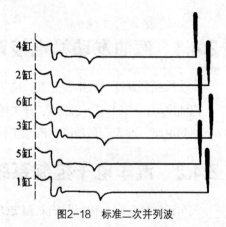

图2-18　标准二次并列波

（3）多缸重叠波

在示波器屏幕上，将所有各缸点火波形之首对齐并重叠在一起的排列形式称为多缸重叠波。6缸发动机的标准二次重叠波如图2-19所示。

（4）单缸选缸波

在示波器屏幕上，根据需要选出的任何一缸的单缸点火波形称为单缸选缸波形。

由于点火系又有一次线路和二次线路之分，因此，上述四种波形排列形式又有一次多缸平列波、一次多缸并列波、一次多缸重叠波、一次单缸选缸波和二次多缸平列波、二次多缸并列波、二次多缸重叠波、二次单缸选缸波之分。

3．点火波形上的故障反映区

当点火示波器与发动机联机后，如果实测点火波形与标准波形相比有差异，说明点火系有故障。传统点火系在点火波形上有4个故障反映区，如图2-20所示。

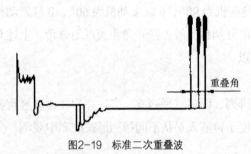

图2-19　标准二次重叠波　　图2-20　波形上的故障反映区

A—断电器触点故障反映区　B—电容器、点火线圈故障反映区
C—电容器、断电器触点故障反映区　D—配电器、火花塞故障反映区。

2.4　汽油发动机电控系统检测

2.4.1　汽油发动机电控系统的组成

发动机控制系统一般由传感器、电子控制单元（ECU）、执行器组成。

汽油发动机ECU把传感器、开关输入的各种信号进行处理，发出控制指令，驱动各执行器工作，达到快速、准确、自动控制汽车工作的目的。

2.4.2　汽车电子控制系统的故障原理

汽车正常运行时，传感器输入到ECU的信号、ECU输出给执行器的信号的电压值都有一定的变化范围。

　　由于传感器本身就产生电信号，因此，ECU 对传感器的故障自诊断不需要专门的线路，而只需要在软件中编制传感器输入信号识别程序，即可实现对传感器的故障自诊断。工作时，各传感器的信号不断地输入 ECU，ECU 根据其内部设置的传感器信号，由监测软件判别输入的信号是否都在设定的正常的信号范围。如果输入的信号超出正常范围或信号丢失，传感器信号监测软件就判定该传感器有故障或有关线路有问题。如果只是偶尔一次，ECU 的故障诊断程序并不认为是故障。但如果该不正常信号持续一段时间，则传感器监测软件（故障诊断程序）即判定存在故障。ECU 将此故障情况以故障码（此故障码为设计时已经约定好的故障数字码）的形式存入随机存储器 RAM 中，同时点亮仪表板上的发动机故障指示灯（"Check Engine"），通知驾驶员和维修人员。如果此时仍按例行方式控制汽车运行，将会引起汽车运行不正常。为了避免这种情况的发生，在 ECU 故障自诊断系统中设有安全保险功能电路。该功能主要是依靠 ECU 内的软件来完成，当诊断出某传感器发生故障时，除进行上述提到的故障报警、内存故障码以外，ECU 的安全保险功能电路立即发挥作用。它依靠 ECU 内存储器内存的数据，使控制系统继续工作或者停机。如果传感器故障状态存在超过一定的时间，微机就将以稳定的形式储存此故障码。如果在一定的时间里该故障状态不再出现，则故障自诊断系统把它判归为偶发性故障。如果一段时间后故障不再出现，该偶发性故障码就会自动清除。

　　ECU 判断传感器出现故障时，不仅是与传感器本身有关，而是与故障相关的整个电路有关，即包括传感器本身故障、线束断路或短路、ECU 故障。

　　在微机内部出现异常情况时，微机故障自诊断系统也能显示其故障，并记录下故障码，自动调用备用回路完成控制任务，用固定的控制信号使车辆继续行驶。采用备用系统工作时，微机控制系统将故障指示灯点亮。

　　汽车电子控制系统中，执行器是决定发动机运行和汽车行驶安全的主要部件。当执行器发生故障时，往往会对汽车的行驶安全造成一定的影响。ECU 对于执行器故障的处理方法通常是：当确认为执行器故障时，由 ECU 根据故障的严重程度采取相应的安全措施，即在微机中又专门设计了故障保险系统。

　　由于 ECU 对执行器进行的是控制操纵，ECU 向执行器输出控制信号，而执行器无信号返回微机。因此，要想对各执行器的工作情况进行诊断，一般需要增设专用故障诊断电路。即 ECU 向执行器发出一个控制信号，执行器要有一条专用电路来向 ECU 反馈其控制信号的执行情况。如果由于某种原因，偶尔出现一次"不正常"信号，微机故障自诊断系统并不判定为故障。一般不正常信号必须持续一段时间，才被判定为故障。

2.4.3　故障检修步骤

　　在检修汽车电子控制系统的故障时，首先应认识到电是以一种逻辑化的、有规律的方式来作用的，所以，在故障检修时要采取逻辑化的、有规律的方法。即先进行全面检查，再进行具体线路和元件的测试，以确定故障原因，这样就能迅速而轻松地解决这些方面的问题。如果不依照步骤进行，

常导致找不出原因，反而浪费更多时间。

大多数机械部分及很多电子子系统都不受电控系统的监控。而这些系统或局部的故障引起驾驶性能问题时，不会产生相应的故障码，也无法在故障诊断仪（解码器）的数据流或示波器中检测到这些故障。所以，在查找电控系统的故障之前，应先检查和排除机械部分的故障。汽车电子控制系统进行故障的诊断与排除时，可以依照以下步骤进行。

（1）识别故障

在进行故障排除分析时，为查清故障症状究竟是怎样的，应向客户询问故障症状及发生故障时的情况。询问时，应尽量用非专业的语言，这样有利于与客户的沟通。另外，客户在对故障进行描述时，适当做一些记录，尽量多收集有关故障的资料。长期积累的资料有助于对故障的认识，可以在进行故障排除分析时参考，并查明这些与现有故障之间的关系，这是极其重要的。向客户询问故障症状时，可以询问以下问题。

① 故障发生的日期、时间和发生频率。是一直存在还是有时才出现？出现时是否有规律？现在是否还发生？

② 故障发生时的路面条件、时间、行驶情况（加速或爬坡）、天气情况或特定温度（如冷起动或热启动）。

③ 症状是什么？如噪声、振动、气味、性能故障或是任意几项的组合？

④ 以前是否出现过这些故障，曾采取什么措施进行修理？

⑤ 汽车最近曾发生过被认为没有关系的故障及其修理情况等，是什么时候维修的？如何修理的？

（2）核实故障

为了消除客户与您描述故障症状时的差异，最好能与顾客一起进行试车，试车时与客户共同确认故障症状。但是，没有症状就说明没有故障。如果没有体验到故障，就不要修理。

故障排除分析最难处理的情况就是故障症状不出现。在这种情况下，一定要先对故障进行详细分析。技术人员无论经验如何丰富，技术如何精湛，如果不确认故障症状就进行故障排除，肯定会在修理工作中忽略某些重要的因素，造成修理工作无法进展。例如，如果某一故障只在发动机处于冷态时发生，或某一故障只在行驶过程中由于路面不平而产生振动时才发生等，那么在发动机处于热态或车辆静止时就无法验证这些症状。因此，必要时应对故障症状进行模拟。

在症状模拟试验时，必须找出故障部位或故障零件。为此，就要参考每个系统的故障症状表，根据故障症状缩小可能发生故障的电路范围，然后进行症状模拟试验，判断所测电路是否正常。故障症状模拟方法如下。

1）振动法

① 对于零件和传感器。用手指轻轻振动认为引起故障的元件，检查是否有问题。

② 对于连接器。可沿垂直方向和水平方向轻轻晃动连接器。

③ 对于线束。可沿垂直方向和水平方向轻轻晃动线束。

2）加热法

当故障似乎是由于所怀疑的部位受热所引起时。用吹风机或类似工具加热可能是故障起因的部件，检查是否出现故障。加热时，不要对 ECU 零件直接加热，温度不要超过 60℃，这样才不至于使部件受损。

3）洒水法

可向车辆洒水，检查是否发生故障。对有漏水故障的车辆进行试验时，必须特别小心。切勿将水直接喷洒在电子器件上，否则，会造成电子元器件甚至 ECU 进水而损坏。

4）其他方法

在怀疑故障可能是由于电气负载过大所引起时，可接通所有电气负载，包括空调鼓风机、前照灯、后窗除雾器等，检查是否发生故障。

（3）检查机械部分工作

检查线路连接插头和真空管路有无松动或断路。检查有无机油和冷却液泄漏以及破损的传动带和管子。再看有无机械、电气和碰撞方面的损坏。机械部分的常规检查可以为查找故障时车辆的动态检查作准备。

在检查电控系统前，要对蓄电池的电压进行检查。因为电控系统在任何工作条件下都要靠充电系统提供适当的电压。蓄电池的电压不应低于 11.5V，发动机运转时充电系统的输出电压不应小于 12.5V。

再有，所有发动机工作都要求具备 3 个环节：燃料供给、压缩和点火。这些环节的缺陷常常会引起驾驶性能的故障，而这些故障通常被人误以为是控制系统的问题。虽然现在的电控系统带有自诊断功能，可以诊断出一些隐藏的机械故障。但想仅靠检测电控系统来找出故障原因，还是远远不够的。所以，最好在确定发动机机械部分状态良好之后，再检查控制系统的问题。检查控制系统前，应检查的机械部分如下。

① 燃油供给部分。参照所检查车型的维修资料中的标准，检查燃油泵压力是否足够；再检查汽油泵的供油量是否满足标准。如果上述两个条件都已经具备，再查一下喷油系统，喷油器脉冲可以用二极管测试灯迅速检查出来。接着要检查空气滤清器和通气管，确保无堵塞或空气泄漏。

② 压缩部分。检查燃烧室密封性和发动机基本工作的最佳方法是进行压缩比试验。参照所检查车型维修资料中的标准，用气缸压力表检查燃烧室密封性和压缩压力。

如果长时间测量发动机压缩压力，未燃烧的燃油进入三元催化转化器，在催化转化器内氧化，生成高温，而造成三元催化转化器损坏。

③ 点火部分。用示波曲线检查点火线圈的次级电压，再测试一下基本点火正时和点火提前角是否符合标准。

（4）了解系统

虽然电控系统的工作方式都是相似的，但每个系统都有其独特性。如故障是属于电子方面的，就应查阅原厂说明书或一些可靠的售后资料，如电路图、诊断故障码和故障检测流程图、ECU 和插头端子图、测试标准，以充分了解所涉及的特定系统。

在此基础上，还应了解电控系统的功用，它控制哪些元件？控制哪些物理量？要把具体某个

ECU 的设置目的弄清。掌握各传感器的名称、安装部位、功用、结构原理及主要技术参数。掌握各种执行器的名称、安装部位、功用、结构原理及主要技术参数（阻值、电压）。了解 ECU 内部主要功能块的作用，掌握各传感器、执行器之间的接线端子序号、字母代号，各端子之间的正常电压或阻值。找到 ECU、各传感器、各执行器在车上的安装位置，区别插接器及其端子的排列序号、代号，区别各元件的形状特征。找到故障诊断插座或检测仪通信接口，按国别、厂家与车牌查找各车辆的故障码表。

除了解汽车上的电控系统外，还应了解诊断仪器的操作程序和步骤。如检查故障诊断仪、诊断卡和诊断接口是否正确，故障诊断仪中的诊断程序是否适用于所检查车型。了解示波器的操作程序和步骤，检查示波器导线屏蔽有无破损。

（5）系统化检查

对发动机控制系统进行全面测试时，应先进行整体检查，再精确地检查局部。应使发动机达到正常工作温度，这样可把发动机是否进入闭环工作状态作为一个基本测试。

当汽车发动机电控系统出现故障时，打开点火开关而不启动发动机，仪表板上的故障指示灯（"Check Engine"灯）闪亮以提示驾驶员或维修人员。因此，先转动一下点火开关，检查故障指示灯是否良好。对大多数系统来说，若故障指示灯不亮，表明故障自诊断系统不会进入诊断状态，也就无法用故障诊断仪（解码器）进行检测。因此测试之前，应先排除故障指示灯的故障。

汽车上配有专门的故障码诊断接口，将专用的故障诊断仪（解码器）与接口连接后，便可直接在诊断仪上显示出故障码。通过查看故障码，可以找出发生故障的具体线路和子系统，找到进行故障检修的地方，但还需进行进一步的测试以确定故障原因。对于不产生故障码的系统，可以通过观察数据流参数来检查有无异常，以确定发生故障的线路。

对于电控系统故障的诊断主要采用两种不同的诊断模式：第一种是静态诊断，简称 KOEO 诊断模式，即点火开关"开"，发动机不运转（Key ON Engine OFF）模式。在进行这种模式的诊断时，只需打开点火开关，不启动发动机，主要是在发动机静态时，将故障码读取出来，利用汽车电控系统的故障码进行诊断。第二种故障诊断模式是动态诊断模式，简称 KOER 诊断模式，即点火开关"开"，发动机运转（Key ON Engine RUN）。在这种诊断模式的诊断时，主要是在发动机运行状态下，利用故障自诊断系统测取故障码或进行混合气成分的监测。

检查时，非常重要的一点是，确定故障码所表示的故障是正在发生的，还是过去曾经发生但现在已恢复正常。此外，检查故障症状时，必须校核故障码所表示的故障是否与故障症状有直接关系。因此，应在确认故障症状以前和以后校核故障码，以确认目前的状况。如不这样做，便有可能在某些情况下对正常运作的系统进行不必要的故障排除分析，从而更难以确定故障所在，或不能针对故障进行修理。用故障诊断仪进行故障诊断时，可遵循以下的顺序进行。

① 检查故障码，记录并清除所显示的故障码。

② 确认故障症状。

③ 若无故障症状，用症状模拟法进行模拟试验。

④ 若有故障症状，检查故障码。

⑤ 故障码显示。

⑥ 症状确认。如故障症状消除，表示系统正常。

⑦ 若仍有故障症状。

⑧ 对每种故障症状进行故障排除分析。

（6）核实检查结果

确定故障后，应先进行核查。在更换元件之前，要看输入元件的信号是否都正常、接口连接是否良好。有时，连接器尤其是搭铁处松脱和破损引起的电子故障通常比元件失效引起的故障要多。

（7）进行修理

由于从故障诊断仪取得的信息、故障类型及可疑线路不同，接下来的检修步骤也有所不同。

最好的检修办法就是从一端检查到另一端，将目标缩小到某一具体线路，然后进行系统性测试。这样将故障范围缩小到某一个点时，即可以开始修理。卸下元件后，要对其进行测试以验证诊断是否正确。安装新零件之前最好检查一下新零件。修理电路时要小心，微电压信号线路的电阻很小，接错线或连接不良都会导致严重的后果。

在检修故障时，ECU 往往被安排在最后进行检查。只有当故障的所有可能的原因都被排除之后，才可怀疑故障出在电控单元。此时，以被检车型的维修技术资料作为依据，利用万用表来测量电控单元一侧插座上各端子的电压或工作电阻，据此判断电控单元及其控制线路有无故障。包括：电控单元一侧插座上各端子分别与哪些装置相连接；各端子在发动机不同工作状态下的标准电压值等。检测时如发现异常，则表明有故障。与执行器连接部分异常，则表明电控单元有故障；与传感器连接部分异常，则可能传感器或线路有故障。

（8）确认修理成功

修理完成后应复测故障线路，如故障消失，则说明修理完成。但有时线路故障不止一个，第一个故障修好后第二个故障才显现出来。此时要对原来修过的地方重新进行故障检修。在确认没有故障后，应再用故障诊断仪检查故障码，确认系统正常，没有故障症状。还可用示波器对被排除的故障进行曲线分析，以确认修理成功。

2.4.4　故障码及故障症状表

故障码对于不同的车型、出厂年代、制造厂家有不同的含义，由程序设计人员在进行微机控制单元的程序设计时预先约定。由于不同制造厂家所制定的故障码所指向的故障不一致，给维修技术人员在排除故障时造成麻烦。20 世纪 90 年代中期，美国汽车工程师协会（SAE）制定了"第二代车载自诊断系统"（On Board Diagnostics Ⅱ，简称 OBD-Ⅱ）标准规范，要求各汽车制造企业按照OBD-Ⅱ的标准提供统一的诊断模式。这个系统除了能对汽车中的电控系统进行故障诊断外，还有严格的排放针对性，其实质性能就是监测汽车排放。一旦尾气排放超标，故障报警灯亮，并记忆和传送有关排放的故障码，并将故障信息存入存储器。

（1）OBD-Ⅱ的特点

① 如图2-21所示，OBD-Ⅱ统一了诊断座位置，并装在驾驶室内驾驶侧仪表板下方，诊断座形状为16PIN。

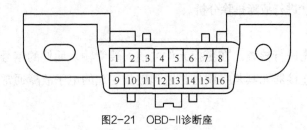

图2-21　OBD-Ⅱ诊断座

② 诊断座上有数值资料分析传输功能（DATA LINK CONNECTOR 简称 DLC）。故障诊断仪和车辆之间也采用了标准通信规则。

③ 统一各车种相同故障码及意义。

④ 具有行车记录器功能。

⑤ 具有重新显示记忆故障码功能，监控排放控制系统。

⑥ 具有可由仪器直接清除故障码的功能。

⑦ 标准的技术缩写术语，定义系统的工作元件。

DLC 16PIN 端子说明如表2-5所示。资料传输线有两个标准即 ISO：欧洲统一标准（利用 7#、15#端子），SAE：美国统一标准（利用 2#、10#端子）。

表2-5　　　　　　　　　　OBD-Ⅱ诊断座 16 端子功用

端　子	端 子 功 用	端　子	端 子 功 用
1#	提供制造厂应用	9#	提供制造厂应用
2#	SAE 制造厂所制定的资料传输线	10#	SAE 制造厂所制定的资料传输线
3#	提供制造厂应用	11#	提供制造厂应用
4#	直接车身搭铁	12#	提供制造厂应用
5#	信号同路搭铁	13#	提供制造厂应用
6#	提供制造厂应用	14#	提供制造厂应用
7#	ISO 9141—2 所制定的资料传输线 K	15#	ISO 9141—2 所制定的资料传输线 I
8#	提供制造厂应用	16#	连接蓄电池正电源

（2）OBD-Ⅱ故障码的意义和分类

SAE 将 OBD-Ⅱ故障码由 5 个字组合而成，第 1 个字为英文码，第 2 个到第 5 个码为数字码。故障码前 2 个字分别代表下列不同定义，其他部分，SAE 和厂家尚未完全制定，故障码含义见表2-6。

表 2-6　　　　　　　　　　　OBD-Ⅱ 故障码含义

故 障 码	SAE 定义的故障含义
PO	发动机变速器电脑控制系统由 SAE 统一制定的故障码
P1	发动机变速器电脑控制系统由厂家各自制定的故障码
P2	发动机变速器电脑控制系统预留故障码
P3	发动机变速器电脑控制系统预留故障码
C0	底盘电脑控制系统，由 SAE 统一制定的故障码
C1	底盘电脑控制系统，由厂家各自制定的故障码
C2	底盘电脑控制系统，预留故障码
C3	底盘电脑控制系统，预留故障码
B0	车身电脑控制系统，由 SAE 统一制定的故障码
Bl	车身电脑控制系统，由各厂家各自划定的故障码
B2	车身电脑控制系统，预留故障码
B3	车身电脑控制系统，预留故障码
U0	网路连接相关故障码
U1	网路连接相关故障码
U2	网路连接相关故障码
U3	网路连接相关故障码

　　故障码表由各制造厂家提供，以表格的形式对故障码及其所代表的故障加以解释和描述，以便汽车工程技术人员和汽车维修技术人员进行维护和修理时参考。要了解各种故障码的内容，必须查阅各种车型的维修手册或有关技术资料。

　　故障症状表是制造厂家在维修手册或有关技术资料中将发生每种故障症状时，怀疑有故障的电路或零件列于表中。特别是没有故障码而汽车又有故障时，更要按故障症状表对故障进行故障排除分析。有了故障症状表，汽车工程技术人员和汽车维修技术人员在查找故障时，可按故障症状表中检查顺序对电路进行检查，还可参照可能原因一栏对需要检查的电路或零件进行检查。如果故障症状存在而诊断系统却未能检测出故障，则应考虑故障是否发生在诊断系统的检测范围外，或故障发生在此诊断系统之外的其他系统。

解码器的使用

　　汽车上的电控系统愈来愈多，诸如电子燃油喷射系统、电控自动变速器系统、ABS 防抱死制动

系统、安全气囊系统、电子悬挂系统和巡航控制系统等。电控系统检测仪是用于检测诊断电控系统故障的仪器，一般包括读码器、解码器、扫描器、示波器和专用诊断仪等仪器。其中，解码器应用最为广泛。

解码器是在读码器的基础上发展起来的检测仪器。它除了具有读码、清码功能外，还增加了显示诊断代码内容的功能，即具有解码功能。因此，使用解码器无需再从汽车维修手册中查取诊断代码的含义，增加了使用的方便性。

2.5.1　解码器的功能、类型和基本结构

（1）解码器的功能

1）可以方便地读取故障码，而不必再通过发动机故障报警灯的闪烁读取。

2）可以方便地清除故障码，使发动机故障报警灯熄灭，而不必再通过拆卸熔丝或蓄电池负极比较麻烦的方法达到清除故障码的目的。

3）能与电子控制器（ECU）中的微机直接进行交流，显示数据流，即显示静态或动态电子控制器（ECU）的工作状况和多种数据输入、输出的瞬时值，使电控系统的工作状况一目了然，为诊断故障提供依据。

4）能在静态或动态下，向电控系统各执行器发出检修作业需要的动作指令，以便检查执行器的工作状况。

5）行车时或路试中监测并记录数据流。

6）有的具有示波器功能、万用表功能和打印功能。

7）有的能显示系统控制电路图和维修指导，以供诊断时参考。

8）可以和 PC 机相连，进行资料的更新与升级。

9）功能强大的专用解码器，还能对车上 ECU 进行某些数据的重新输入和更改。但是，解码器也有以下不足。

① 自身不能思考，因而也不会分析、判断故障。

② 在某些条件下，可能会显示错误的信息，而且不会从所有汽车上都能获取 ECU 中微机的数据信息。

③ 在检测诊断电控系统所设故障码以外的故障时，解码器无能为力，特别是对于机械系统、真空系统、排气系统、电气系统等，还应采取传统的检测诊断方法。

（2）解码器类型

一般地讲，带有数据流功能的解码器，可分为原厂专用型和通用型两大类型。原厂专用型解码器，一般是汽车制造厂为检测诊断本厂生产的汽车而专门设计制造的解码器。世界上一些大的汽车制造商，如通用公司、福特公司、克莱斯勒公司、奔驰公司、宝马公司、奥迪公司、日产公司等，都有专用型解码器，只适应检测诊断本厂生产的汽车，一般配备在汽车特约维修站，以提供良好的售后服务。通用型解码器一般是检测设备制造厂为适应检测诊断多车型而设计制造的。它往往存储

有几十种甚至几百种不同厂牌、不同车型汽车电控系统的检测程序及检测数据和故障码等资料，并配备有各种车型的检测接头，可以检测诊断多种车型，因而适应综合性维修企业使用。目前国内维修企业使用最多的通用型解码器，有美国生产的 MT2500 红盒子解码器和 OTC4000 型解码器，国产的 431ME 电眼睛、仪表王、修车王、车博士等解码器。

不管是专用型还是通用型的解码器，大多都能对全车各部的电控系统进行检测诊断和数据流分析。

（3）解码器基本结构

以国产 431ME 电眼睛为例介绍解码器的基本结构。431ME 电眼睛由主机、测试卡、测试主线、测试辅线和测试接头组成，并附带一个传感器模拟/测试仪。

① 主机由显示屏、操作键、上端两个 9PIN 接口、下端一个测试卡插孔组成。上端两个 9PIN 接口，左侧的接口与测试主线连接，右侧的接口与 PC 机相连。

② 测试卡共有 12 块测试卡。其中，A01～A05 为亚洲车系测试卡，可测试丰田、三菱、马自达、尼桑、本田、现代、大宇、起亚、五十铃、铃木、大发、富康、夏利等车系；B01～B04 为欧洲车系测试卡，可测试大众、奥迪、奔驰、宝马、欧宝、富豪、绅宝、标致等车系；C01 为美洲车系测试卡，可测试通用、福特、克莱斯勒车系；D010B-Ⅱ 为 OBD-Ⅱ 数据流测试卡，并具有字典功能；F01 为传感器模拟/测试卡，用于模拟和测试传感器。

③ 测试主线用于连接汽车诊断座和 431ME 的主机，带有接头。

④ 测试辅线包括双钳电源线、点烟器线、万用–1 线、万用–2 线和飞线。

⑤ 测试接头有 15 个测试接头，即大众/奥迪 4PIN 测试接头、宝马 20PIN 测试接头、奔驰 38PIN 测试接头、奔驰 3 PIN 测试接头、丰田 17 PIN 测试接头、丰田 17F 测试接头、尼桑 14PIN 测试接头、本田 3 PIN 测试接头、马自达 17PIN 测试接头、三菱/现代 12 PIN 测试接头、福特 6 + 1 PIN 测试接头、克莱斯勒 6 PIN 测试接头、通用/大宇 12 PIN 测试接头、OBD-Ⅱ 16PIN 测试接头和传感器测试接头。

⑥ 传感器模拟/测试仪有输出、输入、接地三个测试端口，上端的 9 PIN 接口与测试主线连接。当进行传感器测试时，用传感器测试线的红线插入输入端，黑线插入接地端。当进行传感器模拟试验时，用传感器测试线的红线插入输出端，黑线插入接地端。

2.5.2 解码器的使用方法

以国产 431ME 电眼睛为例介绍解码器的使用方法。431ME 电眼睛主机的面板如图 2-22 所示，其上有方向键、确认键、退出键和 0～9 数字键。

（1）开机

① 选择相应测试卡，将其标签朝上插入主机下部的测试卡插孔，并确认到位。为了便于说明 431ME 电眼睛的使用方法，本节以下内容假定插入的是 A01（亚洲车系测试卡）卡，选择丰田车系。

② 将测试主线与主机相连,另一端的电源线与汽车点烟器或通过双钳线与蓄电池相接,使主机通电。

（2）调显示屏亮度

主机通电后即打开仪器,并响两声,此时立即用[↑]、[↓]键调节显示屏亮度,而在进入菜单后不可再调。

（3）选择测试接头

① 主机通电后进入亚洲车系诊断系统,如图 2-23 所示。

② 按［确认］键后,显示 A01 卡可测试的车系,如图 2-24 所示。

③ 选择"丰田/TOYOTA"车系,按［确认］键,屏幕显示出该车系测试接头形式,如图 2-25 所示。

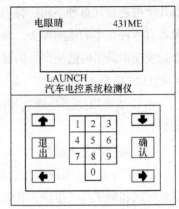

图2-22 431ME电眼睛主机面板图

CARD A01	Ver 6.2
亚洲车系诊断系统	
LAUNCH	431ME

图2-23 显示亚洲车系诊断系统

431ME Select mode
丰田/TOYOTA
三菱/MITSUBISHI
马自达/MAZDA

图2-24 A01卡可测试的车系

④ 用[↑]、[↓]键阅读图中内容,按提示选择合适的测试接头。将选择的测试接头一端与测试主线相连,另一端与车上的诊断插座相接。选择好测试卡和测试接头后,就可以进行测试操作了。测试操作通常分为读系统数据流和测试故障码两大部分。

读取数据流,可以获取汽车有关传感器参数,了解汽车的运行状态。

测试故障码,可读取汽车故障码,诊断汽车故障。以下介绍测试故障码操作方法。

（4）测试故障码

1）在选择测试接头时,若选择"半圆形诊断座",按［确认］键,显示测试功能,如图 2-26 所示。可以看出,有测试故障码、重阅已测故障码、查阅故障码、清除故障码、清除 SRS 故障码和打印测试结果 6 项测试功能。

431ME Select func
（1）测试故障码
（2）重阅已测故障码
（3）查阅故障码
（4）清除故障码
（5）清除 SRS 故障码
（6）打印测试结果

Select diag.con.
1. 半圆形诊断座
2. 长方形诊断座
3. OBD2 诊断座

图2-25 显示亚洲车系诊断系统

图2-26 A01卡可测试的车系

2）选择"测试故障码"功能,按［确认］键,屏幕显示"自动测试所有系统"和"选择系统测试"两项测试操作供选择，如图 2-27 所示。

3）选择"自动测试所有系统"，按［确认］键。此时，431ME 电眼睛自动对被检汽车的发动机系统（ENG）、自动变速器（AT）、防抱死制动系统（ABS）、安全气囊系统（SRS）和定速系统（CC）进行检测，并自动显示检测结果。用[↑]、[↓]键和［确认］键可读取各系统的故障码及内容，用于指导诊断故障。

① 若选择"ENG 系统"，按［确认］键，则显示出故障码，如图 2-28 所示。

CARD A01　　　　Ver6.2
亚洲车系诊断系统
Sel　　test　　operation
自动测试所有系统
选择系统测试

图2-27　显示亚洲车系诊断系统

发动机系统　　　ENG		
12	13	14

图2-28　A01卡可测试的车系

② 选择"12"码，按［确认］键，则显示出故障码所代表的含义。如图 2-29 所示。图中最下一行有"01"、"03"字样。其中，"01"代表第 1 页内容，"03"表示共有 3 页，用[↑]、[↓]键可阅读所有内容。

4）选择"查阅故障码"，按［确认］键，则如图 2-30 所示。

转速信号不良（发动机启动两秒内无曲轴转速 NE 信号或曲轴位置 G 信号输送到 ECU）	
Code:12	01　03

图2-29　显示亚洲车系诊断系统

Sel.　System	
发动机系统	ENG
自动变速箱系统	AT
防抱刹车系统	ABS
防撞气囊系统	SRS
定速系统	CC

图2-30　A01卡可测试的车系

① 选择"ENG 系统"，按［确认］键，进入测试状态，如图 2-31 所示。此时，431ME 电眼睛正在对发动机系统进行测试，并显示测试结果。

② 若选择其他系统，方法同 ENG 系统的。

（5）重阅已测故障码

使用重阅已测故障码功能，可重新查阅实测操作时读取的故障码内容及故障分析。

1）选择"重阅已测故障码"，按［确认］键，屏幕显示出"已测系统列表重阅"和"选择系统重阅"两种操作方法供选择，如图 2-32 所列。

Testing　　　System
正在测试系统：
发动机系统　　　　ENG
Code:00

图2-31　正在对发动机系统测试

Select　　operation
已测系统列表重阅
选择系统重阅

图2-32　两种操作方法供选择

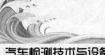

2）选择“已测系统列表重阅”，按［确认］键，屏幕自动显示已测系统的测试结果，如图 2-33 所示。

① 如果选择“ENG 系统”，按 ［确认］键，屏幕重新显示出发动机系统已测故障码。

② 选择其中某一故障码，按 ［确认］键，屏幕显示出故障码的含义。

3）选择“选择系统重阅”，按 ［确认］键，屏幕显示出可选择的 5 个系统。用[↑]、[↓]键和［确认］键可阅读各系统故障码及故障码内容。

（6）查阅故障码

使用查阅故障码功能，可查阅电控系统所有故障码内容或查阅读取的故障码内容及分析。

① 选择“查阅故障码”，按 ［确认］键，屏幕显示出 5 个可查阅的系统。

② 在选择某系统后，屏幕显示出“依照故障码顺序查阅”和“输入故障码查阅”两种操作方法供选择，如图 2-34 所示。用[↑]、[↓]键和［确认］键选择其中的操作方法。

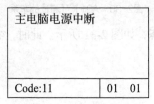

SYSTEM	RESULT
ENG	Tb.code
AT	Tb.code
SRS	Tb.code
CC	Tb.code

图2-33　显示亚洲车系诊断系统

Select　　operation
依照故障码顺序查阅 输入故障码查阅

图2-34　A01卡可测试的车系

③ 如果选择“依照故障码顺序查阅”方法，按下［确认］键，屏幕可能显示出故障码 11 的内容，如图 2-35 所示。按[→]键，可查着下一个顺序号的故障码内容。

④ 如果选择“输入故障码查阅”方法，按［确认］键，屏幕显示出“请输入故障码”，如图 2-36 所示。按主机上的 0～9 数字键，即可将故障码输入，按[→]键可更改数字，按[→]键可查出该故障码对应的故障内容并指导修车。

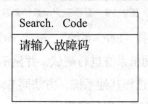

主电脑电源中断	
Code:11	01　01

图2-35　故障码11的内容

Search.　Code
请输入故障码

图2-36　A01请输入故障码

（7）清除故障码

使用清除故障码功能，可自动清除故障码或提示人工清除故障码的方法。清除故障码前，应读取一遍所有故障码。清除故障码后，应再读取一遍所有故障码，检查是否仍有故障存在。

1）选择“清除故障代码”，按［确认］键，屏幕显示清码方法，如图 2-37 所示。按照屏幕提示方法即可清除故障代码。

2）对于特别系统故障码的清除有特别的提示。如对丰田汽车安全气囊（SRS）的故障码清除，就有特别提示。

① 选择 "清除 SRS 故障码"，按［确认］键，屏幕显示清码方法，如图2-38 所示。

[清码方法]
除防撞气囊系统以外的其他系统拆下 EFI 保险丝或拆下电瓶电源负极 30s 后即可清除故障码

图2-37　清码方法

[清除气囊故障码]
1. 接上[TOYOTA-17]或[TOYOTA-17F]，按[确认]键
2. 数秒钟后，SRS 警告灯会快速闪烁，表示 SRS 故障码已清除，此时，应关点火即完成清除

图2-38　A01卡可测试的车系

② 按［确认］键，屏幕显示 "正在清除气囊故障码"。于是，安全气囊（SRS）的故障码得到清除。

3）有时人工清除故障码的方法不止一种，需要根据实际情况（如测试的系统、车型等）进行选择和试验。

（8）打印测试结果

使用打印测试结果功能，可以通过连接微型打印机将测试结果打印输出。

① 连接微型打印机，选择 "打印测试结果"。按［确认］键，屏幕显示出 5 个可打印的系统。

② 用[↑]、[↓]键选择要打印的系统，按［确认］键即可打印出测试结果

2.6　发动机综合性能分析仪

发动机综合性能分析仪是发动机检测、诊断仪器中，检测项目最多、功能最全、涉及面最广和技术含量最高的仪器之一。它可以检测发动机各系统的工作状态、运行参数及排放性能，可实时采集初、次级点火信号、喷油信号、各传感器信号、进排气系统等的动态波形，同时，还可以进行性能分析、波形存储和回放、测试结果查询等，从而为发动机的技术状态判定和故障诊断提供了依据，因此，分析仪在汽车综合性能检测中发挥着重大的作用。

目前的发动机综合分析仪一般具有以下特点：能迅速准确地捕获发动机运转中各瞬变参数随时间变化的函数曲线，这些动态参数可较好地反映出发动机的工作性能和技术状况；分析仪的测试、分析过程只针对发动机的基本结构和工作原理进行，因此，检测方法和检测结果具有良好的普遍性和通用性；分析仪可发出某些指令来干预发动机的工作，以完成某些特定的试验程序。

2.6.1　主要检测项目

发动机综合性能分析仪是以示波器为核心的测试仪器。当配合以多种传感器、夹持器和测

试探头时，能实现对多种电量、非电量参数（温度、压力、真空、转速等）的检测、分析和判断。下面以远征 EA2000 发动机综合分析仪为例，简要说明发动机综合分析仪的一些主要检测项目。

（1）汽油机性能检测项目

① 点火系检测。点火系检测包含初级点火信号、次级点火信号和点火提前角等信号的检测。

② 动力平衡检测。动力平衡检测也称各缸工作均匀性检测，通过测定各缸分别在不做功的情况下转速降的大小来定性判断各缸工作状态的好坏。

③ 气缸效率检测。该检测项目是根据汽车发动机各缸间歇工作造成转速微观波动的特点，来高速采集各缸点火的间隔时间，通过计算各缸点火的间隔时间，求出各单缸的瞬时转速与平均转速之差值，作为判断各汽缸工作能力及比较各缸工作均匀性的指标。

④ 启动电流、电压检测。

⑤ 充电电流、电压检测口。

⑥ 相对汽缸压缩压力检测。发动机气缸压缩压力是标志气阀和活塞密封性是否优良的指标，在发动机不解体的情况下不易得到其具体参数，可通过检测启动电流来检测相对气缸压缩压力的变化量，对各缸压缩压力的均衡性进行判断。

⑦ 进气管真空度检测。

⑧ 温度检测。

⑨ 废气分析（需附带废气分析仪）。

⑩ 转速稳定性分析和无外载测功。

（2）柴油机性能检测项目

① 喷油压力检测。

② 喷油提前角检测。

③ 启动电压、电流检测。

④ 充电电压、电流检测。

⑤ 自由加速烟度检测（须附带柴油机烟度计）。

⑥ 转速稳定性分析。

⑦ 无外载测功机。

（3）电控发动机参数检测

① 转速传感器检测。

② 温度传感器检测。

③ 进气管内真空度传感器检测。

④ 节气门位置传感器检测。

⑤ 爆燃传感器检测。

⑥ 氧传感器检测。

⑦ 车速传感器检测。

经过这些项目的检测可得到反映发动机工作状态和技术性能的数据信息。

2.6.2　综合分析仪的测试方法

国产远征 EA2000 型发动机综合分析仪的基本操作方法如下

（1）测试前的准备工作

① 使用前应仔细阅读仪器的使用说明书，并且熟悉被测车辆。

② 使用设备时，应确保其电源系统可靠接地。

③ 在将信号提取系统连接到被测车辆前，先开启并试运行仪器，暖机 20min。

④ 在连接仪器与发动机间的测试线时，发动机必须停止运转，点火开关置于"OFF"。

⑤ 按说明书要求接好测试线和传感器。

⑥ 启动发动机，预热至正常工作温度，调整发动机怠速，使怠速转速在规定范围内。

（2）主机系统准备工作

开启电源总开关后，电源指示灯亮。打开主机电源开关，WIN98 系统运行完毕后，系统启动并自动执行发动机综合性能分析仪通信伺候服务程序和 EA2000 发动机综合性能分析仪程序，主机将对预处理器通信、适配器逐一进行自检，通过后，相应适配器图标显示为绿色；检测若有故障，相应适配器图标为红色。系统通过自检后首先进入主界面，在主界面中单击"检测"图标，进入检测界面，再单击用户资料图标，如图 2-39 所示，提示用户首先输入所测车型的相关资料。

用户输入所测车型的相关资料后，单击"确定"按钮，系统将进入测试项目主菜单，如图 2-40 所示。此时，根据实际检测的需要选择测试的项目，检测菜单层次结构主要按检测项目进行分类。

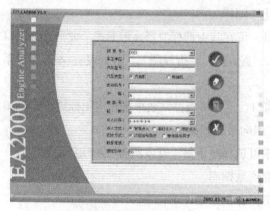

图2-39　用户数据设定

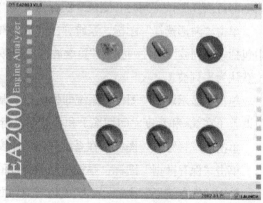

图2-40　系统自检

（3）检测方法

下面分别以汽油机、柴油机和电控发动机的部分检测项目为例介绍分析仪的具体检测方法。

1）汽油机次级点火信号的检测

EA2000 发动机综合性能分析仪设备具有强大的点火波形检测、处理和分析能力，能对次级点火波形进行平列波、并列波、阶梯波、重叠波的分析检测。同时，还能对次级点火信号的击穿电压、火花电压、火花持续时间、闭合角、重叠角 5 个特征值的动态过程以直方图、折线图、数据表的形式显示。

① 次级点火信号测试的接线方法对于常规点火系统，首先，将电瓶电压拾取器的红、黑夹分别夹在电瓶的正、负极上，将红色次级信号夹夹在中心高压线上（从适配器 1280403 的红色 BNC 头引入设备），1 缸信号钳夹在 1 缸高压线上，如图 2-41 所示。

② 平列波在"汽油机检测"菜单下用鼠标左键单击"次级信号"图标，即进入次级信号测试界面（默认为平列波），然后，启动发动机即可测到次级平列波，如图 2-42 所示。

界面说明如下。

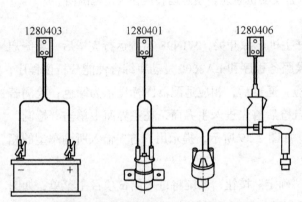

图2-41　常规初级点火波形测试接线示意图

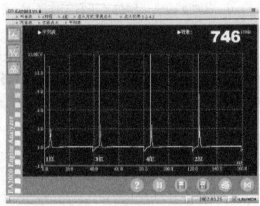

图2-42　次级平列波

单击"停止"图标（"停止"图标被按下后即变为"测试"图标），系统即停止采集，再单击此图标即可恢复测试（同时"测试"图标恢复为"停止"图标）。

单击"波形选择"图标，系统弹出波形选择窗口，可在其中选择波形显示形式（波形选择窗口中包括"平列波"、"并列波"、"重叠波"、"阶梯波"、"直方图"、"折线图"、"数据表"，不选择时系统默认为平列波）。

单击"显示调整"图标，系统即弹出显示调整窗口，用户可根据需要单击相应图标进行 X 轴单位调整（在 ms 和角度之间切换）和将波形进行横、纵向平移和缩放。

单击"选择缸号"图标，在系统弹出的小窗口中可选择显示每一缸或所有缸的次级波形。

单击"保存数据"图标，系统将当前特征值保存到数据库。

单击"保存波形"图标，系统可将当前界面波形保存于指定目录。

单击"图形打印"图标，可对界面有效区域进行图形打印。

单击"帮助"图标，将进入帮助系统可以查看相关正确与故障波形供参考。

单击"返回"图标，可返回上级"汽油机测试"菜单。

③ 并列波在次级点火平列波形界面单击"波形选择"图标，在弹出的窗口中选择"并列波"图标，系统即可切换到并列波测试界面，如图 2-43 所示。

④ 重叠波在次级点火平列波形界面点击"波形选择"图标，在弹出的窗口中选择"重叠波"图标，系统即可切换到重叠波测试界面，如图 2-44 所示。

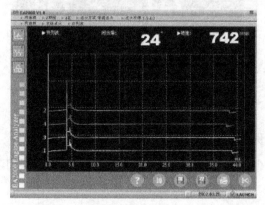

图2-43　次级并列波

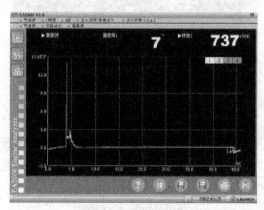

图2-44　次级信号重叠波

2）柴油机喷油压力检测

在测试前，请按图 2-45 所示的方法把喷油压力拾取器及接地线（1280402）夹在柴油机的某一缸高压油管上，启动发动机。

在"柴油机"菜单下单击"喷油压力"，进入柴油机喷油压力测试界面，如图 2-46 所示。

界面说明及操作如下。

在喷油压力测试界面单击"选择缸号"图标，依据压力传感器所夹持的油管选定"第几缸"。

单击"测试"图标，系统即自动测定发动机的喷油波形及转速并显示。

单击"保存数据"图标，可将检测有效结果进行保存。

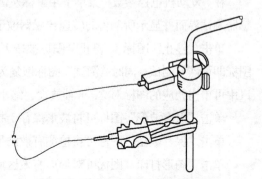

图2-45　外卡式喷油压力传感器的安装

单击"保存波形"图标，可将波形保存于指定目录。

单击"图形打印"图标，可对界面有效区域进行图形打印。

单击"帮助"图标，可进入帮助系统查询相关技术数据。

单击"返回"图标可返回上级菜单。

3）柴油机转速稳定性

将喷油压力传感器夹在一缸高压油管上，启动发动机。

在"柴油机"菜单下单击"转速稳定性分析"图标，系统即进入转速测试状态，并显示发动机的实时转速及在 32 个循环内的最高、最低转速；用户也可自行输入平均循环数值。如图 2-47 所示。

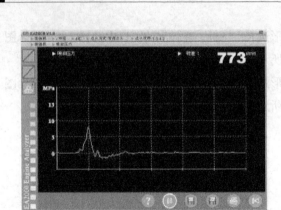

图2-46　柴油机喷油压力测试

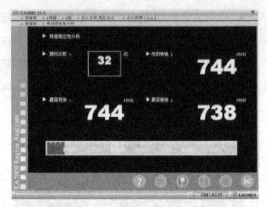

图2-47　转速稳定性测试

单击"保存数据"图标可将检测有效结果进行保存。

单击"帮助"图标可进入帮助系统查看相关技术数据。用鼠标左键单击"返回"图标可返回上级菜单。

4）电控发动机转速传感器检测

在检测前，用通用探针（1280412）连接转速传感器输出信号线，将一缸信号拾取器（1280406）夹在一缸高压线上。

操作说明如下。

在"发动机电控参数"菜单下用鼠标左键单击"转速（相位）"传感器图标，系统可进入转速传感器测试界面并显示所测得的转速传感器波形，如图 2-48 所示。

单击"停止"图标（"停止"图标被按下后即变为"测试"图标），系统即停止采集，再单击此图标即可恢复测试（同时"测试"图标恢复为"停止"图标）。单击"显示调整"图标，在弹出的窗口中可单击相应的图标对 X, Y 轴放大、缩小或平移。

单击"保存波形"图标可将波形保存于指定目录。

单击"保存数据"图标可将检测有效结果进行保存。

单击"图形打印"图标可对界面有效区域进行图形打印。

显示的转速、占空比、频率与显示的波形实时对应。

单击"返回"图标可返回上级菜单。用鼠标左键点击"帮助"图标，将进入帮助系统，提供部分标准波形供参考。

5）电控发动机进气管内真空度传感器检测

将通用探针连接到真空度传感器输出信号线上，将一缸信号拾取器夹在一缸高压线上。

操作说明如下。

在"电控发动机参数"，菜单下用鼠标左键单击"进气管内真空度"，系统即进入进气管内真空度传感器测试界面，并显示所测得的进气传感器波形，如图 2-49 所示。

单击"停止"（"停止"图标被按下后即变为"测试"），系统即停止测试，再单击此图标即可恢复采集（同时"测试"恢复为"停止"图标）。

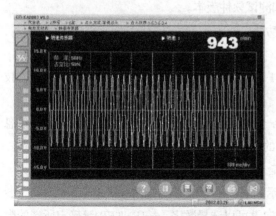

图2-48 转速（相位）传感器检测

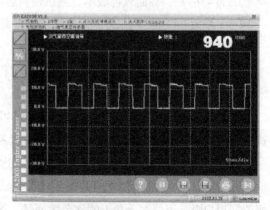

图2-49 进气管内真空度传感器检测

在停止状态下可单击"显示调整"图标，在弹出的工具窗口中可对 X, Y 轴进行缩放、平移，以便观察。

单击"保存数据"图标可将检测有效结果进行保存。

单击"保存波形"图标可将波形保存于指定目录。

单击"图形打印"可对界面有效区域进行图形打印。

单击"帮助"图标可进入帮助系统查看相应技术数据。

单击"返回"可返回上级菜单。

示波器的使用

本节主要介绍 K81 的示波器功能菜单选项和设备辅助功能包括注册的操作步骤。

1. 辅助功能

按上下方向键选择辅助功能，按[ENTER]键，屏幕显示如图 2-50 所示，有 4 个功能选项可选择：亮度调节；本机 ID 信息；模拟 PC2000；用户注册。按上下方向键可以选择功能，按[ENTER]键进入。

（1）亮度调节选择

亮度调节项，按[ENTER]键进入，按左右键可以调节亮度，按[ENTER]键返回上一级菜单。但金德 K60 还有一种快捷调节亮度的方式，无需进入亮度调节界面，只要按住亮度调节键，同时，按左键或者右键调节亮度。

（2）本机 ID 信息选择

本机 ID 信息项，按[ENTER]键进入，屏幕将显示如图 2-50 所示的画面，显示机身号码（此机身号码为 43697）、界面软件版本、测试资料版本和测试软件版本。

（3）模拟 PC2000 汽车专用示波器不具备此项功能。

（4）用户注册选择

用户注册项，可以对本仪器进行注册，进行用户注册才能永久使用该产品，并获得制造商的技术服务和系统升级信息。用户注册的步骤如下。

① 拨打公司注册专线，将《金德仪器用户服务卡》右上角上的红色序列号以及在本机 ID 信息选项中查到的机身号报给注册人员，就可获得相应的注册号，请记下注册号。

② 连接仪器，进入主菜单界面，选择辅助功能，按[ENTER]键。

③ 选择 用户注册项，按[ENTER]键，屏幕显示如图 2-51 所示。首先输入用户号，也就是《金德仪器用户服务卡》右上角上的红色序列号，按方向键可以选择数字，按[ENTER]键确定所选的数字，按[F2]键可以删除上一次输入的数字。

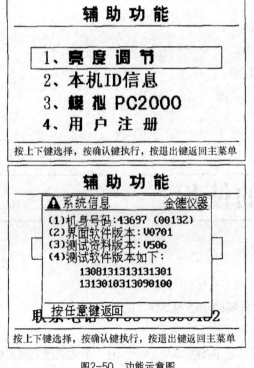

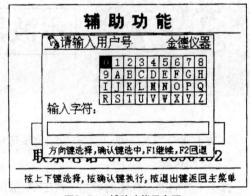

图2-50 功能示意图   图2-51 辅助功能示意图

④ 输入用户号完成，按[F1]键，屏幕显示如图 2-51 所示，将您从注册专线记下的注册号，按上述方法输入，输入完成后按[F1]键。

⑤ 系统信息提示将要更改数据，按[ENTER]键，则显示注册完成，按其他键则注册无效，需要重新注册。

2. 示波器操作步骤

（1）测试注意事项

① 遵循本说明书前面的安全注意事项。

② 本设备必须由合格的技术人员操作。

③ 测量电容电阻时要切断电容电源并充分放电。

④ 当工作电压大于 60V 直流，42V 峰值时要小心，这些电压有电击的可能。

⑤ 当使用测试探头时，不要将手指接触金属部分。

⑥ 从仪器上拆下测试线之前，请先将测试线从测试点断开。

⑦ 请不要对仪器内部进行维修或调整。

（2）测量前的准备

① 遵循安全注意事项。

② 将被测试车辆按照所要测量的项目准备好，例如：将发动机热车。

③ 按照被测试项目说明连接好设备，选择正确测试探头或者感应夹。

④ 选择正确的车辆设置或者传感器类型。

（3）主菜单概述

在 K81 的菜单里按上下方向键选择需要检测的项目，按[ENTER]键可以进入下一级菜单，直到选择需要的测试项目，按[ENTER]键可以返回上级菜单。

（4）通用型示波器的调整方法

一般情况下，汽车专用示波器的波形显示不需要调整，当要做超出汽车专用示波器标准菜单以外的测试内容时，可以选择通用示波器功能，也就需要掌握一定的调整方法，在汽车专用示波器测试过程中如果有相似菜单，调整方法也相同。

选择通用示波器，按[ENTER]键确认，如图 2-52 所示。在屏幕的下方有八个选项：通道、周期、电平、幅值、位置、启停、存储和载入，按左右方向键可以对项目进行选择。

① 通道调整。按上下方向键可以选择通道 1（CH1）、通道 2（CH2）和双通道方式三种形式，双通道方式如图 2-53 所示。

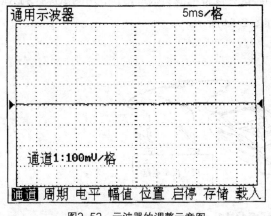

图2-52 示波器的调整示意图

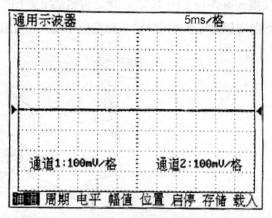

图2-53 通道调整示意图

② 周期调整。选择周期调整，按上下键可以改变每单格时间的长短，如果开机时设定的是 10ms/

格，按向下键则会变为 5ms/格，波形就会变稀，按向上键则会变为 20ms/格，波形会变密。

③ 电平调整。对纵轴的触发电平进行调整，对于同一波形，选择不同的触发电平，波形在显示屏上的位置就会跟着变化，如果触发电平的数值超出波形的最大最小范围时，波形将产生游动，在屏幕上不能稳定住。

④ 幅值调整。按上下方向键可以调整纵向波形幅值的大小，K81 可以选择 1：100、1：200、1：0.5、1：1.0、1：2.5 和 1：5。

⑤ 位置调整。选择位置调整可以对波形的上下显示位置进行调整，按向上方向键，波形就会上移，按向下方向键，波形就会向下移动。

⑥ 波形的存储和载入。在选择通用示波器时，如果要存储当前波形，必须先选择启停，按 [ENTER] 键冻结当前波形，然后选择存储，按确认键，按左右方向键选择存储区，每一个界面可以存储两个波形，再次选择启停，按 [ENTER] 键确认，重新显示当前波形。如果要载入波形，则选择载入，按 [ENTER] 键确认，左右方向键选择存储的区间，然后按 [ENTER] 键确认，就可以载入存在当前区间的波形。

3. 传感器的测试

主要介绍汽车电控系统中常见传感器的波形测试方法和波形分析，目的是帮助学习仪器的使用方法，但并不是对所有车型适用。

（1）歧管绝对压力传感器（MAP）

歧管绝对压力传感器提供发动机负荷信号给发动机控制单元（ECU），一般为频率调制的方波信号或电压电平信号（取决于制造商），经过 ECU 处理后，用以改变燃油的混合比及其他的输出值。当发动机负荷增加时，歧管压力增大，反之歧管压力低，已损坏的 MAP 传感器在发动机加速及减速时会影响空燃比，同时也对点火正时及其他的电脑输出值产生一定影响。

① 连接设备。连接 K81 和电源延长线，根据被测试车型的电瓶位置选择电瓶供电或者点烟器供电，现以电瓶供电为例，如果选择点烟器接头，请先确认点烟器是否有 12V 电瓶电压。将测试探头接入通道 1（CH1 端口），然后将测试探头上的小鳄鱼夹接蓄电池负极或搭铁，用测试探针刺入歧管绝对压力传感器（MAP）触发信号线，连接图如图 2-54 所示。

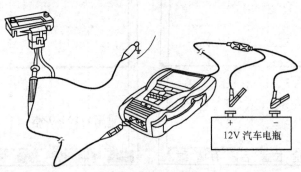

图 2-54　连接设备示意图

② 测试条件。打开汽车点火开关，不启动发动机，使用手动真空泵模拟真空，将其接至歧管绝

对压力传感器的真空输入端。发动机运转，监测由怠速渐渐加速的信号。

③ 测试步骤。

- 按照图 2-54 所示连接好设备，打开 K81 电源开关。
- 在金德仪器主菜单下按上下方向键选择 2.示波器，按[ENTER]键确认。
- 在汽车专用示波器菜单下选择传感器，按[ENTER]键进入汽车传感器选择菜单。
- 选择歧管绝对压力传感器（MAP），按[ENTER]键确认，根据测试条件，屏幕将会显示波形。
- 必要时可以通过左右方向键选择周期、幅值、电平等参数，然后按上下方向键改变波形，也可以选择启停，按[ENTER]键冻结波形后，选择存储，保存波形供以后修车参考。

④ 波形分析。除了福特的歧管绝对压力传感器时数字输出信号以外，一般都输出模拟量。模拟量的歧管压力传感器在真空度高时产生对地电压信号接近 0V，真空度低时（接近大气压力）产生的对地电压信号高，接近 5V，不同厂家指标可能不同。

许多福特和林肯车上安装的是数字式歧管绝对压力传感器，数字量的输出波形应该是幅值满 5V 的脉冲，同时形状正确、波形稳定、矩形方角正确、上升沿垂直。频率与对应真空度应符合维修资料给定的值。

一般数字式、模拟式歧管绝对压力传感器的波形参考图如图 2-55 所示。

数字式歧管绝对压力传感器（MAP）　　　模拟式歧管绝对压力传感器（MAP）

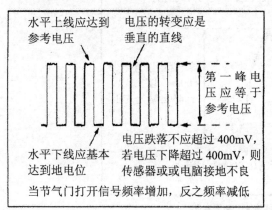
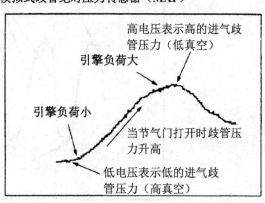

图2-55　示波器显示的波形分析

（2）氧传感器–锆和钛型

氧传感器提供一个表示排气中含氧量的输出电压，该电压经由 ECU 处理后，可调整对发动机的供油量，改变空燃比。氧化锆型传感器如同一个电池，可提供高输出电压（由浓混合气造成）及低输出电压（由稀混合气造成）；氧化钛型传感器在排气中的氧含量改变时可改变电阻，由此可造成低输出电压（由浓混合气造成）及高输出电压（由稀混合气造成）。

① 连接设备。连接 K81 和电源延长线，根据被测试车型的电瓶位置选择电瓶供电或者点烟器供电，本书连接图都是以电瓶供电为例，如果选择点烟器接头，请先确认点烟器是否有 12V 电瓶电压。将测试探头接入通道 1（CH1 端口），然后将测试探头上的小鳄鱼夹接蓄电池负极或搭铁，用测

试探针刺入氧传感器触发信号线。

② 测试条件。启动发动机使氧传感器加热至 315℃ 以上，且发动机处于闭环状态；发动机由怠速开始增加转速。

③ 测试步骤。

- 连接好设备，打开 K81 电源开关。
- 启动发动机使氧传感器加热至 315℃以上，且发动机处于闭环状态。
- 在金德仪器主菜单下按上下方向键选择 2.示波器，按[ENTER]键确认。
- 在汽车专用示波器菜单下选择传感器，按[ENTER]键进入汽车传感器选择菜单。
- 选择氧传感器-锆和钛型，按[ENTER]键确认，屏幕将会显示波形。
- 必要时可以通过左右方向键选择周期、幅值、电平等参数，然后按上下方向键改变波形，也可以选择启停，按[ENTER]键冻结波形后，选择存储，保存波形供以后修车参考。

④ 波形分析。现在一般电控汽车上的氧传感器都是二氧化锆型的，其输出信号的电压范围为 0～1V，而二氧化钛型氧传感器输出信号有些为 5V 可变电压信号，比如一些老款的切诺基，应在测试时注意区别。一般氧化锆型氧传感器的参考波形如图 2-56 所示。

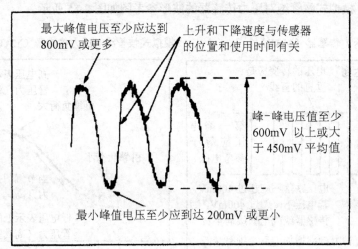

图2-56　氧传感器波形分析示意图

（3）双路氧传感器

两个氧传感器分别提供了表示催化净化之前和之后的排气中氧含量的输出电压，前面的传感器信号用作混合控制的反馈信号，尾部的传感器信号给 ECU 来测试催化净化的效率。由于长年使用会导致催化净化效率降低，尾部传感器信号的幅度就会增大，通过两个传感器电压幅度的差就可以测量出催化净化转换器转换有害废气的能力。

① 连接设备。连接 K81 和电源延长线，根据被测试车型的电瓶位置选择电瓶供电或者点烟器供电，如果选择点烟器接头，请先确认点烟器是否有 12V 电瓶电压。将两个测试探头分别接入 K81 的通道 1 和通道 2（CH1、CH2 端口），然后将其中一个测试探头的小鳄鱼夹接蓄电池负极或搭铁，分别用测试探针刺入前后氧传感器触发信号线，连接方法如图 2-57 所示。

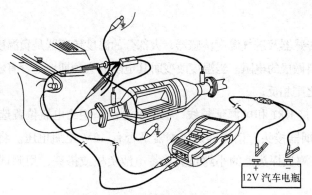

图2-57 双氧传感器连接设备示意图

② 测试条件。

· 启动发动机使氧传感器加热至 315℃ 以上，且发动机处于闭环状态。

· 发动机由怠速开始增加转速。

③ 测试步骤。

· 连接好设备，打开 K81 电源开关。

· 启动发动机使氧传感器加热至 315℃ 以上，且发动机处于闭环状态。

· 在金德仪器主菜单下按上下方向键选择 2.示波器，按[ENTER]键确认。

· 在汽车专用示波器菜单下选择传感器，按[ENTER]键进入汽车传感器选择菜单。

· 选择双路氧传感器，按[ENTER]键确认，屏幕将会显示波形。

· 必要时可以通过左右方向键选择周期、幅值、电平等参数，然后按上下方向键改变波形，也可以选择启停，按[ENTER]键冻结波形后，选择存储，保存波形供以后修车参考。

④ 波形分析。测试双路氧传感器波形是通过前、后氧传感器的波形来判断三元催化装置转换有害废气的能力是否丧失，一般来说两个波形幅值的差越大，说明三元催化装置的功能完好，如果幅值基本相同，说明三元催化装置已经丧失功能，示意图如图 2-58 所示。

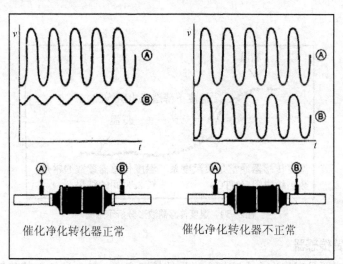

图2-58 双氧传感器波形分析示意图

（4）温度传感器

主要是检测水温传感器及进气温度传感器，大部分的温度传感器是负温度系数（NTC）热敏电阻，它是用半导体材料做成的电阻。当温度改变时其电阻值会预期地随着有较大的改变。当温度上升时电阻会下降，反之则相反。

① 连接设备。连接 K81 和电源延长线，根据被测试车型的电瓶位置选择电瓶供电或者点烟器供电，如果选择点烟器接头，请先确认点烟器是否有 12V 电瓶电压。将测试探头接入通道 1（CH1 端口），然后将测试探头上的小鳄鱼夹接蓄电池负极或搭铁，用测试探针刺入温度传感器触发信号线。

② 测试条件。

- 打开点火开关，不启动发动机，温度传感器的连接线可靠，冷车测量温度传感器输出电压。
- 启动发动机，观察温度传感器在暖机过程中电压下降的情况。
- 也可以断开传感器连接线，用万用表测量电阻值变化情况。

③ 测试步骤。

- 连接好设备，打开 K81 电源开关。
- 在金德仪器主菜单下按上下方向键选择 2.示波器，按[ENTER]键确认。
- 在汽车专用示波器菜单下选择传感器，按[ENTER]键进入汽车传感器选择菜单。
- 选择温度传感器，按[ENTER]键确认，根据测试条件，屏幕将会显示波形。
- 必要时可以通过左右方向键选择周期、幅值、电平等参数，然后按上下方向键改变波形，也可以选择启停，按[ENTER]键冻结波形后，选择存储，保存波形供以后修车参考。

④ 波形分析。参照制造商的规范手册，可以得到精确的传感器响应电压范围。通常冷车时传感器的电压应在 3～5V（全冷态），在不同的温度下应有相应的输出变化的电压信号，当温度传感器电路断路时，将出现电压向上直到参考电压值的峰尖（5V）；当温度传感器电路对地短路时，将出现电压向下直到接地电压值的峰尖。一般热敏电阻型冷却液及进气温度传感器的温度特性如图 2-59 所示。

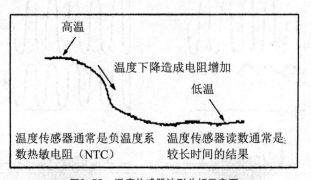

图2-59　温度传感器波形分析示意图

（5）节气门位置传感器

节气门位置传感器是现代汽车电脑板上常见的故障来源，TPS 通知电脑节气门打开的大小、是否开启或关闭以及开闭的速率，或者发动机所处的工况。当 TPS 的电阻改变时，它送给电脑的电压信号随之改变。

常见的节气门位置传感器有两种：一种是电位器型传感器，当其转轴变化时会引起电阻的变化（电位器），从而提供一个直流电压。而 TPS 是一个固定在节气门转轴上的可变电阻，它提供的直流电压作为 ECU 的一个输入信息。另一种是开关型传感器，这种传感器的信号输入给 ECU 后，即通知电脑控制怠速（开关闭合、节气门关闭），或是不要控制怠速（因为已踩下油门使开关打开），另外一个开关闭合时则是通知 ECU 节气门打开位置。此种线性的节气门位置传感器装在节气门转轴上，并且有两个可移动的触点随着同一个转轴转动，其中，一个触点是感测节气门开启时的角度，另外一个触点则是感测节气门关闭时的角度，测试传感器时要确定接线正确。

① 连接设备。连接 K81 和电源延长线，根据被测试车型的电瓶位置选择电瓶供电或者点烟器供电，如果选择点烟器接头，请先确认点烟器是否有 12V 电瓶电压。将测试探头接入通道 1（CH1端口），然后将测试探头上的小鳄鱼夹接蓄电池负极或搭铁，用测试探针刺入节气门位置传感器信号线。

② 测试条件。打开点火开关，发动机不启动，将节气门转到全开位置，然后转到全关位置，或是相反。

③ 测试步骤。

- 连接好设备，打开 K81 电源开关。
- 在金德仪器主菜单下按上下方向键选择 2.示波器，按[ENTER]键确认。
- 在汽车专用示波器菜单下选择传感器，按[ENTER]键进入汽车传感器选择菜单。
- 选择节气门位置传感器，按[ENTER]键确认，根据测试条件，屏幕将会显示波形。
- 必要时可以通过左右方向键选择周期、幅值、电平等参数，然后按上下方向键改变波形，也可以选择启停，按[ENTER]键冻结波形后，选择存储，保存波形供以后修车参考。

④ 波形分析。电位器型的节气门位置传感器通常是一个可变电位计，查阅制造商维修手册，可以得到精确的节气门位置传感器的电压范围，波形上不应该有任何断点、对地尖峰或大的波折。开关型的节气门位置传感器的常闭触点构成怠速开关，当节气门处于怠速位置时，常闭触点位于关闭状态；常开触点表示节气门开度达到全负荷。两种节气门传感器的波形特征如图 2-60 所示。

（6）曲轴凸轮轴位置传感器

可以对电磁感应式、霍尔效应式和光电式传感器进行波形测试。电磁感应式传感器（可变磁阻传感器）不需外部电源，它有两条屏蔽线连接在静磁线圈上，当触发轮通过线圈和静磁铁的磁场时就会有小电压信号产生，触发轮是由低磁阻的钢制造的。曲轴位置传感器（CPS），ABS 车轮传感器和汽车速度传感器都是可变磁阻的例子。输出的电压和频率随车速变化而改变。

霍尔效应传感器，有一个电流通过一个半导体，该半导体被置于离一个可变磁场很近的地方。磁场的变化可以通过曲轴的旋转或分电器轴的旋转而产生，霍尔效应传感器用在曲轴位置传感器和分电器中，其输出电压的幅度是不变的，其频率随转速变化而改变。光电式传感器，用一个旋转轮盘将 LED 光源和光拾取器分开，盘上的小孔可以使拾取器收到光源发出的光，轮盘旋转后，每当遇到小孔，拾取器收到一次光就发出一个脉冲。电压变化的结果可以作为其他系统的参考信号，输出电压的幅度是不变的，而频率随转速变化而变化。凸轮轴传感器通常被安装在点火分电器中，传感器给线圈模块发送电脉冲从而给出了凸轮轴和阀门位置的数据。

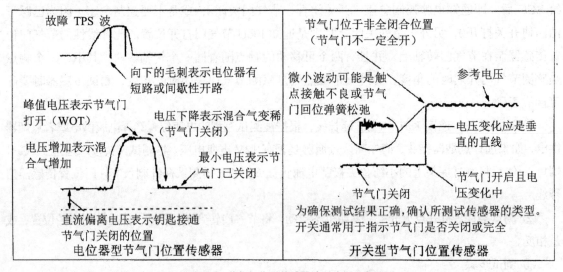

图2-60 节气门位置传感器波形分析示意图

　　① 连接设备。连接 K81 和电源延长线，根据被测试车型的电瓶位置选择电瓶供电或者点烟器供电，如果选择点烟器接头，请先确认点烟器是否有 12V 电瓶电压。将测试探头接入通道 1（CH1 端口），然后将测试探头上的小鳄鱼夹接蓄电池负极或搭铁，用测试探针刺入曲轴位置传感器信号线。

　　② 测试条件。

　　• 查看传感器是否有信号输出，若无信号输出，则可能是传感器损坏或者接线不良。

　　• 如果是诊断无启动故障，则按仪器的接线提示连接，然后启动发动机。

　　• 如果发动机可以启动，则按仪器的接线提示连接，启动发动机，在怠速和较高转速下进行测试。

　　③ 测试步骤。

　　• 连接好设备，打开 K81 电源开关。

　　• 在金德仪器主菜单下按上下方向键选择 2.示波器，按[ENTER]键确认。

　　• 在汽车专用示波器菜单下选择传感器，按[ENTER]键进入汽车传感器选择菜单。

　　• 选择曲轴凸轮轴位置传感器，按[ENTER]键确认，根据测试条件，屏幕将会显示波形。

　　• 必要时可以通过左右方向键选择周期、幅值、电平等参数，然后按上下方向键改变波形，也可以选择启停，按[ENTER]键冻结波形后，选择存储，保存波形供以后修车参考。

　　④ 波形分析。三种曲轴位置传感器波形特征如图 2-61 所示。

曲轴位置传感器(霍尔效应式)

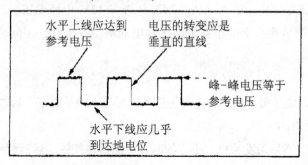

水平上线应达到
参考电压

电压的转变应是
垂直的直线

峰-峰电压等于
参考电压

水平下线应几乎
到达地电位

曲轴位置传感器(磁感应式)

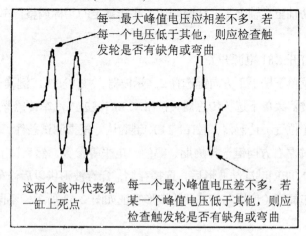

每一最大峰值电压应相差不多,若
每一个电压低于其他,则应检查触
发轮是否有缺角或弯曲

这两个脉冲代表第
一缸上死点

每一个最小峰值电压差不多,若
某一个峰值电压低于其他,则应
检查触发轮是否有缺角或弯曲

凸轮轴位置传感器(光电式)

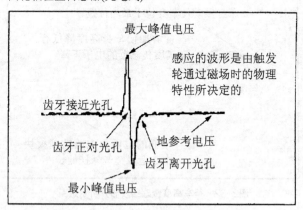

最大峰值电压

感应的波形是由触发
轮通过磁场时的物理
特性所决定的

齿牙接近光孔

齿牙正对光孔

地参考电压

齿牙离开光孔

最小峰值电压

图2-61 曲轴凸轮轴位置传感器波形分析

（7）行车高度（位置）传感器

各种位置传感器根据可变电阻（电位器）转轴的移动而输出一个直流电压,是一个可变电阻连接在车架和后轴之间或安装在支撑系统内。变动的直流电压作为控制单元（ECU）输入信号,用以控制车身高度,某些制造商使用光电式或霍尔效应型传感器,可选择相应传感器类型来测试。

① 连接设备。连接 K81 和电源延长线，根据被测试车型的电瓶位置选择电瓶供电或者点烟器供电，如果选择点烟器接头，请先确认点烟器是否有 12V 电瓶电压。将测试探头接入通道 1（CH1 端口），然后将测试探头上的小鳄鱼夹接蓄电池负极或搭铁，用测试探针刺入行车高度传感器信号线。

② 测试条件。

- 打开点火开关，发动机不启动，分离传感器的可转动轴（固定于后轴上），旋转轴从停机一端到另一端，以测量全部的行程。

- 打开点火开关，不启动发动机，小心的断开传感器连接线，然后测量传感器电阻，确定传感器中是否有开路或者短路现象。

- 重新接回可转动轴至后轴上，并按照制造商手册规定的指标调整行车高度传感器。

③ 测试步骤。

- 连接好设备，打开 K81 电源开关。

- 在金德仪器主菜单下按上下方向键选择 2. 示波器，按[ENTER]键确认。

- 在汽车专用示波器菜单下选择传感器，按[ENTER]键进入汽车传感器选择菜单。

- 选择行车高度（位置）传感器，按[ENTER]键确认，根据测试条件，屏幕将会显示波形。

- 必要时可以通过左右方向键选择周期、幅值、电平等参数，然后按上下方向键改变波形，也可以选择启停，按[ENTER]键冻结波形后，选择存储，保存波形供以后修车参考。

④ 波形分析。行车高度（位置）传感器的波形特征如图 2-62 所示，不同车型指标也许不同，请以制造商手册为准。

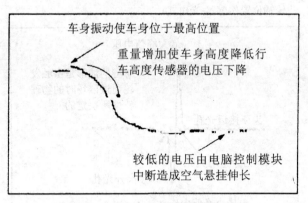

图2-62　行车高度传感器波形分析示意图

（8）汽车速度传感器（VSS）

车速传感器的输出信号与车速成正比，ECU 根据这个信号来控制液力变矩器锁止离合器、电控变速箱换挡点及其他功能，所使用的传感器类型分为三种，电磁感应型、霍尔效应型及光电型。

① 连接设备。连接 K81 和电源延长线，根据被测试车型的电瓶位置选择电瓶供电或者点烟器供电。将测试探头接入通道 1（CH1 端口），然后将测试探头上的小鳄鱼夹接蓄电池负极或搭铁，用测试探针刺入行车高度传感器信号线。

② 测试条件。

- 顶高车身，使汽车驱动轮悬空可以自由转动。

- 连接好设备，并启动发动机，挂上驱动挡。

- 监测车速传感器在低速时的输出信号并渐渐增加驱动轮的转速。

③ 测试步骤。

- 连接好设备，打开 K81 电源开关。

- 在金德仪器主菜单下按上下方向键选择 2. 示波器，按[ENTER]键确认。

- 在汽车专用示波器菜单下选择传感器，按[ENTER]键进入汽车传感器选择菜单。

- 选择汽车速度传感器，按[ENTER]键确认，根据被测试传感器的形式选择电磁感应、霍尔效应或者光电型，按[ENTER]键确认，按照测试条件，屏幕将会显示波形。

- 必要时可以通过左右方向键选择周期、幅值、电平等参数，然后按上下方向键改变波形，也可以选择启停，按[ENTER]键冻结波形后，选择存储，保存波形供以后修车参考。

④ 波形分析。一般来说电磁感应式车速传感器的波形振幅过低，则检查触发轮与拾取器之间的空气间隙是否过大，如果波形不稳定，则检查触发轮或轴是否变形，如果其中有一个波形扭曲，检查触发轮的某个齿牙是否变形或损坏。霍尔效应式的传感器基本相同，都是输出方波。电磁感应式和光电型的车速传感器波形特征如图 2-63 所示。

电磁感应式车速传感器

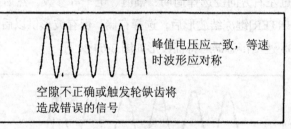

峰值电压应一致，等速时波形应对称

空隙不正确或触发轮缺齿将造成错误的信号

光电型车速传感器

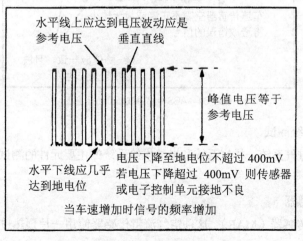

水平线上应达到电压波动应是
参考电压　垂直直线

峰值电压等于参考电压

电压下降至地电位不超过 400mV 若电压下降超过 400mV 则传感器或电子控制单元接地不良

水平下线应几乎达到地电位

当车速增加时信号的频率增加

图2-63　汽车速度传感器波形分析示意图

（9）制动防抱死速度传感器（ABS）

ABS 控制单元通过比较来自车速传感器的频率而不是电压，并利用此信号控制制动时汽车的速度，此频率与汽车的速度成正比，并随着车速的加快而增加。

① 连接设备。连接 K81 和电源延长线，根据被测试车型的电瓶位置选择电瓶供电或者点烟器供电，将测试探头接入通道 1（CH1 端口），然后将测试探头上的小鳄鱼夹接蓄电池负极或搭铁，用测试探针刺入制动防抱死速度传感器信号线。

② 测试条件。

• 顶高车身，使汽车驱动轮悬空可以自由转动。

• 关闭点火开关，断开 ABS 速度传感器连接线，连接仪器至 ABS 速度传感器，然后转动车轮。

• 或者启动发动机，将探头插到 ABS 速度传感器接头的背后，变速箱进入驱动挡，慢慢加速驱动；非驱动轮则按照前述的关闭点火开关方法。

③ 测试步骤。

• 连接好设备，打开 K81 电源开关。

• 在金德仪器主菜单下按上下方向键选择 2. 示波器，按[ENTER]键确认。

• 在汽车专用示波器菜单下选择传感器，按[ENTER]键进入汽车传感器选择菜单。

• 选择刹车防抱死速度传感器，按[ENTER]键确认，根据测试条件，屏幕将会显示波形。

• 必要时可以通过左右方向键选择周期、幅值、电平等参数，然后按上下方向键改变波形，也可以选择启停，按[ENTER]键冻结波形后，选择存储，保存波形供以后修车参考。

④ 波形分析。ABS 速度传感器的特征波形如图 2-64 所示。

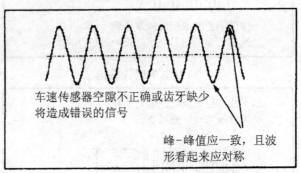

图2-64　ABS传感器波形分析示意图

4. 空气与燃油系统测试

主要介绍汽车的进气系统、排气系统和燃油供给系统的主要元件的测试方法，比如空气流量传感器、喷油驱动器等。

（1）空气流量传感器

模拟型空气流量传感器（MAF）。这种空气流量传感器使用一片预热过的金属薄元件来测量进入进气歧管的空气流量，这种感测元件被加热至 77℃，当空气流经感测元件时会降低其温度，使电阻值降低，由此造成流过的电流增加，而电压下降。该信号被电脑视为电压下降的改变（空气流量的增加造成电压下降），并且被当成是空气流量的指示。

数字型空气流量传感器（MAF）。这种类型的空气流量传感器以电脑送来的 5V 电压为参考，并传回相当于进入发动机空气量的频率信号。输出信号是一个方波，其振幅固定在 0～5V，信号频率的改变从 30～150 Hz。低频代表少量的空气流量，高频代表大量空气流量。

① 连接设备。连接 K81 和电源延长线，根据被测试车型的电瓶位置选择电瓶供电或者点烟器供电，本说明书连接图都是以电瓶供电为例，如果选择点烟器接头，请先确认点烟器是否有 12V 电瓶电压。将测试探头接入通道 1（CH1 端口），然后将测试探头上的小鳄鱼夹接蓄电池负极或搭铁，用测试探针刺入空气流量传感器信号线，连接方法如图 2-65 所示。

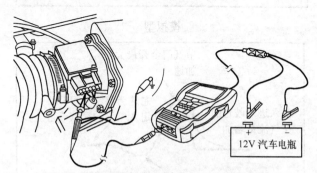

12V 汽车电瓶

图2-65　测量空气流量传感器时设备连接示意图

② 测试条件。

• 连接设备，启动发动机，怠速运转，缓慢加速，观察显示结果。

• 测试的时候利用螺丝刀柄轻轻敲击传感器，传感器内部的连线如果有松动会造成短暂的迟滞及提速不顺。

③ 测试步骤。

• 连接好设备，打开 K81 电源开关。

• 在金德仪器主菜单下按上下方向键选择 2. 示波器，按[ENTER]键确认。

• 在汽车专用示波器菜单下选择空气/燃油，按[ENTER]键进入空气/燃油选择菜单。

• 选择空气流量传感器，按[ENTER]键确认，根据被测试空气流量传感器的形式，选择模拟量或者数字型，按照测试条件，屏幕将会显示波形。

• 必要时可以通过左右方向键选择周期、幅值、电平等参数，然后按上下方向键改变波形，也可以选择启停，按[ENTER]键冻结波形后，选择存储，保存波形供以后修车参考。

④ 波形分析。两种空气流量传感器特征波形如图 2-66 所示。

（2）废气再循环系统（EGR）

EGR 阀的位置传感器就是一个连接在 EGR 阀上的可变电阻，EGR 阀位置传感器提供一个直流电压，其大小会随着可变电阻（电位器）上旋钮的移动而改变，变化的直流电压作为电脑的输入信号以表示 EGR 的工作情形。

数字型

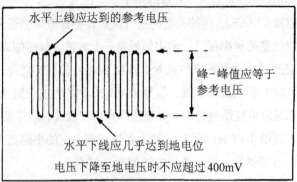

模拟型

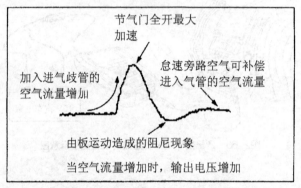

图2-66　空气流量传感器波形分析示意图

　　当发动机燃烧温度过高以及空燃比稀时，EGR 系统会冲淡空燃比并限制 NO_x 的形成，对汽油机 EGR 应该在中加速度及巡航速度 50～120km/h 时工作。电脑利用提供电源或切断电磁线圈的方法，或使用脉宽调制的电磁阀，以接通或中断电磁线圈而达到控制真空的目的。

　　① 连接设备。连接 K81 和电源延长线，根据被测试车型的电瓶位置选择电瓶供电或者点烟器供电，如果选择点烟器接头，请先确认点烟器是否有 12V 电瓶电压。将测试探头接入通道 1（CH1 端口），然后将测试探头上的小鳄鱼夹接蓄电池负极或搭铁，用测试探针刺入 EGR 阀信号线。

　　② 测试条件。

　　• 启动发动机，连接 K81 到 EGR 阀上，慢慢增加发动机转速到巡航速度。

　　• 点火开关打开位置，发动机停机，将探头插到 EGR 阀门顶部的位置传感器上，并小心（冷车）将 EGR 从底座上提起。如果 EGR 膜片上有阻挡物或不易接触时，也许需要使车辆在负荷下才可移动 EGR 阀。

　　• 关闭点火开关，断开传感器的接线，然后小心地将 EGR 阀从底座提起。某些位置传感器可以从 EGR 阀上断开以便于接触到传感器的柱。

　　• 测试位置传感器时使用一般传感器中的电位器测试功能。

③ 测试步骤。

- 连接好设备，打开 K81 电源开关。

- 在金德仪器主菜单下按上下方向键选择 2. 示波器，按[ENTER]键确认。

- 在汽车专用示波器菜单下选择空气/燃油，按[ENTER]键进入空气/燃油选择菜单。

- 选择废气再循环系统（EGR），按[ENTER]键确认，按照测试条件，屏幕将会显示波形。

- 必要时可以通过左右方向键选择周期、幅值、电平等参数，然后按上下方向键改变波形，也可以选择启停，按[ENTER]键冻结波形后，选择存储，保存波形供以后修车参考。

④ 波形分析。大多数汽车在行驶或者加速过程中才能进入废气再循环控制，在怠速和减速时控制信号切断，废气再循环系统不工作，出现故障时波形尖峰高度降低，说明废气再循环真空电磁阀线圈短路；如果没有发现控制信号，则说明 PCM 故障或者 PCM 的废气再循环控制条件没有满足，或者是废气再循环系统电路连接有问题。

（3）燃油喷射（FI）

电控燃油喷射由电脑控制，并且受许多工作因素的影响，包括水温、发动机负荷以及闭环工作下氧传感器的信号等。

燃油喷射的时间可以表示为毫秒（ms）级的脉冲宽度，代表着喷入气缸燃油的多少。宽的脉冲表示在相同喷射压力下喷射的燃油较多。电子控制单元通过一个驱动晶体管提供一个路径给喷油嘴。当晶体管导通时，电流流经喷油嘴和晶体管接地，使喷油嘴打开。目前主要有 3 种燃油喷射系统，每种都有其自己的燃油喷射控制方法。所有的喷油嘴都有限制电流通过的方法，因为过大的电流会损坏喷油嘴。

峰值保持型喷油嘴电路实际上是使用两个不同电路来给喷油嘴供电，两个电路同时作用喷油嘴时，可供应较高的起始电流给喷油嘴，使其快速地开启；喷油嘴开启之后，其中一个电路切断，另一个电路继续维持喷油嘴的开启，直到喷射时间结束。这个电路中有一个电阻用以减少通过喷油嘴电流。当第二个电路也切断后，喷油嘴关闭，结束喷油，测量开启时间的方法是寻找开启脉冲的下降沿以及表示第二个电路切断的上升沿。

节气门喷射系统（TBI）是为取代化油器而设计的，脉冲宽度代表喷油嘴工作或开启时间，电子控制单元根据发动机工作和行驶情况控制脉冲宽度的大小。

传统型（饱和开关型）喷油嘴的晶体管提供固定电流给喷油嘴。某些喷油嘴使用电阻用以限制电流的大小，其他喷油嘴是有较高的内部阻抗，这些喷射的脉冲只有一个。脉冲宽度调制型喷油嘴有较高的启动电流以快速地打开喷油嘴，当喷油嘴开启后，接地端开始脉冲式地接通从而切断电流以延长喷油嘴开启时间，同时限制流经喷油嘴的电流。

① 连接设备。连接 K81 和电源延长线，根据被测试车型的电瓶位置选择电瓶供电或者点烟器供电，如果选择点烟器接头，请先确认点烟器是否有 12V 电瓶电压。将一缸信号夹连接到 CH3 通道并夹住一缸高压线，将测试探头的前部的衰减开关拨到"×10"位置，然后接入通道 1（CH1 端口），然后将测试探头上的小鳄鱼夹接蓄电池负极或搭铁，用测试探针刺入喷油嘴的信号线，多点燃油喷射连接方法如图 2-67 所示，单点燃油喷射系统连接方法如图 2-68 所示。

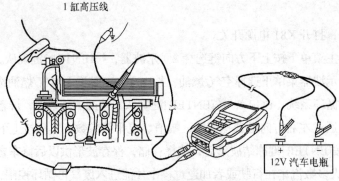

1缸高压线

12V 汽车电瓶

图2-67　多点燃油喷射测试设备连接示意图

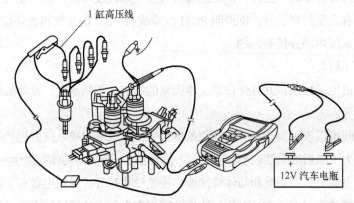

1缸高压线

12V 汽车电瓶

图2-68　单点燃油喷射测试设备连接示意图

② 测试条件。

• 连接设备后启动发动机，从怠速开始测试，慢慢地提升发动机转速，同时观察喷油嘴的信号。

• 改变歧管绝对压力传感器或氧传感器的输出信号以增加发动机的负荷。

• 另外一个方法是断开氧传感器的接线，这会造成送往控制单元的电压信号减小，控制单元会增加喷射脉冲宽度，但这种方法可能会造成故障码的出现。

• 将氧传感器的信号端接到电瓶的正极（＋），则会增加送往电子控制单元的电压信号，电子控制单元会做出减少喷射脉冲宽度的反应。

③ 测试步骤。

• 连接好设备，打开K81电源开关。

• 在金德仪器主菜单下按上下方向键选择 2. 示波器，按[ENTER]键确认。

• 在汽车专用示波器菜单下选择空气/燃油，按[ENTER]键进入空气/燃油选择菜单。

• 选择燃油喷射（FI），按[ENTER]键确认，按照测试条件，屏幕将会显示波形。

• 必要时可以通过左右方向键选择周期、幅值、电平等参数，然后按上下方向键改变波形，也可以选择启停，按[ENTER]键冻结波形后，选择存储，保存波形供以后修车参考。

④ 波形分析。各种喷油嘴的波形特征如图 2-69、图 2-70、图 2-71 所示。

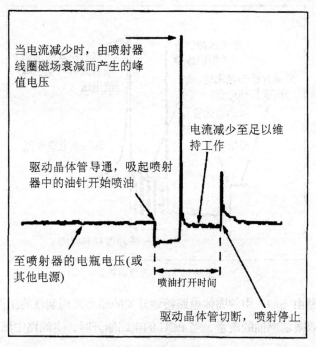

当电流减少时，由喷射器
线圈磁场衰减而产生的峰
值电压

电流减少至足以维
持工作

驱动晶体管导通，吸起喷射
器中的油针开始喷油

至喷射器的电瓶电压(或
其他电源)

喷油打开时间

驱动晶体管切断，喷射停止

图2-69　峰值保持型和TBI

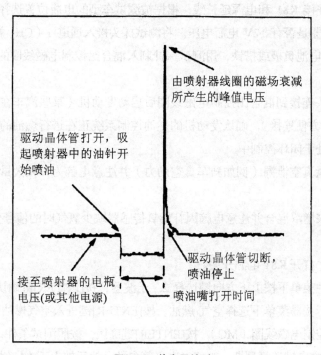

由喷射器线圈的磁场衰减
所产生的峰值电压

驱动晶体管打开，吸
起喷射器中的油针开
始喷油

驱动晶体管切断，
喷油停止

接至喷射器的电瓶
电压(或其他电源)

喷油嘴打开时间

图2-70　饱和开关型

（4）混合比控制电磁线圈（MC）

电脑控制的系统利用混合比控制电磁线圈步进电动机来控制燃油的计量，同时配合节气门位置传感器和氧传感器送回给电脑的信号以辅助控制喷射时间。

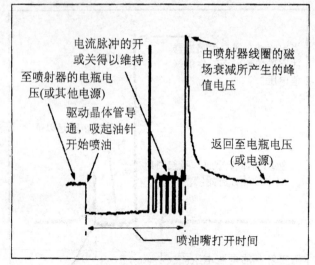

图2-71　脉冲宽度调制型

　　混合比控制线圈是由 ECU 中的固体电路接地开关的驱动来周期性的工作，当电磁线圈被驱动时，针阀被向下推动以限制燃油的流量，当 ECU 的电路断开时，主油路中限制流量的动作被解除，从而使混合气浓度增加。

　　① 连接设备。连接 K81 和电源延长线，根据被测试车型的电瓶位置选择电瓶供电或者点烟器供电，请先确认点烟器是否有 12V 电瓶电压。将测试探头接入通道 1（CH1 端口），然后将测试探头上的小鳄鱼夹接蓄电池负极或搭铁，用测试探针刺入混合比控制电磁线圈的信号线。

　　② 测试条件。

　　• 将仪器的探头连接到混合比控制电磁线圈后启动发动机（某些汽车在电磁线圈附近的端子上会有额外的插头以方便连接），确认发动机的燃油控制系统正在进行燃油的控制（脉冲宽度变化中），此时，发动机处于闭环控制中。

　　• 有意造成大量真空泄漏（例如刹车真空助力）并注意电脑为补偿大量真空泄漏而增浓混合的信号变化。

　　• 关闭阻门风来增浓混合并注意电脑因补偿氧传感器缺少氧气时的信号变化。

　　③ 测试步骤。

　　• 连接好设备，打开 K81 电源开关。

　　• 在金德仪器主菜单下按上下方向键选择 2. 示波器，按[ENTER]键确认。

　　• 在汽车专用示波器菜单下选择空气/燃油，按[ENTER]键进入空气燃油选择菜单。

　　• 选择混合比控制电磁线圈（MC），按[ENTER]键确认，按照测试条件，屏幕将会显示波形；必要时可以通过左右方向键选择周期、幅值、电平等参数，然后按上下方向键改变波形，也可以选择启停，按[ENTER]键冻结波形后，选择存储，保存波形供以后修车参考。

　　④ 波形分析。通用公司的混合比控制电磁阀应用的比较广泛，一般情况下，如果混合比调整适当，混合气控制信号占空比就会在 50%左右波动。

（5）怠速空气/速度控制（IAC/ISC）

发动机控制单元控制怠速空气控制器（IAC）调整发动机怠速和防止熄火，某些怠速控制系统采用步进马达来控制进入气门旁路的空气量；其他的怠速控制系统使用旁路控制阀，它受控于 ECU 发出的方波信号，由于线圈阻抗的关系，这些方波的形状可能有所差异。

① 连接设备。连接 K81 和电源延长线，根据被测试车型的电瓶位置选择电瓶供电或者点烟器供电，如果选择点烟器接头，请先确认点烟器是否有 12V 电瓶电压。将测试探头接入通道 1（CH1 端口），然后将测试探头上的小鳄鱼夹接蓄电池负极或搭铁，用测试探针 IAC/ISC 的信号线。

② 测试条件。

- 将仪器接到空气控制阀后启动发动机，监测在发动机冷车，暖机和热车时的状况。
- 有意造成小的真空泄漏并注意来自发动机控制单元的信号如何调整阀门的打开。

③ 测试步骤。

- 连接好设备，打开 K81 电源开关。
- 在金德仪器主菜单下按上下方向键选择 2. 示波器，按[ENTER]键确认。
- 在汽车专用示波器菜单下选择空气 I 燃油，按[ENTER]键进入空气/燃油选择菜单。
- 选择怠速空气/速度控制（IAC/ISC），按[ENTER]键确认，按照测试条件，屏幕将会显示波形。
- 必要时可以通过左右方向键选择周期、幅值、电平等参数，然后按上下方向键改变波形，也可以选择启停，按[ENTER]键冻结波形后，选择存储，保存波形供以后修车参考。

④ 波形分析。当附属电器设备（空调等）开关开启或者闭合，变速器入挡或者出挡，发动机控制单元会控制 IAC/ISC 开、闭节气门旁通道改变怠速，如果怠速不变则首先怀疑 IAC/ISC 损坏或者节气门旁通道阻塞。一般常见 IAC/ISC 的特征波形请参考图 2-72。

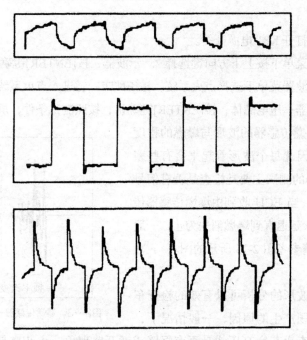

图2-72　IAC/ISC波形分析示意图

5. 点火系统

（1）爆燃传感器——压电晶体

为了使发动机获得最佳性能和燃油经济性，点火时间应正确调整，从而使燃烧发生在曲轴旋转到一个特定的角度，并开始于工作冲程的上止点（TDC）时。若点火晚了，则该气缸的功率降低，若点火早了，则产生爆燃。大部分的爆燃传感器是由压电晶体制做的，并用螺栓固定于发动机体上。它是一种非常特殊的晶体，当它受到机械应力时会产生电压。该电压信号因爆燃的状况而有很大的差异，这个电压经ECU处理后被用来调整点火正时，以获得最佳的发动机性能。

① 连接设备。连接K81和电源延长线，根据被测试车型的电瓶位置选择电瓶供电或者点烟器供电，如果选择点烟器接头，请先确认点烟器是否有12V电瓶电压。将测试探头接入通道1（CH1端口），然后将测试探头上的小鳄鱼夹接蓄电池负极或搭铁，用测试探针接爆燃传感器的信号线。

② 测试条件。

爆燃传感器非在线测试（传感器连线断开）。

• 将爆燃传感器的连线断开，连接仪器至传感器上。

• 使用木槌在靠近传感器附近的缸体上敲击以使传感器产生信号。

爆燃传感器在线测试（滞后点火测试）。

• 按提前时间的测试进行操作。

• 使用木槌在靠近传感器附近的缸体上敲击以使传感器产生信号。

• 观察点火时间以确认当爆燃信号被ECU收到后点火滞后。

③ 测试步骤。

• 连接好设备，打开K81电源开关。

• 在金德仪器主菜单下按上下方向键选择2. 示波器，按[ENTER]键确认。

• 在汽车专用示波器菜单下选择点火系统，按[ENTER]键进入点火系统选择菜单。

• 选择爆燃传感器—压电晶体，按[ENTER]键确认，按照测试条件，屏幕将会显示波形。

④ 波形分析。爆燃传感器的波形与爆燃的程度及原因有直接关系，因此每个波形看起来会有些差异，所以，爆燃传感器的测试主要是检查是否有信号出现，对大多数汽车，当ECU收到由爆燃传感器传来的信号时，会将点火延迟直到爆燃消失为止，一般产生爆燃的特征波形请参考图2-73所示的图。

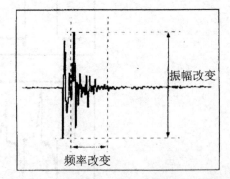

图2-73　爆燃传感器—压电晶体波形分析示意图

（2）次级点火

通过对点火次级波形的分析可以有效的检查车辆行驶性能及排放问题产生的原因，一般情况下，该波形主要是用来检查火花塞高压线是否有短路或者开路现象，火花塞是否由于积炭而引起点火不良。点火的次级波形还受到不同发动机、燃油供给系统、进气系统和点火条件的影响，所以，还能根据点火次级波形有效的检测出发动机机械部件和燃油供给系统部件以及点火系统部件的故障。

在检测的时候，我们一般根据点火系统的不同分成 3 类：传统点火、直接点火和双头点火。传统点火一般指的是分电器点火，一般老款的国产车都采用这种方式；直接点火一般指的是一个气缸对应一个点火线圈的点火方式，在一些高档轿车上经常被使用；双头点火指的是一个点火线圈对两个气缸同时点火，这种点火方式目前比较常见，如时代超人、捷达王、富康、奥迪的 V6 发动机等。

① 连接设备。由于被测试发动机的点火方式和点火系统的连接方式不尽相同，所以，连接的方法也不一样，在测试次级点火波形前，请先确认被测试发动机点火方式。下面我们就常见的三种点火方式说明测试连接方法。

连接 K81 和电源延长线，根据被测试车型的电瓶位置选择电瓶供电或者点烟器供电，如果选择点烟器接头，请先确认点烟器是否有 12V 电瓶电压。

传统点火。在包装箱中找出一缸信号夹和一个容性感应夹，一缸信号夹一端接 K81 的 CH3 端口，信号夹夹住发动机一缸的高压线，请查看信号夹上有"此面朝向火花塞"，注意不要夹反；容性感应夹一端接 CH1 端口，然后用其中的一个夹子夹住高压总线，请参考图 2-74 连接方法。

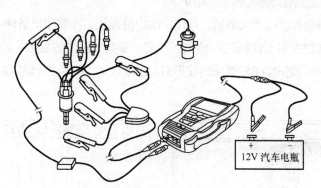

图2-74　传统点火系统测试示意图

直接点火。在包装箱中找出一缸信号夹和一个容性感应夹，一缸信号夹一端接 K81 的 CH3 端口，信号夹夹住发动机一缸的高压线，请查看信号夹上有"此面朝向火花塞"，注意不要夹反；容性感应夹一端接 CH1 端口，然后将容性夹分别夹到各气缸高压线上。

双头点火：在包装箱中找出一缸信号夹和两个容性感应夹，一缸信号夹一端接 K81 的 CH3 端口，信号夹夹住发动机一缸的高压线，请查看信号夹上有"此面朝向火花塞"，注意不要夹反；查看点火线圈的极性，假设一侧是正，那么另一侧肯定为负，相同侧的极性相同，共用同一个容性夹，连接方法如图 2-75 所示。

② 测试条件。启动发动机，在不同负荷及速度下测试检验元件的性能，火花塞、点火连线头、及其他次级电路的元件可能在高负荷时会功能不正常，在负荷状态下进行这些测试（在功率试验机上或路试）以精确地确定系统上的故障位置。

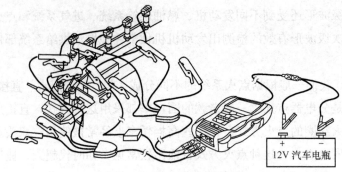

图2-75　双头点火系统测试示意图

③ 测试步骤。

- 连接好设备，打开 K81 电源开关。
- 在金德仪器主菜单下按上下方向键选择 2. 示波器，按[ENTER]键确认。
- 在汽车专用示波器菜单下选择点火系统，按[ENTER]键进入点火系统选择菜单。
- 选择次级点火，按[ENTER]键确认。
- 选择发动机参数设定，按[ENTER]键，屏幕显示如图 2-76 所示。
- 根据被测试发动机可以更改参数，按上下方向键选择需要更改项目，按左右方向键可以更改参数，更改完毕，按[EXIT]键返回上级菜单。
- 按向下方向键选择次级点火测试，按[ENTER]键确认，按照测试条件，屏幕显示波形。
- 必要时可以通过左右方向键选择模式、周期、参数、幅值等参数，然后按上下方向键改变波形，也可以选择启停，按[ENTER]键冻结波形后，选择存储，保存波形供以后修车参考，如图 2-77 所示。

参数设定	
转速灵敏度	低灵敏度
发动机类型	四冲程
气缸数	四 缸
点火顺序	1 3 4 2
特殊点火顺序	
点火类型	传统点火
分电盘数	
显示模式	三维波形

上下：选择 左右：调整参数 ESC退出

图2-76　次级点火测试示意图

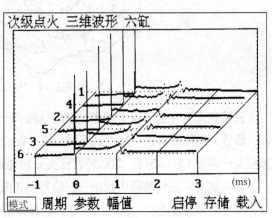

次级点火 三维波形 六缸

模式 周期 参数 幅值　　　启停 存储 载入

图2-77　次级点火测试示意图

④ 波形分析。点火次级波形分为 3 个部分：闭合部分、点火部分、中间部分。

闭合部分。此段时间是晶体管导通或者白金触点结合时间，应保持波形下降沿一致，表示各缸闭合角相同以及点火正时正确。

点火部分。由一条点火线和一条火花线（燃烧线），点火显示一条垂直线，代表的是击穿电压，火花线则是一条近似水平的线，代表维持电流通过火花塞间隙所需的电压。

中间部分。显示点火线圈中通过初级和次级的振荡来耗散剩余的能量，一般最少有 2 个振荡波。传统次级点火的特征波形如图 2-78 所示。

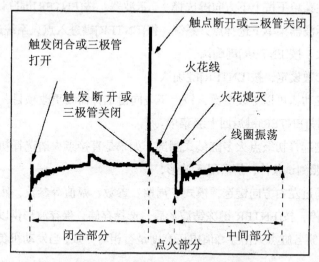

图2-78　传统次级点火的特征波形示意图

（3）初级点火

初级点火闭合角的显示给传统点火的诊断带来方便，随着电子点火控制系统的出现，使闭合角调整工作不再需要，因为点火闭合角改由 ECU 来控制，但由于点火初级和次级线圈的互感作用，在次级发生跳火会反馈给初级电路，因此，初级点火一样显得非常重要。

① 连接设备。连接 K81 和电源延长线，找出一缸信号夹和一个测试探针，一缸信号夹一端接 K81 的 CH3 端口，信号夹夹住发动机一缸的高压线，请查看信号夹上有"此面朝向火花塞"，注意不要夹反；测试探头一端接 CH1 端口，测试探针头部衰减开关拨到"×10"位置接点火线圈的"IG-"信号线，如图 2-79 所示。

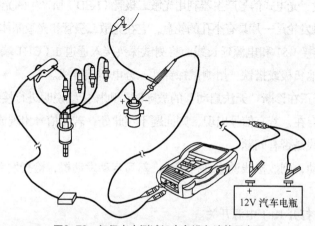

图2-79　初级点火测试闭合角设备连接示意图

② 测试条件。启动发动机，在不同负荷下测试点火系统以检验元件的性能，初级点火模块在高

负荷及高温时可能会工作不正常。

③ 测试步骤。

- 按图 2-79 连接好设备，打开 K81 电源开关。
- 在金德仪器主菜单下按上下方向键选择 2. 示波器，按[ENTER]键确认。
- 在汽车专用示波器菜单下选择点火系统，按[ENTER]键进入点火系统选择菜单。
- 选择初级点火，按[ENTER]键确认。
- 选择发动机参数设定，按[ENTER]键确认。
- 根据被测试发动机可以更改参数，按上下方向键选择需要更改项目，按左右方向键可以更改参数，更改完毕，按[ENTER]键返回上级菜单。
- 按向下方向键选择初级点火多缸模式测试，如果是直接点火请选择初级点火单缸模式，按[ENTER]键确认，按照测试条件，屏幕显示波形；
- 必要时可以通过左右方向键选择模式、周期、参数、幅值等参数，然后按上下方向键改变波形，也可以选择启停，按[ENTER]键冻结波形后，选择存储，保存波形供以后修车参考。

④ 波形分析。观察各缸点火击穿峰值电压高度是否相对一致，当发动机负荷和转速变化时闭合角的变化情况。

（4）分电器触发

电磁感应型分电器触发，用在分电器触发的电磁传感器是由一个永磁铁及磁心组成。细线缠绕在心上形成拾波线圈。非磁性的触发轮安装在分电器轴上并有和气缸数相同的齿。当触发轮的一个齿通过磁场时（由拾波线圈所形成）就产生一个信号。磁性传感器或可变磁阻传感器通常有两条导线并产生出它们自己的信号。

霍尔效应型分电器触发，霍尔效应开关有一个固定传感器和一个触发轮并需要一个小的输入电压才可产生输出电压。当转动叶片通过磁体和霍尔元件之间的间隙时，输出的电压值改变。这个信号以方波形式送至点火模块以触发点火线圈。

光电型分电器触发，光电式信号产生器利用光敏二极管（LED）所产生的光去触发光敏晶体管，然后产生出电压信号，触发轮是一片具有小孔的轮盘，它在光敏二极管和光敏晶体管之间的空隙中转动。

① 连接设备。连接 K81 和电源延长线。将测试探头接入通道 1（CH1 端口），然后将测试探头上的小鳄鱼夹接蓄电池负极或搭铁，用测试探针插入分电器信号线。

② 测试条件。若正在诊断"无法启动"的故障时，则按接线说明进行接线，然后启动发动机，接着检查是否有信号存在，若有信号出现，则问题不在此处；若无信号出现或信号太弱，则检查传感器是否有故障或导线是否有问题。

若发动机可以发动，则按接线说明进行接线，然后启动发动机，检查发动机各工况下的状况。

③ 测试步骤。

- 连接好设备，打开 K81 电源开关。
- 在金德仪器主菜单下按上下方向键选择 2. 示波器，按[ENTER]键确认。
- 在汽车专用示波器菜单下选择点火系统，按[ENTER]键进入点火系统选择菜单。

- 选择分电器触发，按[ENTER]键确认，按照测试条件，屏幕将会显示波形。
- 必要时可以通过左右方向键选择周期、幅值、电平等参数，然后按上下方向键改变波形，也可以选择启停，按[ENTER]键冻结波形后，选择存储，保存波形供以后修车参考。

④ 波形分析。3种分电器触发的特征波形如图2-80、图2-81、图2-82所示。

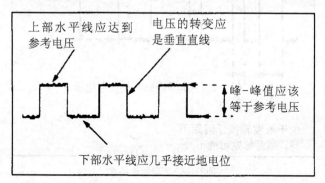

图2-80 霍尔效应式

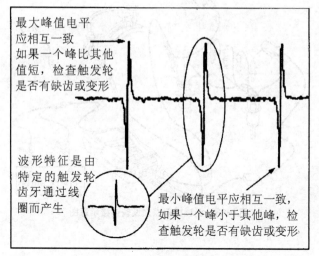

图2-81 电磁感应式

（5）提前时间

K81的两通道可以决定点火系统的点火提前时间，CH1通道连接到第一缸或点火线圈的（点火模组）初级，CH2通道连接到上止点（TDC）信号。

① 连接设备。连接K81和电源延长线。将两个测试探头分别接入K81的通道1和通道2（CH1、CH2端口），将一缸信号夹接入CH3，然后将连接CH1测试探头的小鳄鱼夹接蓄电池负极或搭铁，分别用测试探针刺入点火线圈的"-"接头和曲轴位置传感器的信号线，连接方法如图2-83所示。

② 测试条件。

- 连接K81，CH2通道测试线不可接地。
- 启动发动机并使其怠速运转，慢慢地加速同时观察屏幕的结果。

当电子及机械（若发现有）提前开始作用时，点火提前增加会被观察到。

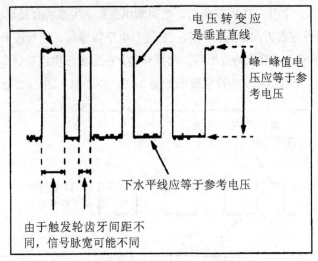

图2-82 光电型传感器

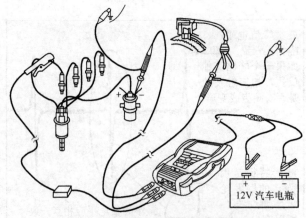

图2-83 测试提前点火设备连接示意图

③ 测试步骤。

- 连接好设备，打开 K81 电源开关。

- 在金德仪器主菜单下按上下方向键选择 2. 示波器，按[ENTER]键确认。

- 在汽车专用示波器菜单下选择点火系统，按[ENTER]键进入点火系统选择菜单。

- 选择提前时间，按[ENTER]键确认，按照测试条件，屏幕将会显示波形。

- 必要时可以通过左右方向键选择周期、幅值、电平等参数，然后按上下方向键改变波形，也可以选择启停，按[ENTER]键冻结波形后，选择存储，保存波形供以后修车参考。

④ 波形分析。特征波形如图 2-84 所示。

6. 电气系统

主要是介绍常见汽车电气系统怎样使用 K81 汽车专用示波器功能检测，主要是对充电系统、蓄电池、线圈和二极管等的检查。

（1）电瓶测试充电系统的问题通常来自车主抱怨"无法启动"，此时，电瓶无法提供电能，而启动电动机无法带动发动机。通常第一步是测试电瓶的好坏，若需要的话则先将电瓶充电。

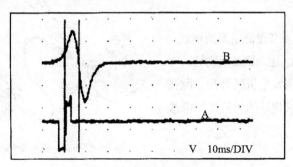

图2-84 点火提前的波形示意图

测量系统电压，将前照灯打开数分钟后可将电瓶的表面电荷释放，然后关闭前照灯并测量电瓶两端的电压。可能的话，用比重计测量电瓶每个分格的比重情形。应进行电瓶负荷测试以检查电瓶在负荷状态下的性能。因电压测试仅显示充电状态，而不是电瓶的状况。

① 连接设备。连接 K81 和电源延长线。将测试探头接入通道 1（CH1 端口），然后将测试探头上的小鳄鱼夹接蓄电池负极或搭铁，用测试探针接蓄电池正极。

② 测试条件。打开前照灯约 3min，除去蓄电池内的表面电荷。

③ 测试步骤。

• 连接好设备，打开 K81 电源开关。

• 在金德仪器主菜单下按上下方向键选择 2. 示波器，按[ENTER]键确认。

• 在汽车专用示波器菜单下选择电气系统，按[ENTER]键进入电气系统选择菜单。

• 选择电瓶测试，按[ENTER]键确认，按照测试条件，屏幕将会显示波形。

④ 波形分析。一般情况下，蓄电池电压幅值在示波器上显示为一条直线。

（2）充电测试。

充电输出测试。新型的电子调节器可维持充电电压在 13～15V 之间，充电系统必须提供足够的输出以维持电瓶的充电及车辆的需求。

测试整流二极管。三相交流发电机使用三对二极管来对输出电流整流，这些二极管通常安装在一块绝缘的散热座上或整流桥中，二极管只允许电流从一个方向流过，而不可以从另一个方向通过，若二极管短路，则电流可以从两个方向流过，若开路，则两个方向皆不可通过电流。

测试二极管。是否开路或短路的方法是将 K81 测试线的一端接在二极管一端，另一条测试线则连接在散热座或发电机外壳。然后反方向再测试一次。K81 上应显示二极管只有一个方向导通，另一个方向不导通。若测试的结果两个方向皆导通，则二极管已经短路。若两个方向皆不导通，则二极管已经开路。

① 连接设备。连接 K81 和电源延长线。将测试探头接入通道 1（CH1 端口），然后将测试探头上的小鳄鱼夹接蓄电池负极或搭铁，不同的功能测试，测试探头的测量地点也不一样，请详见测试条件。

② 测试条件。

充电输出测试。

• 连接 K81 至车上的发电机，如图 2-85 所示。

- 启动发动机，在怠速及负荷下测试，慢慢地增加发动机转速。
- 打开车上的电气设备给充电系统加载，例如前照灯、水箱、风扇、电动机及雨刷等。

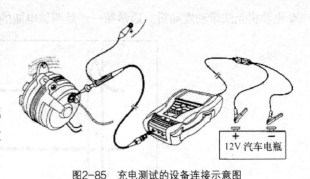

整流二极管测试。将发电机断开后，测试发电机的整流桥，按厂家建议的方法来诊断故障的发电机。

③ 测试步骤

图2-85　充电测试的设备连接示意图

- 连接好设备，打开 K81 电源开关。
- 在金德仪器主菜单下按上下方向键选择 2.示波器，按[ENTER]键确认。
- 在汽车专用示波器菜单下选择电气系统，按[ENTER]键进入电气系统选择菜单。
- 选择充电测试，按[ENTER]键确认，按照测试条件，屏幕将会显示波形。

④ 波形分析。充电电压的波形为稳定的直线。

（3）线圈和二极管测试

当电磁控制装置的能量消失时，磁场的变化会感应出电压的毛刺。钳位二极管（或抑制二极管）即是用来过滤这些毛刺的，喇叭、继电器、风扇马达、空调压缩机的离合器以及某些喷油装置都是这种例子。有故障的二极管会产生噪声，通常在汽车的音响系统可以听到，这些噪声毛刺的波形由一个电平变化到另一个电平时会有很大的毛刺出现，这些毛刺也可以影响车上比较敏感的传感器或控制系统。

① 连接设备。连接 K81 和电源延长线。将测试探头接入通道 1（CH1 端口），然后将测试探头上的小鳄鱼夹接蓄电池负极或搭铁，用测试探针接电磁线圈电源，如图 2-86 所示。

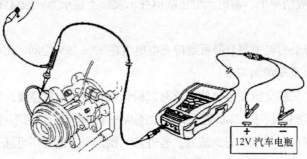

图2-86　线圈和二极管测试设备连接示意图

② 测试条件。激励被测装置，然后观察 K81 的显示。

③ 测试步骤。

- 连接好设备，打开 K81 电源开关。
- 在金德仪器主菜单下按上下方向键选择 2.示波器，按[ENTER]键确认。
- 在汽车专用示波器菜单下选择电气系统，按[ENTER]键进入电气系统选择菜单。
- 选择线圈和二极管测试，按[ENTER]键确认，按照测试条件，屏幕将会显示波形。

④ 波形分析。钳位二极管的特征波形请参考图 2-87。

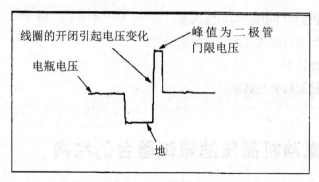

图2-87　线圈和二极管测试的波形示意图

（4）电压测试

接地点的电阻过高可能是电路系统故障中最不易处理的问题，这些问题似乎不太影响原有的功能，但可能会产生奇怪的现象，例如，灯光昏暗、某一个灯点亮时另一个灯突然亮起、前照灯点亮时仪表受影响或灯光完全不亮等。

电压源低于标准值也会有类似的症状出现。

① 连接设备。连接 K81 和电源延长线。将测试探头接入通道 1（CH1 端口），然后将测试探头上的小鳄鱼夹接蓄电池负极或搭铁，用测试探针接被测试点。

② 测试条件参考电路图，了解正确的接线位置及电路说明。

③ 测试步骤。

- 连接好设备，打开 K81 电源开关。
- 在金德仪器主菜单下按上下方向键选择 2. 示波器，按[ENTER]键确认。
- 在汽车专用示波器菜单下选择电气系统，按[ENTER]键进入电气系统选择菜单。
- 选择电压测试，按[ENTER]键确认，按照测试条件，屏幕将会显示波形。

 # 柴油机高压油泵试验台

2.8.1　柴油发动机高压油泵试验台的作用

柴油发动机工作性能的好坏，在很大程度上与其高压喷油泵的供油量和供油均匀性、调速器的工作性能有着密切的关系。由于喷油泵的柱塞偶件属于高精密零件，喷油泵工作性能的好坏仅凭个人经验和人工调整是难以满足发动机正常工作要求的。通常在检修柴油发动机时，用高压油泵试验台对喷油泵进行测试和调整。喷油泵主要测试和调整的内容如下。

（1）喷油泵各缸供油量和供油均匀性调整。

（2）喷油泵供油起始时刻及供油间隔角度调整。

（3）喷油泵密封性检查。

（4）调速器工作性能检查与调整。

（5）输油泵试验。

2.8.2　柴油发动机高压油泵试验台的结构

柴油发动机高压油泵试验台的结构示意图如图 2-88 所示。它由液压无级变速器、变速箱、燃油系统、量油机构、动力传动系统及电气系统 6 部分组成。

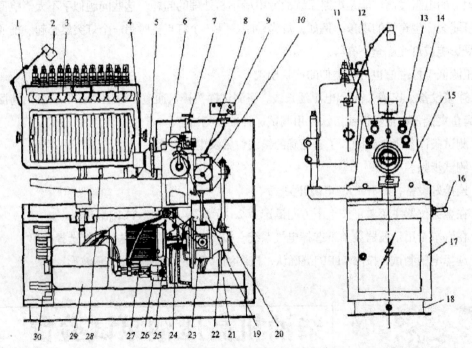

图2-88　柴油机高压油泵试验台的结构示意图

1—集油箱　2—照明灯　3—标准喷油泵　4—万向节　5—刻度表　6—变速箱　7—调压阀　8—油马达　9—转速计数器
10—增速手轮　11—传动油油温表　12—高压压力表　13—低压压力表　14—燃油油温表　15—试验台上壳体
16—调速手柄　17—试验台下壳体　18—试验台底座　19—换挡手柄　20—传动油管　21—传动油箱
22—吸油阀　23—液压无极变速器油泵　24—联轴器　25—加温阀　26—燃油泵
27—电动机　28—垫块　29—燃油箱　30—电气箱

2.8.3　使用方法

1. 喷油泵供油时间的检测与调整

① 将喷油泵安装到试验台上，封住回油口，连接进油管，将供油齿杆固定在供油位置上，拧松

油泵上的放气螺钉，启动试验台，排尽空气，拧紧放气螺钉。

② 将试验台供油压力调至 2.5MPa。

③ 调整量油筒高度，连接标准喷油器的高压油管。

④ 将调速器上的操纵臂置于停油位置，拧松标准喷油器上的放气螺钉，启动试验台，此时标准喷油器的回油管应有大量的回油。

⑤ 将调速器上的操纵臂置于全负荷位置，同时使第一缸柱塞处于下止点位置，用专用扳手按油泵工作旋转方向缓慢、均匀地转动刻度盘，并注意从标准喷油器回油管接口中流出的燃油流动情况。当回油管口的油刚停止流出时（此时柱塞刚好封闭进油孔），即为第一缸的供油始点，由刻度盘上可读取供油提前角。如不符合要求，可通过旋转挺杆上的调节螺钉或增减垫片厚度的方法进行调整。

⑥ 以一缸供油始点为基准，根据发动机的气缸数和喷油泵的工作顺序，按以上方法检查和调整各缸供油间隔角度。其要求是同机相邻各缸供油间隔角度偏差不得大于 ±0.5°。

2. 喷油泵各缸供油量检测与调整

喷油泵各缸的调整项目：额定转速供油量、怠速供油量、启动供油量。由于喷油泵各缸供油量的均匀程度与柴油机的工作平稳性有着密切的关系，因此，喷油泵试验时，要对各缸供油量的均匀度进行测算，其计算公式如下。

$$各缸供油不均匀度=[（最大供油量-最小供油量）/平均供油量]×100\%$$

$$平均供油量=[（最大供油量+最小供油量）/2]×100\%$$

各缸平均供油量误差不得大于 5%。调整供油量前，要求调节齿杆与齿圈、齿圈与控制套筒（或调节拉杆与拨叉）的安装位置，保证其正确无误。

（1）额定转速供油量的调整

① 将喷油泵转速提高到额定转速，使油门操纵臂处于最大供油位置。

② 在转速表上预置供油次数为 200 次，量油筒口对准集油杯下口。

③ 按下转速表上计数按钮，开始供油并计数，供油停止后读取各量油筒中的油量。

④ 各缸供油不均匀度应小于 3%，不符合时应进行调整。具体方法：松开齿圈（或拨叉）紧固螺钉，将柱塞控制套筒相对于齿圈转动一个角度，以改变柱塞与柱塞套筒之间的相互位置，从而实现供油量的调整。对于采用拉杆拨叉式的，则是改变拨叉与拉杆的距离来进行调整。

（2）怠速供油量的调整

① 调整好额定转速供油量与供油不均匀度之后，使喷油泵在怠速转速下运转。

② 在转速表上预置供油次数为 200 次，量油筒口对准集油杯下口。

③ 缓慢向增加供油方向振动旋转臂，当标准喷油器开始滴油时旋转臂，按下计数按钮，供油开始并计数，停止供油后读取各量油筒中的供油量。

④ 各缸怠速供油不均匀度一般不大于 20%~30%，如不符，可按上述方法进行调整。

（3）启动供油量的调整。

① 将试验台转速调整至 180r/min。

② 将喷油泵操纵臂置于最大供油位置。

③ 按照上述的方法，测量出各缸的供油量。

④ 启动供油量一般为额定供油量的150%以上，不符合时，按上述方法调整。

　　　　每次倒空量油筒中的燃油时，应停留30s以上。在调整喷油泵供油量时，应以保证额定转速供油量均匀度为主。

3. 调速器的调整

调速器是用来控制柴油发动机因喷油泵的速度特性而产生的工作不稳或"飞车"现象。其工作性能不良时，会导致柴油发动机熄火或工作不稳，严重时会产生"飞车"，从而发生严重的机械故障。因此，在调试喷油泵时，对调速器也要进行调整。具体的调整内容如下。

（1）高速启动作用点的调试

启动试验台，使喷油泵转速由低到高逐渐接近额定转速，并将喷油泵操纵臂推至最大供油位置（推到底），然后缓慢增加喷油泵转速，同时，注意观察供油调节齿杆位置的变化情况。在供油调节齿杆开始向减小供油量方向移动时的转速，即为调速器高速启动作用点的转速。为保证获得规定的额定转速，而又不致过多地超过规定值，一般是将高速启动作用点的转速调至较额定转速高出10r/min为好（指凸轮轴的转速）。调整方法是改变调速弹簧预紧力。

（2）低速启动作用点的调试

启动试验台，使喷油泵在低于怠速转速下运转，然后缓慢转动操纵臂，当喷油泵刚刚开始供油时，固定操纵臂，并逐渐提高喷油泵转速，同时，注意观察供油调节齿杆位置变化情况。当供油调节齿杆开始向减少供油方向移动时的转速，即为低速启动作用点的转速，其值不得高于怠速转速规定值。

（3）全负荷限位螺钉的调整

旋松全负荷限位螺钉，并使喷油泵以额定转速运转，然后将操纵臂缓慢向增加供油量方向移动，当供油调节齿杆达到最大行程时，停止移动操纵臂，这时拧入全负荷限位螺钉，使其与操纵臂上的扇形挡块相接触。

（4）怠速稳定弹簧的调整

由于发动机怠速运转时，调速器的飞块离心力很小，不能立刻将供油调节齿杆推向增加供油量方向。而怠速稳定弹簧的作用就是协助调速器来推动供油调节齿杆向增加供油方向移动，从而提高调速器调整怠速的灵敏度。通常在稳定怠速工况时，怠速稳定弹簧应能够将供油调节齿杆向增加供油方向推进0.5mm。不符时，可通过调节怠速稳定弹簧的预紧力调整螺钉来达到。

（5）停止供油限位螺钉的调整

在怠速稳定弹簧调好后，停止喷油泵的运转，这时供油调节齿杆将向增加供油方向移动一个距离，然后转动操纵臂，使供油调节齿杆处于完全停止位置，此时，旋入停止供油限位螺钉，使其与操纵臂轴上的扇形挡块相接触，最后将锁紧螺母拧紧。

 喷油嘴清洗检测仪

汽车行驶 20000～30000km 后，在进气管、进气门、喷油嘴、燃烧室、活塞顶及活塞环和火花塞等处易形成积炭和焦油等污垢，这会导致进气效率降低，功率下降，油耗增加，尾气超标等。尤其喷油嘴是电喷发动机的关键元件，是一精密偶件。若喷油嘴出现积炭、结胶、堵塞时，会造成喷油嘴渗漏，雾化不良，甚至不喷油，进而出现发动机抖动，怠速不稳，加速不良，油耗急剧增加。由于更换喷油嘴价格较高，所以，对喷油嘴进行清洗成为改善喷油嘴工作性能的主要途径。图 2-89 为名扬牌喷油嘴清洗检测仪，下面以其为例来介绍电磁喷油器检测仪的使用。

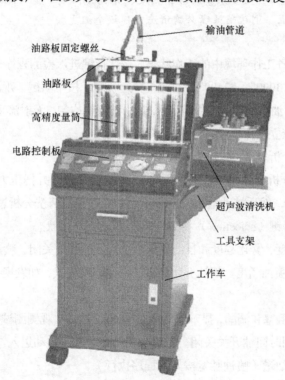

图2-89　喷油嘴清洗检测仪

1. 喷油嘴检测清洗机检测操作步骤

（1）测量喷油嘴的阻抗

首先，把要检测的喷油嘴从汽车上拆下来，按顺序做好记号，用数字万用表测量喷油嘴的阻抗，测量结果。喷油嘴阻抗之差不能超过 1，否则，将喷油嘴更换。

（2）把电源线插在本机右侧插座上，接通 220V 交流电，请确认急停开关处于开启状态并打开

本机右侧的电源开关（显示窗最终显示 2000）。

（3）检查检测液液面高度、检查检测液低液位计显示灯是否熄灭，正常时本机应加检测液达到标准液面的，从加液口进行加注，直至低位指示灯熄灭（建议注入两瓶检测液为最佳）。若过量时高位指示灯亮。

（4）选择检测项目

① 检测喷油嘴的滴漏。根据喷油嘴的型号选择接头并连接好，然后检查"O"型密封圈（发现坏的要更换），将喷油嘴安装在测试架上，按"油泵"键，将压力调至被检车出厂规定压力（最好高 10%），观测喷油嘴是否滴漏，如发现一分钟滴漏大于一滴（或按技术标准），则要更换喷油嘴。

② 检测喷油嘴的正常喷油量、喷油角度、雾化程度、喷油均匀度。关闭回油开关（Valve），确认油泵处于正常油压，然后按选择键进入清洗检测程序，显示"0015"，再按手动键，15s 后观测试管喷油量应为 38mL～45mL（或按技术标准），均匀度误差不超过 5%，否则更换或者清洗。

注意　　此检测参数为最主要基本参数，因此，无论喷油嘴其他检测特定如何，只要该数据偏差在 9%以上，则该喷油嘴必需清洗或建议全组更换。

③ 检测喷油嘴的在各工作环境中的工作状态。按选择键进入检测程序，可任意设定高、中、低速模拟状态，依次显示"3000"、"2400"、"750"转速状态，按手动键，观测喷油角度及雾化效果，喷油角度要一致（或按喷油嘴制造厂提供技术标准），雾化要均匀，无射流现象，并根据数据检测喷油嘴均匀度，不合格者应立即更换或者清洗。

（5）自动检测清洗分析

使用自动检测清洗分析，先按油泵键（pumping）启动油泵，并把压力调至被检车系统油压规定的范围（最好高 10%），然后按动检测键（auto），在自动检测清洗分析过程中其他任意键处于锁死状态，只有按复位选择键（selection），系统才可以恢复到初始状态。

① 自动检测喷油角度、雾化程度和自动测试清洗。回油开关关闭，喷油嘴常喷 15s，显示窗显示时间 15s，此时可观察喷油角度、喷油雾化程度，实现常喷测试，如发现有射流和喷油角度异常，需更换。

停止常喷 60s，观察阻塞和滴漏，显示窗显示时间 60s，前 30s 观测测试数据回油键打开；后 30s 回油键打开，回油结束同时回油开关关闭。常喷检测结束，程序自动进入常规检测。

② 自动检测怠速喷油量（喷油脉宽按如下程序执行）。

喷油转速（模拟多点喷射怠速工作）	750r/min
喷油脉宽	3ms
喷油时间	160s
计数喷油次数	2000/次

此程序观测怠速工况，如喷油均匀度小于 9%为合格。反之须更换或者清洗。

③ 自动检测最大马力喷油量（喷油脉宽如下程序执行）。

喷油转速（模拟多点喷射怠速工作）	2400r/min
喷油脉宽	12ms
喷油时间	25s
计数喷油次数	1000/次

此程序可观测最大工况时喷油量，可测定喷油嘴状况。

④ 自动检喷油量（喷油脉宽按程序执行）。

喷油转速（模拟多点喷射怠速工作）	3000r/min
喷油脉宽	6ms
喷油时间	20s
计数喷油次数	1000/次

⑤ 全过程喷油检测模式。脉宽 3ms，转速 650 r/min，上升到 2250r/min，脉宽 12ms，后转速增至 9950r/min，脉宽反降至 2.1ms。后转速降至 650r/min，脉宽询复 3ms。总共循环 4 次，运行时间 50s，检测结束后等待 30s，回油 30s。在自动检测过程中，若要中断工作，请按选择键（selection）。

（6）可编程序检测清洗分析

按选择键（selection）一次，转速信号灯（potation speed）、脉宽信号灯（Pulseduration）、喷油次数（Revcounty）信号灯、喷油时间信号灯（timing）循环显示。当信号灯亮时，表示处于当前工作状态选项。按住"+"或"-"，选择好合适转速、脉宽、喷油时间、喷油次数，然后按手动键（manual）。程序即记录下此时选择数据并执行命令。

（7）超声波清洗

① 超声波清洗。把要检测的喷油嘴与脉冲输入信号线相连接，将超声波电源线与主机开关插座连接，然后把喷油嘴插在超声波清洗槽架上，清洗液加至规定（液面高度一般是清洗槽深度的二分之一），按下超声波清洗机开关，再按主机面板上"手动"键，灯亮即可开始清洗。

② 正清洗。把清洗接头与喷油嘴连接并放置测试架上，然后把供油的压力调至 4kg/cm^2 耐，按选择键（selection）进入清洗检测，再按手动键开始工作，清洗完毕后，关闭油泵，并拆下喷油嘴连接接头。

③ 反清洗。用喷油嘴滤网取出器从喷油嘴后部将滤网取出，如滤网破损，请更换。如需清洗，放在超声波清洗缸内，用超声波清洗。

学习巩固

1. 用以评价发动机技术状况的主要诊断参数有哪些？
2. 发动机综合性能检测都使用哪些设备？

3. 气缸压力检测如何对结果进行分析?

4. 简述标准单缸点火波形各点的含义。

5. 从并列波、平列波、重叠波各观察哪些内容?

6. 发动机综合性能检测仪都能检测哪些项目?

7. 气缸的密封性都与哪些零件的技术状况有关?

8. 对在用机油的检测与分析都有哪些方法?

9. 使用电脑检测仪进行检测有什么优点?

10. 汽车专用万用表与普通万用表有什么不同?

11. 空调系统若出现冷气不足现象如何检测?

12. 简述电瓶电量的检测方法。

13. 简单说明传感器的检测都有哪些方法?都使用哪些仪器?

14. 汽车电气万能试验台都可以检测哪些项目?

15. 在测量电阻、电流、电压时,都有什么要求和注意事项?

16. 在测量电流和电压时,如何将万用表接入电路?

Chapter 3

第3章

| 汽车底盘部分检测 |

汽车底盘包括传动系、行驶系、转向系和制动系。汽车底盘的技术状况，直接关系到整车行驶的操纵稳定性和安全性，同时，还影响汽车发动机的动力传递和燃油消耗。

学习任务

1. 了解在汽车不解体的情况下，对传动系的主要部件进行检测的仪器及检测方法。

2. 掌握车轮平衡机的检测原理及使用方法。

3. 掌握前轮转向角测定仪的检测原理。

4. 掌握四轮定位仪的使用方法。

5. 掌握传动系游动角度检测仪器的使用。

6. 了解底盘测功试验台的检测原理，掌握底盘测功试验台的使用方法。

7. 了解气泡水准定位仪和前束尺的使用方法。

8. 掌握自动变速器的基本检查与性能测试的内容、方法。

9. 了解自动变速器各种试验的内容、方法及结果分析。

10. 掌握自动变速器系统检测的程序和方法。

汽车的整车性能好坏在很大程度上和底盘的各项性能有关。也就是说汽车底盘的各项性能好坏直接反映了汽车整车性能的高低。如底盘中的制动系统、转向系统、行驶系统、传动系统的工作好坏，直接或间接表示了汽车的制动性能、行驶稳定性能、行驶平顺性能及汽车动力性能的好坏。为此，在汽车检测中，常通过对汽车底盘各系统的检测来评定汽车的上述性能。由于汽车底盘本身的结构特点为体积大、笨重、结构复杂，这使得汽车底盘的大部分检测设备也存在体积大、笨重、结构复杂以及价格高、操作繁琐等特点，致使大部分汽车底盘检测设备的使用范围仅局限于交通管理机构、汽车研究机构和汽车制造研发企业。而维修企业仅使用较少一部分价格低、操作使用方便的汽车底盘检测设备。

目前，常用的汽车底盘检测设备有：车轮平衡机、前轮转向角测定仪、气泡水准定位仪、前束尺、底盘测功试验台、四轮定位仪、侧滑试验台、制动试验台、车速表试验台等。以下就车轮平衡机、前轮转向角测定仪、气泡水准定位仪、前束尺、底盘测功试验台、四轮定位仪等设备的组成、原理、使用及维护内容逐一进行叙述。侧滑试验台、制动试验台、车速表试验台等设备将在下一章节介绍。

 # 传动系游动角度检测

汽车传动系由离合器、变速器、万向传动装置、主减速器、差速器、半轴等组成,越野车、工程车和特殊用途车等还包括分动器。汽车传动系技术状况的变化,对汽车动力性、燃油经济性、滑行性等性能有直接影响。

3.1.1   概述

传动系游动角度是离合器、变速器、万向传动装置和驱动桥的游动角度之和,因此也称为传动系总游动角度。传动系游动角度,在汽车使用中随行驶路程增加将逐渐增大。因此,检测传动系游动角度能够掌握整个传动系的调整和磨损状况。

(1)传动系游动角度增大的现象

在汽车起步和车速突然改变时,传动系发出"吭"的一声;当驾驶员懒于换入低挡缓慢加速行驶时,传动系发出"呱啦、呱啦"的响声;汽车静止时,变速器挂在某挡位上,抬起离合器踏板,松开驻车制动器,在车下用手左右转动传动轴时,感到旋转方向的游动旷量很大。

(2)传动系游动角度增大的原因

① 离合器从动片与变速器第一轴的花键配合松旷。

② 变速器各挡传动齿轮啮合间隙太大或滑动齿轮与花键轴配合松旷。

③ 万向传动装置的伸缩节和各万向节等处配合松旷。

④ 万向传动装置各处凸缘盘的连接螺栓松动。

⑤ 驱动桥内主减速器传动齿轮、差速器行星齿轮与半轴齿轮、半轴齿轮与半轴花键等处的啮合间隙太大。

3.1.2   传动系游动角度检测方法

检测传动系游动角度应在热车熄火的情况下进行。下面以发动机前置、后驱动、驻车制动器在变速器后端的汽车为例介绍其检测方法。

1. 经验检查法

用经验检查法检查传动系游动角度时可分段进行,然后将各段游动角度求和即可获得传动系总游动角度。

① 离合器与变速器游动角度的检查。离合器处于接合状态，变速器挂在要检查的挡位上，松开驻车制动器，然后在车下用手将变速器输出轴上的凸缘盘或驻车制动盘（鼓）从一个极端位置转到另一个极端位置，两极端位置之间的转角即为在该挡下从离合器至变速器输出端的游动角度。依次挂入每一挡，可获得各挡下的这一游动角度。

② 万向传动装置游动角度的检查。支起驱动桥，拉紧驻车制动器，然后在车下用手将驱动桥凸缘盘从一个极端位置转到另一个极端位置，两极端位置之间的转角即为万向传动装置的游动角度。

③ 驱动桥游动角度的检查。松开驻车制动器，变速器置空挡位置，驱动桥着地或处于制动状态，然后在车下用手将驱动桥凸缘盘从一个极端位置转到另一个极端位置，两极端位置之间的转角即为驱动桥的游动角度。上述三段游动角度之和即为传动系游动角度。每段游动角度值只能凭经验估算。

2. 仪器检测法

用游动角度检测仪检测传动系游动角度，与经验法相比其准确度较高。游动角度检测仪有指针式和数字式两种。

（1）指针式游动角度检测仪及其使用方法

指针式游动角度检测仪由指针、刻度盘等组成。在测量过程中，指针固定在驱动桥主动轴上，刻度盘固定在主减速器壳体上，如图 3-1（a）所示。测量扳手一端带有 U 形卡嘴，以便卡在十字万向节上。卡嘴上带有可更换的钳口，以适应多种车型测量的需要。测量扳手另一端有指针和刻度盘，可指示转动扳手的转矩值，如图 3-1（b）所示。检测传动系游动角度时，将测量扳手卡在万向节上，转动扳手，其转矩值应不小于 30N·m，使扳手从一个极端位置转动到另一个极端位置，刻度盘上指针转过的角度即为所测游动角度值，具体使用方法如下。

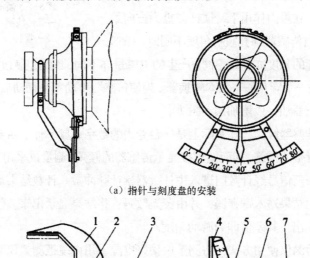

（a）指针与刻度盘的安装

（b）测量扳手

图3-1　指针式游动角度检测仪

1—卡嘴　2—指针座　3—指针　4—刻度盘　5—手柄　6—手柄套筒　7—定位销　8—可更换钳口

① 驱动桥游动角度的检测。将变速器挂空挡位置，松开驻车制动器，踩下制动踏板使驱动车轮制动，将测量扳手卡在驱动桥主动轴万向节的从动叉上，使扳手从一个极端位置转动到另一个极端位置上，根据刻度盘上指针转过的角度即可得到驱动桥的游动角度。

② 万向传动装置游动角度的检测。将测量扳手卡在变速器后端万向节的主动叉上。使扳手从一个极端位置转动到另一个极端位置上，读出刻度盘上指针转过的角度，将此角度减去驱动桥的游动角度，即得到万向传动装置的游动角度。

③ 离合器和变速器的游动角度的检测。放松车轮制动，离合器处于接合状态，势必要可支起驱动桥，测量扳手仍卡在变速器后端万向节的主动叉上，依次挂入各挡即可获得不同挡位下从离合器到变速器的游动角度。

将上述三段游动角度相加，即可得到传动系游动角度。

（2）数字式游动角度检测仪及其使用方法

检测仪由倾角传感器和测量仪两部分组成，二者以电缆相连，检测范围为 $0° \sim 30°$，电源为直流12V。

倾角传感器的作用是将传感器外壳随传动轴游动之倾斜角转换为相应频率的电振荡信号。传感器外壳是一个长方形的壳体，其上部开有 V 形缺口，并配有带卡扣的尼龙带，因而可方便地固定在传动轴上。传感器外壳内的装置如图 3-2 所示。图中弧形线圈固定在外壳中的夹板上，弧形铁氧体磁棒通过摆杆和心轴支承在夹板的两轴承上，因此可绕心轴轴线摆动。在重力作用下，摆杆与重力方向始终保持某一夹角 α_0。当传感器外壳倾斜角度不同时，弧形

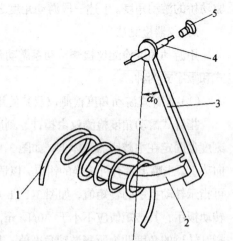

图3-2　倾角传感器结构示意图
1—弧形线圈　2—弧形铁氧体磁棒
3—摆杆　4—心轴　5—轴承

线圈内弧形铁氧体磁棒的长度亦随之不同，产生的电感量亦不同，因而也就改变了电路的振荡频率。可见，传感器实际上是一个倾角——频率转换器。为使传感器可动部分摆动后能迅速处于平衡状态，传感器外壳内装有变压器油，以增加摆动阻力。

测量仪直接显示传感器倾角，其实际上是一台专用的数字式频率计。由于其采用了与传感器特性相应的门时和初始置数的措施，因而能直接显示传感器的倾角。测量仪采用 POMS 数字集成电路。由倾角传感器送来的振荡信号经计数门进入主计数器累计脉冲数。计数结束后，在锁存器接收脉冲作用下，将主计数器的结果送入寄存器，并由荧光数码管将结果显示出来。使用中，将游动范围内两个极端位置的倾角读出，其差值即为游动角度。

数字式游动角度检测仪使用方法：将测量仪接好电源，用电缆把测量仪和倾角传感器连接好，先按该仪器使用说明书的要求对仪器进行自校，再将转换开关扳到"测量"位置，就可进行实测了。在汽车传动系中，最便于固定倾角传感器的部位是传动轴。因此，在整个检测过程中，该倾角传感器一直固定在传动轴上。

用数字式游动角度检验仪检测传动系角间隙，应分段进行，且遵循被测段一端固定而在另一端检测的原则。

万向传动装置游动角度的检测如下。

把传动轴置于驱动桥游动范围的中间位置或将驱动桥支起，拉紧驻车制动器。左、右旋转传动轴至极端位置，测量仪便直接显示出固定在传动轴上的倾角传感器的倾斜角度。将两个极端位置的倾斜角度记下，其差值即为万向传动装置的游动角度。此角度不包括传动轴与驱动桥之间的万向节的游动角度。

① 离合器与变速器各挡的游动角度的检测。放松驻车制动器，变速器挂入选定挡位，抬起离合器踏板使其处于接合状态，传动轴置于驱动桥游动范围中间位置或将驱动桥支起。左、右旋转传动轴至极端位置，测量仪便显示出倾角传感器的倾斜角度。求出两极端位置倾斜角度的差值，便可得到一游动角度值。该游动角度减去已测得的万向传动装置的游动角度，即为离合器与变速器在该挡位下的游动角度。按同样方法，依次挂入各挡位，便可测得离合器与变速器各挡位下的游动角度。

② 驱动桥游动角度的检测。变速器置空挡位置，松开驻车制动器，踩下制动踏板将驱动轮制动。左、右旋转传动轴至极端位置，即可测得驱动桥的游动角度。该角度包括传动轴与驱动桥之间万向节的游动角度。

对于多桥驱动的汽车，当需要检测每一段的游动角度时，倾角传感器应分别固定在变速器与分动器之间的传动轴、前桥传动轴、中桥传动轴和后桥传动轴上。按上述检测方法进行检测，可测得各段的游动角度值。

在测量仪上读取数值时应注意，其显示的角度值在 0°～30° 内有效。出现大于 30° 的情况，可将固定在传动轴上的传感器适当转过一定角度。若其中一极限位置为零度，另一极限位置超过 30°，说明该段游动角度已大于 30°，超出了仪器的测量范围。

3. 诊断参数标准

目前，我国尚无游动角度的诊断参数标准，根据国外资料介绍，中型载货汽车传动系游动角度及各分段游动角度应不大于表 3-1 所列数据。

表 3-1　　　　　　　　游动角度参考数据（仅供诊断时参考）

部　　位	游 动 角 度	部　　位	游 动 角 度
离合器与变速器	≤5°～15°	驱动桥	≤55°～65°
万向传动装置	≤5°～6°	传动系	≤65°～86°

3.2　离合器打滑检测

离合器踏板自由行程过小，离合器弹簧弹力减弱或折断，离合器摩擦片沾有油污，离合器压盘与飞轮发生翘曲，离合器摩擦片烧蚀或硬化等都势必导致离合器打滑。离合器打滑将使动力传递受到影

响，并使离合器磨损加剧、过热、烧焦甚至损坏。使用离合器频闪测定仪可检测离合器是否打滑。

离合器打滑频闪测定仪主要由透镜、闪光灯、电阻器、电容器、传感器、电源等组成，如图3-3所示，电源可采用汽车蓄电池。

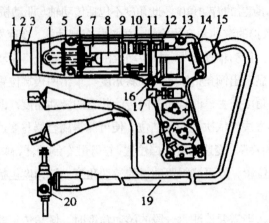

图3-3　离合器打滑频闪测定仪

1—环　2—透镜　3—框架　4—闪光灯　5—护板　6、9、11、12、18—隔板　7—电阻器
8、10—电容器　13—二极管　14—支持器　15—座套　16—变压器
17—开关　19—导线　20—传感接头

该仪器由发动机火花塞的高压电极输入电脉冲信号，火花塞每跳火一次，闪光灯就亮一次，闪光频率与发动机转速成正比。

用离合器打滑频闪测定仪检测离合器打滑情况的操作方法如下。

① 将汽车停置在底盘测功试验台上或车速表试验台上，无试验台的可支起驱动轮。

② 在传动轴上做一标记。

③ 变速器挂入直接挡，踩下加速踏板，使车轮原地运转，必要时可给试验台滚筒增加负荷或使用行车制动器，以增加驱动轮和传动系的负荷。

④ 将闪光灯发出的光亮点投射到传动轴的标记处，若离合器不打滑，传动轴上标记点与光亮点同步；若离合器打滑，则传动轴上标记点与光亮点不同步。

离合器不允许出现打滑现象。离合器打滑时，汽车将出现起步困难、加速缓慢，严重时会散发出焦烟味等，也可从汽车的这些特征上进行诊断。

3.3　转向盘自由行程和转向力的检测

转向盘自由转动量，是指汽车转向轮保持直线行驶位置静止时，轻轻左右转动转向盘所测得的

游动角度。转向盘的转向力，是指在一定行驶条件下，作用在转向盘外缘的圆周力。这两个检测参数主要用来诊断转向轴和转向系中各零件的配合状况。该配合状况直接影响到汽车操纵稳定性和行车安全性。

在交通部下发的对综合性能检测站统一要求的检测报告单中，要求对汽车转向性能中的转向轮最大转角、转向力、转向操盘自由转动量进行检测。按照国家标准的规定：转向盘自由转动量即机动车转向盘的最大自由转动量从中间位置向左或向右的转角均不得大于：最大设计车速大于或等于100km/h的机动车为10。最大设计车速小于100km/h的机动车（三轮农用运输车除外）为15°。转向力应符合：机动车在平坦、硬实、干燥和清洁的水泥或沥青道路上行驶，以10km/h的速度在5s之内沿螺旋线从直线行驶过渡到直径为24m的圆周行驶，施加于转向盘外缘的最大切向力不得大于245N。

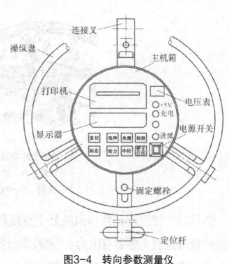

图3-4 转向参数测量仪

转向参数测量仪可测量转向盘自由转动量和转向力。如图3-4所示，该仪器由操纵盘、主机箱、连接叉和定位杆4部分组成。操纵盘由螺钉固定在三爪底板上，底板经力矩传感器与3个连接叉相连，每个连接叉上都有一只可伸缩长度的活动卡爪，以便与被测转向盘相连接。主机箱为一圆形结构，固定在底板中央，其内装有接口板、微机板、转角编码器、打印机、力矩传感器和电池等。定位杆从底板下伸出，经磁力座吸附在驾驶室内的仪表盘上。定位杆的内端连接有光电装置，光电装置装在主机箱内的下部。

1. 转向盘的检测

（1）自由转动量

在配备动力转向系统的车辆上，启动发动机，使车辆笔直向前。如图3-5（a）所示，轻轻转动转向盘在车轮就要开始移动时，使用一把直尺测量转向盘的自由行程。

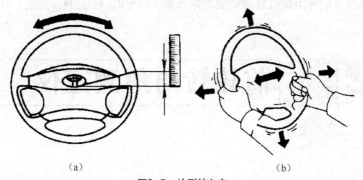

（a）　　　　　　　　　　　　（b）

图3-5 检测转向盘

（2）松动和摆动

如图3-5（b）所示，用两手握住转向盘，轴向、垂直或者向两侧移动转向盘，移动转向盘时，

应没有松动或者摆动。

（3）转动点火开关到 ACC

将点火开关转动到 ACC 时，转向盘应不锁定和可自由转动。

2. 用简易转向盘自由转动量检测仪检测转向盘自由转动量

简易转向盘自由转动量检测仪主要由刻度盘和指针两部分组成。刻度盘和指针分别固定在转向盘轴管和转向盘边缘上。固定方式有机械式和磁力式两种。机械式如图 3-6 所示。磁力式使用磁力座固定指针或刻度盘，结构更为简单，使用更为方便。

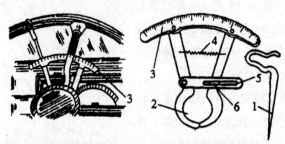

（a）检测仪的安装　　　（b）检测仪
图3-6　简易转向盘自由转动量检测仪
1—指针　2—夹臂　3—刻度盘　4—弹簧　5—连接板　6—固定螺钉

测量时，使汽车的两转向轮处于直线行驶位置不动，轻轻向左（或向右）转动转向盘至空行程一侧的极端位置（感到有阻力），调整指针指向刻度盘零度。然后，再轻轻转动转向盘至另一侧空行程极端位置，指针所示刻度即为转向盘的自由转动量。

3. 用转向参数测量仪检测转向盘自由转动量和转向力

把转向参数测量仪对准被测转向盘中心，调整好两个连接叉上伸缩卡爪的长度，与转向盘连接并固定好。转动操纵盘，转向力通过底板、力矩传感器、连接叉传递到被测转向盘上，使转向盘转动以实现汽车转向。

此时，力矩传感器将转向力矩转变成电信号，而定位杆内端连接的光电装置则将转角的变化转变成电信号。这两种电信号由微机自动完成数据采集、转角编码、运算、分析、存储、显示和打印。

 **前轮转向角测定仪**

1. 作用

前轮转向角测定仪可测定前轮的转向角，并从测得的最大转向角还可以间接求得汽车的转向半径（ $R = L/\sin\alpha$ ），以及两前轮在转向时内、外轮的转角关系： $\cot\alpha = \cot\beta + B/L$ 。同时和气泡水准定位仪共同使用，可测定主销倾斜角。

2. 结构

前轮转向角测定仪的结构如图 3-7 所示。它是由基座、移动板、不锈钢滚珠、转台、刻度盘和
指针等元件构成。在转台和移动板之间装有数个滚珠，以保证转台在重物作用下也能轻松旋转。移动板和基座之间，每隔适当的距离设有一个护圈，使移动板能够在基座下方有孔的范围内移动，而且在无负荷时能够使移动板经常保持在中心位置。测量用指针是装在移动板上，刻度盘则装在转台上和转台一起转动。转台和基座之间设有插销孔，只要装入插销就能固定转台和基座。此外，利用中心螺栓能够使转台、移动板和基座三者之间在合适的间隙下相互连接。

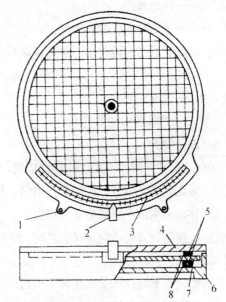

图3-7　前轮转向角测定仪
1—插销孔　2—指针　3—刻度盘　4—转台
5—不锈钢滚珠　6—基座　7—移动板　8—滚珠护圈

3. 使用方法

前轮转向角测定仪通常两个一组使用。把前轮固定在转台上，转动方向盘，使前轮和转台一起转动，通过指针和刻度盘即可测得前轮的转向角。其具体的操作方法如下。

① 用千斤顶顶高汽车的两前轮。

② 使两前轮处于直行位置，放置两转向角测定仪并使其转台的中心点和主销中心线的延长线相交，用止动插销将转台和基座固定。

③ 慢慢放下千斤顶，使两前轮置于测定仪转台的中心点的上方，如图 3-8 所示。

④ 卸下测定仪上的两止动销，检查测定仪指针的零位，如有误差，可通过转动刻度盘进行调整。

⑤ 将转向盘由中间位置向右及向左一次性转到底，测定出左、右前轮的转向角（见图 3-9）。

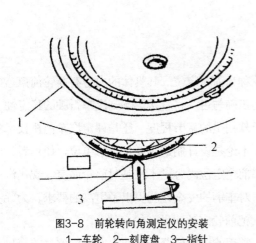

图3-8　前轮转向角测定仪的安装
1—车轮　2—刻度盘　3—指针

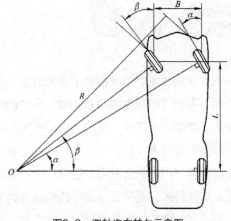

图3-9　双轴汽车转向示意图

⑥ 根据所测得的外侧转向轮的转向角，通过下式可以计算出该车的转向半径 R：

$$R = L/\sin\alpha$$

式中：R——汽车转向半径，m；

$\quad L$——汽车轴距，m；

$\quad \alpha$——外侧转向轮的转向角。

⑦ 根据所测得的转向角，可鉴定该车内、外轮转向角是否符合以下的关系式：

$$\cot\alpha = \cot\beta + B/L$$

式中：B——汽车轮距；

$\quad \beta$——汽车前内轮转向角。

4. 设备维护

为保证前轮转向角测定仪的测试精度，防止损坏，使用时应注意以下事项。

① 搬运该测定仪时，应插入止动销，将转台固定。

② 移动和测试中应避免受到撞击。

③ 在前轮放置到该测定仪上之前，应先取下止动插销，同时，汽车内不要坐无关的人员，以尽可能减轻对测定仪的重压。

④ 测定时测定仪承受的载荷不可超过其允许值。

⑤ 定期检查中心螺栓的松紧度，如果转台有超过规定的偏移量，应加装螺帽，并调整中心螺栓的松紧度。

⑥ 定期拆卸清洗（一般视使用情况可在 6～12 个月进行一次）。不锈钢滚珠部分要加注润滑脂。

⑦ 不用时，应将测定仪放置于无灰尘且干燥的地方。

3.5 气泡水准定位仪和前束尺

汽车前轮和主销轴线相对于前轴的安装位置关系称为前轮定位。其具体的内容有前轮前束、前轮外倾、主销内倾和主销后倾 4 项。汽车前轮定位的正确与否。将直接影响到汽车行驶的稳定性、安全性、燃油的经济性、轮胎与机件的磨损程度以及驾驶员的疲劳程度，还是评定汽车前桥技术状况好坏的重要技术参数。因此，对这些参数的测定，不论是设计制造企业、维修单位、使用者，还是交通管理部门都非常重视。随着汽车的发展，汽车前轮定位内容已不只是对前轮而言，现代汽车尤其是高档轿车，由于其最高车速设计得越来越高，对车辆的安全性能提出了更高的要求，为此，将前轮的某些定位内容扩展到汽车的后轮，故现在常把前轮定位叫做车轮定位。

汽车车轮定位参数的检测一般采用静态检测法。常用的检测仪器有气泡水准定位仪、前束尺、电脑四轮定位仪等。本节主要介绍气泡水准定位仪和前束尺，四轮定位仪将在 3.5 节中介绍。

3.5.1　气泡水准定位仪

1. 作用

气泡水准定位仪与前轮转向角测定仪配合，可用来测定前轮外倾角、主销内倾角、主销后倾角以及四轮独立悬架的后轮倾角。

2. 结构

气泡水准车轮定位仪按适用车型范围可分为两种：一种适用于大、中、小型汽车；另一种仅适用于小型汽车。前者一般由水准仪、支架、转盘（又称转角仪）等组成；后者一般由水准仪和转盘组成。

（1）水准仪

水准仪也分为两种：一种适用于大、中、小型汽车；另一种适用于小型汽车，如图 3-10 所示。它们均由壳体、水泡管、水泡调节装置和刻度盘等组成。适用于大、中、小型汽车的水准仪带有两个定位销，以便插入支架中心孔固装在支架上；适用于小型汽车的水准仪带有永久磁铁和定位针，可以对准转向节枢轴中心孔吸附在轮毂的端面上，因而省去了支架。

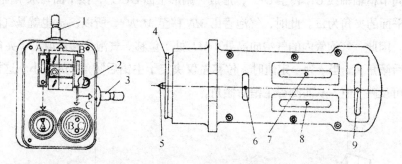

(a) 使用于大中小型汽车的水准仪　　　　(b) 使用于小型汽车水准仪

图3-10　水准仪

1—测α、γ插销　2—旋钮　3—测β插销　4—永久磁铁　5—定位针　6、7、8、9—水电管

（2）支架

支架是水准仪与轮辋之间的连接装置。支架可以固定在轮辋上，水准仪则插接在支架的中心孔内，由锁紧螺钉锁住。支架有卡紧式和磁力式两种。

（3）转盘

转盘一般由固定盘、活动盘、扇形刻度尺、游标指示针、锁止销和若干滚珠等组成。滚珠装于固定盘与活动盘之间，用保持架保持。转盘具有如下作用。

① 在前轮定位检测中，便于静止的汽车前轮转向，并转至规定角度。

② 可测得两前轮的最大转向角。

③ 可测得两前轮转向时内轮转角大于外轮转角的关系，用于验证能否满足下列等式：

$$\cot \alpha = \cot \beta + B/L$$

式中： α ——汽车转向时前外轮的转向角；

$\qquad$ β ——汽车转向时前内轮的转向角；

$\qquad$ B ——左右两侧主销中心间的距离；

$\qquad$ L ——汽车前后轴轴距。

3. 气泡水准车轮定位仪测量原理

（1）测车轮外倾角 α 可直接测得 α

当车轮处于直线行驶位置且有外倾角 α 时，垂直于车轮旋转平面安装的水准仪上的测外倾角的气泡管，也垂直于车轮旋转平面，气泡管与水平平面的夹角即为车轮外倾角 α ，如图 3-11 所示。此时，气泡跑向车轮。调气泡管处于水平位置，气泡位移量就反映了角 α 的大小，通过标定就可测得车轮外倾角 α 。

（2）测主销后倾角 γ

γ 不能直接测量，只能采用建立在几何关系上的间接测量。如图 3-12 所示，在空间坐标系中，以左前轮为例，OA 代表主销中心线，位于 zoy 平面内，γ 为主销后倾角，OC 为转向节枢轴，MN 为放置在 OC 上的气泡管。假设前轮外倾角 α 和主销内倾角 β 均为 0，则 $OC \perp OA$。当车轮处于直线行驶位置时，OC 与 Ox 轴重合。当前轮在水平面向右转至规定角度 ϕ 时，由于主销后倾角 γ 的存在，使得转向节枢轴轴线 OC 转至 OC'，形成一扇形平面 OCC'，该平面与水平面的夹角等于 γ。OC' 与水平平面的夹角为 ω。此时，气泡管由 MN 移至 $M'N'$，所以，ω 也就是气泡管相对水平面倾斜的角度。因此，气泡管内的气泡向高处（M' 处）位移。气泡位移量取决于夹角 ω。ω 则取决于 ϕ 和主销后倾角 γ。当 ϕ 为一定值时，位移量仅决定于主销后倾角 γ 的大小。这样，气泡位移量通过标定即可反映 γ 值，从而测得主销后倾角。

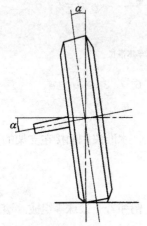

图3-11   前轮外倾角测量原理图

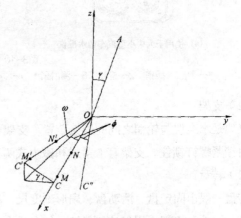

图3-12   主销后倾角测量原理图

测量时，一般先将前轮向左转动角度 ϕ（通常为 20°），使转向节枢轴转至 OC'' 的位置，将气泡管调得与水平平面平行；再将前轮向右转动 2ϕ 角度，使转向节枢轴转至 OC' 的位置，此时，气泡管 MN 随转向节枢轴绕主销轴 OA 转过 2ϕ 角度，气泡位移量增大了一倍。这不仅使测量灵敏度和读数精度提高，而且消除了主销内倾角 β 对测量值的影响，因为当转向节枢轴 OC 从前轮直线行驶位置分别向左、右转动同样角度时，角 β 对主销后倾角 γ 测量值的影响数值相等、方向相反，互相抵消。因此，水准仪的测量值完全反映了主销后倾角 γ 的大小，消除了 β 的影响。至于前轮外倾角 α，由于影响甚微可以忽略不计。

（3）测量主销内倾角 β

不能直接测量 β，只能采用建立在几何关系上的间接测量。如图 3-13 所示，在空间坐标系中（以左前轮为例），假设前轮外倾角和主销后倾角均等于零，则主销中心线 OA 在 xOz 平面内，OA 与 Oz 的夹角 β 为主销内倾角。当前轮处于直线行驶位置时，转向节枢轴 OC 与 OA 的夹角为 $90° + \beta$。若前轮在水平平面内向右转动规定角度 ϕ 后，由于主销内倾角的存在，使得转向节枢轴 OC 转至 OC'，形成圆锥面 OCC'。如果在转向节枢轴的前端放置一平行于水平平面且与 OC 轴线垂直的气泡管 EF，则在 OC 绕 OA 轴转至 OC' 后，气泡管 EF 发生绕转向节枢轴轴线的转动，位置变为 $E'F'$，其与水平平面的夹角为 θ。此时，气泡管内的气泡向 F' 处移动，位移量取决于 θ，θ 取决于 β 和 ϕ。ϕ 为定值，所以，θ 角仅取决于 β。这样，气泡的位移量通过标定即可反映主销内倾角度值。

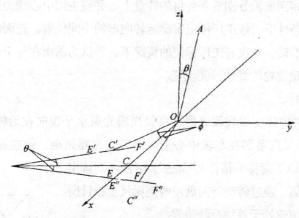

图3-13　主销后倾角测量原理图

测量时，一般也是将前轮向左转动 ϕ 角，则转向节枢轴 OC 转至 OC''，调气泡管与水平平面平行；再将前轮向右转 2ϕ 角，转向节枢轴转至 OC'，气泡管 EF 则转过了 2θ 角度，气泡位移量增大一倍。同理，这一测量方法使测量灵敏度和读数精度提高，而且消除了主销后倾角 γ 对测量值的影响。

4. 气泡水准车轮定位仪使用方法

常见气泡水准车轮定位仪的使用方法大同小异。以下以国产 GCD-1 型光束水准车轮定位仪为例，介绍使用方法如下。

国产 GCD-1 型光束水准车轮定位仪，除由一个水准仪、两个支架和两个转盘组成外，还配备两个聚光器、两个标尺、两个标杆和一个踏板抵压器。聚光器在标杆配合下可测得车轮前束值，聚光器在标尺配合下可测得后轴与前轴间的平行度、后轴与车架间的垂直度及后轴与车架在水平平面的弯曲变形等。踏板抵压器（实际上是一个抵杆）可将制动踏板压下而顶靠在驾驶座或其他支承物

上使车轮处于制动状态，以节省人力。

（1）检测前的准备

① 汽车技术状况的预检。

a. 如无特殊说明，被检车辆的载荷应符合原厂规定。

b. 轮胎气压应符合汽车制造厂的规定。

c. 车轮轮胎应为新胎或磨损均匀的半新胎。

d. 检查车轮轮毂轴承、转向节衬套与主销的配合是否松旷，检查制动器是否可靠。

② 对检测场地的要求。

a. 检测场地表面应平整，并处于水平状态。

b. 检测场地如为专用地坪，可将两转盘分别放入深 60mm 的预留坑内。如果无预留坑，当前轮放在转盘上后，后轮应垫以厚 60mm 的平整木块，以保证前后轮接地面处于同一水平平面上。

③ 汽车的正确放置。在汽车两前轮放在转盘上之前，应前后数次推动汽车，以便前轮自动处于直线行驶状态。然后，将两前轮分别放在各自的转盘上，并使主销中心线的延长线基本上通过转盘中心。在有工厂标记的条件下，依工厂标记来确定转向器的中间位置，进而确定前轮的直线行驶位置，这样比较方便而且准确。在没有工厂标记的情况下，若认为前束在每个前轮上是均匀分配的，则可参照下述方法来确定前轮的直线行驶位置。

a. 取下转盘锁止销。

b. 在两前轮上分别安装支架和聚光器，将聚光器光束水平投向在后轮中心且与后轮垂直的带三角架的标尺上。标尺应紧靠在车轮中心上。调节聚光器焦距，使在标尺上得到一清晰的带有一缺口的扇形图像（以下简称为指针），如图 3-14 所示。读出两侧标尺上指针所指数值。通过转动转向盘使两侧标尺上指针所指数值相等，则认为两前轮处于直线行驶位置。

前轮直线行驶位置确定后，应调整转盘扇形刻度尺零位对准游动指针，然后加以固定。当再转动转向盘时，前轮的转角便可由游动指针的指示从转盘刻度尺上读出。

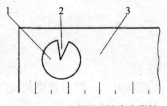

图3-14　聚光器投出的光束指针
1—光束　2—指针　3—标尺

④ 支架的安装。先将固定支架的两个固定脚卡在轮辋适当部位，再移动活动支架，使其固定脚也卡在轮辋上，然后用活动支架的偏心卡紧机构将三个固定脚卡紧在轮辋上。此时，三个固定脚的定位端面贴紧在轮辋的边缘上。松开调整支座弹性固定板的固定螺栓，使调整支座沿导轨滑动，通过特制芯棒使调整支座安装聚光器或水准仪的孔中心与前轮中心重合，然后拧紧螺栓，将调整支座固定于导轨上。经多次试验得知，当支架中心与车轮中心偏 2～3mm 时，对测量结果影响甚微，故也可以目视对中心，而不使用芯棒。

⑤ 轮辋变形的检查及补偿。

a 将聚光器定位销轴插入支座孔中，使销轴定位端面与支座定位端面贴合，然后拧紧弹簧卡固定螺钉，防止聚光器从支座上滑落。

b 顶起被测车轮，使其离开转盘或地面，当在其圆周上施力时应能自由转动。

c 将标杆以轮辋半径 7 倍的距离放在所测车桥之前或之后的地面上。一般情况下，测前轮轮辋变形量时，可把标杆放于前桥之前；测后轮轮辋变形量时，可把标杆放在后桥之后。

d 将聚光器通以 DC12V 电源，聚光器发出强光束指针。转动聚光器的调节盘，使光束指针的扇形缺口朝上。调整聚光器伸缩套筒，使光束指针清晰地指在标杆上带有刻度的标牌上。用手把持住聚光器，松开弹簧卡固定螺钉，缓慢转动车轮一周，读出光束指针指示的最大值与最小值。最大值与最小值之差即为轮辋端面的摆差。当摆差大于 3mm 时，一般认为轮辋是不合格的，应予更换。

e 对于有摆差的车轮轮辋，为了消除对检测车轮定位角度值的影响，可转动调整支座上的滚花调节螺钉，直至光束指针指示的最大值与最小值之差在 3mm 之内为止。轮辋的变形补偿后，将车轮放回转盘上。

（2）前束值的检测

① 检测原理。用聚光器配合标杆来检测车轮前束值的原理如图 3-15 所示。当中心为 O 的车轮 AB 与放置在地面上的标杆 MN 垂直时，聚光器光束指针投射到标杆的 M 点。当车轮具有前束时，AB 与 MN 不垂直，此时，光束指针投射到标杆的 N 点，且聚光器由原来的位置 OCD 变为 $O_1 C_1 D_1$。由于 $CM \gg OC$，而前束与 CM 比较起来也非常小，故可认为点 C 与 C_1 重合，则 $AA_1 = A_2 A_3$（A_2、A_3）是光束指针在与 A 点同一截面上的投影点）。从图中可得：$A_2 A_3 : MN = CA_2 : CM$，其中，$CA_2 = OA = D/2$，$CM = 7 \times D/2$。所以，$A_2 A_3 : MN = (D/2) : (7 \times D/2) = 1 : 7$。此时，若 $AA_1 = A_2 A_3 = 1mm$，则 $MN = 7mm$。

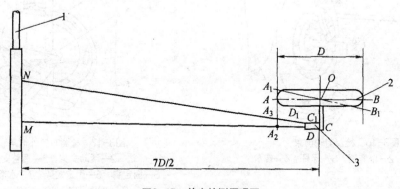

图3-15　前束检测原理图
1—标杆　2—前轮　3—聚光器

在标杆的标牌上，每隔 7mm 划一刻度。当车轮前束测点每偏转 1mm 时，光束指针的变化为一个刻度（7mm），这就把车轮前束实际值放大了 7 倍而显示在标杆的标牌上，从而提高了测量灵敏度和读数精度。

② 检测方法以汽车前轮前束为例。汽车两前轮放于转盘上找正直线行驶位置后，检测过程中不得再转动转向盘。

a. 调节两套标杆长度，使同一标杆两标牌之间的距离略大于被测轮距，并能使聚光器光束指针

大致投射到标牌的中间位置，如"20"左右。两套标杆一定要调整到等长，特别是标牌之间的距离一定要相等，否则将影响检测结果。

b. 将已调好的两套标杆放置在被测车桥的前后两侧，并平行于该桥。每一标杆距车轮中心的距离为车轮上规定前束测点处半径的 7 倍。车轮上规定前束测点依车型而定，有的测点在胎面中心处，有的测点在胎侧突出处，而有的测点在轮辋边缘处，检测前束前应注意查阅汽车使用说明书。

c. 先将车轮一侧聚光器的光束投向前标杆的标牌上，使光束指针指于某一整数上，如图 3-16 所示。再将该聚光器的光束向后投射到后标杆的标牌上，并平行移动后标杆使光束指针落在与前标牌同一数值上。然后，将另一侧聚光器分别向前标杆、后标杆投射光束，读出光束指针指示值，计算前束。若前标杆指示值为 23mm，后标杆指示值为 26mm，后值减前值，则前束值为 26mm−23mm=3mm。反之，若前标杆指示值为 26mm，后标杆指示值为 23mm，则前束值为 23mm−26mm = −3mm，说明被测车轮为负前束。汽车后轮前束的检测方法同上。

（3）车轮外倾角度值的检测

① 在车轮保持直线行驶位置不动的情况下，将水准仪黑箭头指示的定位销插入车轮上支架的中心孔内，并使水准仪在左右方向上大致处于水平状态。轻轻拧紧弹簧卡锁紧螺钉，固定水准仪，如图 3-17 所示。

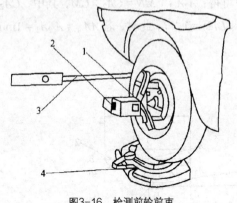

图3-16 检测前轮前束
1—支架 2—聚光器 3—标杆 4—转盘

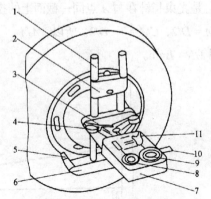

图3-17 检测车轮外倾角和主销后倾角
1—导轨 2—活动支架 3—调整支座 4—调节螺钉
5—固定脚 6—固定支架 7—水准仪 8—A调整盘
9—BC调节盘 10—定位销 11—旋钮

② 转动水准仪上的 A 调节盘，直到对应气泡管内的气泡处于中间位置为止，然后在黑刻度盘上读出 A 盘红线所指角度值，该角度值即为前轮外倾角。用同样的方法可检测其他车轮的外倾角。

A 盘每转动 360°/13=27.69° 代表车轮外倾角 1°，黑刻度盘把每 1° 再分成 6 等份，每 1 份为 10'，读数分辨率可达 1'，因而使读数误差减小。

（4）主销后倾角度值的检测

车轮外倾角度值测定后，不动水准仪，接着进行主销后倾角度值的检测。

① 将前轮向内转 20°（对于左前轮则向左转，对于右前轮则向右转，下同），松开弹簧卡锁紧螺钉，使水准仪左右方向处于水平状态，然后拧紧锁紧螺钉。

② 转动水准仪上的 BC 调节盘，使其上的红线与蓝、红、黄刻度盘零线重合。调整对应气泡管的旋钮，使气泡管气泡处于中间位置。

③ 将前轮向相反方向转 40°。然后，转动 BC 调节盘使气泡管的气泡回到中间位置，在蓝盘上读出 BC 盘红线所示值即为主销后倾角，用同样的方法测出另一侧主销后倾角。

BC 调节盘每转动 360°/19.11 = 18.4° 代表主销后倾角或主销内倾角 1°，刻度盘把每 1° 再分成 6 等份，每 1 份为 10′，读数分辨率可达 1′，使读数误差减小。

（5）主销内倾角度值的检测

为了防止转动汽车方向盘时前轮滚动，必须踩下制动踏板或用踏板抵压器压下制动踏板，使前轮处于制动状态。

① 从支架上取下水准仪，将水准仪红黄箭头所指的定位销插入支架中心孔内，轻轻拧紧锁紧螺钉，如图 3-18 所示。将被测前轮向内转 20°，松开锁紧螺钉，使水准仪在左右方向上大致处于水平状态，然后拧紧锁紧螺钉。

② 转动 BC 调节盘，使其红色刻线与蓝、红、黄刻度盘零线重合。调节对应气泡管的旋钮，使气泡处于中间位置。

③ 将前轮向外转 40°。然后调节 BC 盘使水泡管的气泡回到中间位置。此时，BC 盘红线在红刻

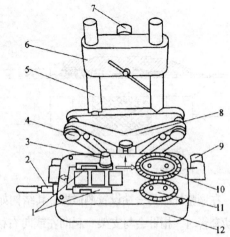

图3-18　检测主销内倾角
1—水泡管　2—定位销　3—按钮　4—调节螺钉
5—导轨　6—活动支架　7、9—固定脚　8—调整支座
10—BC调节盘　11—A调节盘　12—水准仪

度盘或黄刻度盘所示之值即为主销内倾角。用同样的方法检测另一侧的主销内倾角。检测左前轮时在黄刻度盘上读数，检测右前轮时在红刻度盘上读数，简称左黄右红。

（6）前轮最大转角的检测

前轮最大转角是指前轮处于直线行驶位置时，分别向左、右转向至极限位置的角度。由于有些汽车转向器和纵拉杆布置在车架的一侧，为防止轮胎碰擦，因而向左、右的最大转角是不相等的。前轮最大转角的检测方法如下。

① 找正前轮直线行驶位置后，置转盘扇形刻度尺于零位并固定。

② 转动汽车方向盘使前轮向任一侧转至极限位置，从扇形刻度尺上读出并记录转角值，并与原厂规定值对照。不符合要求的前轮最大转角，可调整转向节上的限位螺钉，直至符合要求为止。

③ 转动转向盘使前轮向另一侧转至极限位置，用上述同样的方法可测得另一侧的前轮最大转角值，并与规定值对照，调整至符合要求。

3.5.2　前束尺

前束尺是一种在汽车维修企业常使用的、简单的、测量汽车前轮前束值的测量工具，其比用气泡水准车轮定位仪测量前束值要简单方便得多。

前束尺通常由 2 根指针、支架及能符合车辆轮距长度调整的调整杆和测微器等元件组成。

调整杆是由 2 根不同直径的钢管经套管套接组合而成，直径小的钢管的一端能够在直径大的钢管一端的管内伸缩，以调整其长度。调整杆的接头结构如图 3-19 所示。

调整杆的微调装置结构如图 3-20 所示，用来对调整杆的长度进行微量调整，以提高调整精度。

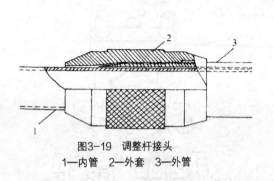

图3-19　调整杆接头
1—内管　2—外套　3—外管

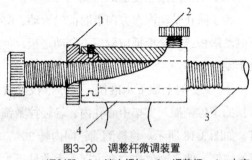

图3-20　调整杆微调装置
1—调制器　2—锁止螺钉　3—调整杆　4—支座

在调整杆的另一端设置测微器，其结构如图 3-21 所示。设置测微器的作用是便于测定前束值。当转动套管时，指针会与支架一起向左或向右移动。套管和套筒上刻有刻度，其读数方法和外径千分尺相类似，只是精度和具体的数值稍有区别。套管上沿轴向每一刻度为 1mm，以零为中心，左、右各刻了 12mm，套筒沿圆周向均匀地刻有 10 个刻度，套筒每转一圈，其前后移动 2mm。因此，套筒每转过一个刻度，其前后移动距离为 0.2mm，即指针前后移动 0.2mm。这也是该前束尺的测量精度。

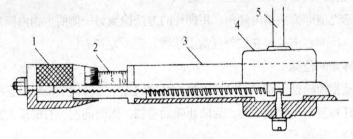

图3-21　测微器的结构
1—套筒　2—套管　3—调整杆　4—支座　5—指针

3.5.3　前束尺的使用方法

① 检测前应先检查前轮轮毂轴承松紧度、转向节衬套和主销之间的松紧度以及前轮轮胎气压等是否符合要求。

② 将汽车置于水平地面上，并使两前轮处于直线行驶位置。然后顶起两前轮，稍离开地面即可。

③ 在轮胎胎冠中心处沿圆周方向划一条中心线。

④ 调整前束尺上的两指针的高度，使其达到轮胎中心距离地面的高度。

⑤ 转动测微器上的套筒，使测微器的套筒和套管对准零刻度位置。

⑥ 将调整好的前束尺放置于车轮的前面，松开调整杆接头处的套管，调整前束尺的长度，使两指针之间的距离和轮胎胎冠中心划线之间的距离基本一致，拧紧接头处的套筒。

⑦ 松开测微器的锁止螺钉，调整前束尺，使其上的两指针和轮胎胎冠上两中心划线对准，拧紧锁止螺钉。

⑧ 将前束尺置于车轮后面，使测微器一侧的指针与轮胎胎冠的中心划线对准。

⑨ 转动测微器套筒，使该侧的指针与轮胎胎冠的中心划线对准，此时，从测微器上可直接读取测量值。该值即为前束值。

3.5.4　前束尺的维护

① 经常保持前束尺的清洁，防止酸、碱性物质的侵蚀。

② 避免受撞击和碾压。

③ 锁止螺钉、锁止套筒等不要拧得过紧，以防损坏前束尺。

④ 检测完毕后，应妥善放置。

⑤ 各转动部位适时加注少量机械油。

3.6　四轮定位仪

前面所述的车轮定位测定仪，虽然其结构简单、价格低廉、携带方便、操作简便，但综合功能差，安装与测试过程费时费力，测试精度低，且测定和调整不能一起完成，在同一时间内不能对所有车轮进行测定，存在着很大的局限性。为此，在现代汽车车轮定位的检测中，尤其在现代汽车综合性能检测站，广泛采用电脑控制的四轮定位仪对汽车车轮定位参数进行全面检测。通常为了使车轮定位检测快速有效，四轮定位仪往往和汽车举升器一起完成检测任务。以下就四轮定位仪及举升器的用途、结构、类型、使用方法和维护做一介绍。

3.6.1　举升器

1. 作用

举升器用于举升和固定车辆，并和四轮定位仪配合对汽车车轮定位参数进行检测、调整的同时，

还便于车辆检修。

2. 结构

生产举升器的厂家众多，其结构类型也各有差异。按举升原理分不外乎两大类：即机械式和液压式。目前使用的以液压式居多，在此仅介绍液压式举升器。

图 3-22 所示为和四轮定位仪相配的液压四柱举升器的结构示意图。它由立柱、过渡坡板、垫板、横梁、侧滑板、二次举升机构、液压站、前轮转盘、控制手柄等组成。二次举升机构的用途：可将汽车继续升起，并使 4 只车轮悬空，以便于对汽车进行全方位检查、维修。二次举升机构结构示意图如图 3-23 所示。

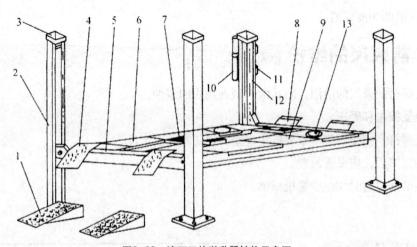

图3-22　液压四柱举升器结构示意图

1—过渡坡板　2—立柱　3—防水帽　4—垫板　5—横梁　6—侧滑板　7—二次举升机构　8—前挡板
9—桥板台　10—液压站　11—控制手柄　12—吊重钢丝绳　13—前轮转盘

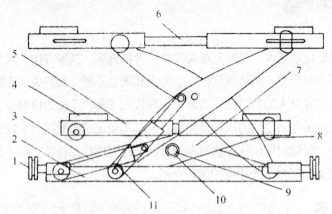

图3-23　二次举升机构结构示意图

1—导轮　2—小车底盘　3—小油缸　4—橡胶垫　5—上活动板　6—小车上板
7—支板　8—铰座　9—中轴　10—弹簧挡圈　11—轮子

3.6.2 四轮定位仪

1. 用途

四轮定位仪作为专门用来测量车轮定位参数的设备，通常可检测以下定位参数值。

① 车轮前束值或前张角。

② 车轮外倾角。

③ 主销后倾角。

④ 主销内倾角。

⑤ 转向20°时的前倾角。

⑥ 推力角。

⑦ 左右轴距差。

上述各检测参数的含义如图3-24所示。

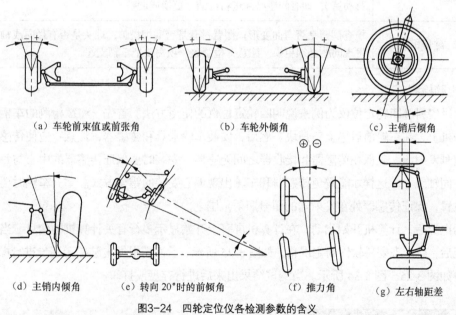

（a）车轮前束值或前张角　　　　（b）车轮外倾角　　　　　（c）主销后倾角

（d）主销内倾角　　（e）转向20°时的前倾角　　　（f）推力角　　　（g）左右轴距差

图3-24　四轮定位仪各检测参数的含义

2. 结构类型

四轮定位仪主要有拉线式、光学式、电脑拉线式和电脑激光式等多种。其测量原理基本相同，只是测量方法、使用的传感器类型及数据记录、传输的方式稍有不同。

3.6.3 典型四轮定位仪的使用方法

1. 症状询问与试车

汽车在上四轮定位仪之前，应仔细倾听并记录司机对车辆不适症状的描述。由定位角度不当所

引起的症状，有些是可以通过目视检查就可以发现的，如吃胎；有些则不能直观看到。倾听司机的描述是很重要的。必要时应该去试车以进一步确定可能存在缺陷的大致区域。在国外，试车的工作一般由店堂经理完成。店堂经理应该熟悉四轮定位业务，通过试车应能对车辆故障可能的原因做出大致准确的判断。

2. 检测前的检查

检查项目	检查方法及注意事项
1. 整备质量	主要是保证汽车空载的状态，去掉不计在整备质量内的物品；注意：有的汽车对行李箱、工具箱或油箱量做出限量要求
2. 轮胎	同轴的轮胎型号、气压、磨损程度是否一致；做车轮动平衡及径向跳动检查
3. 减振器与滑柱	观察减振器是否漏油（用眼观察或进行弹跳实验）；滑柱上支座轴承间隙是否过大；螺栓是否松动；橡胶衬套或缓冲块是否破损
4. 车轮轴承	检查轴承造成的车轮转动异响（判断轴承失效）；轴承间隙检查（车轮是否有水平移动量）；如有问题必须进行清洁、更换或调整
5. 摆臂、衬套和球头	检查摆臂是否弯曲变形；摆臂衬套是否磨损松旷；球头是否有径向或轴向移动，发现问题必须更换。注意：检查这一项需要把车辆支起

3. 电脑检测

下面以安科牌四轮定位仪为例来说明四轮定位仪的使用方法。首先，将欲检测的车辆缓缓驶上四柱举升机上，在车轮前后垫上三角块。然后，安装车轮卡具和传感器，注意：应使传感器的接收面朝向信号发源源，确保在传感器和接收器之间无遮挡。安装时要保证传感器的中心与每个车轮的中心处在同轴线上，这样才能避免传感器和车轮出现偏心安装的错误方式。举升车辆时要注意规定的高度位置，保证传感器处在发射器的信号照射范围之内。

接通电源后，计算机开始启动。在计算机屏幕上开始显示多行有关计算机的信息。当微软视窗画面出现后，就出现安科软件的主屏幕，如图 3-25 所示。后面需根据电脑提示逐步进行操作，具体操作步骤如图 3-25～图 3-34 所示。当测试结果出来后进行存盘或打印。

图3-25

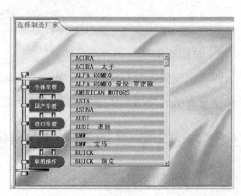

图3-26

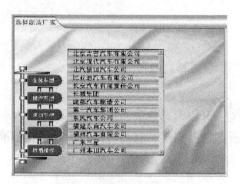

图3-27

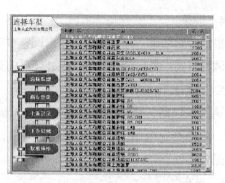

图3-28

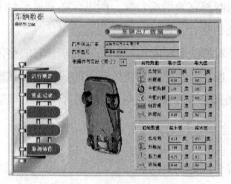

图3-29

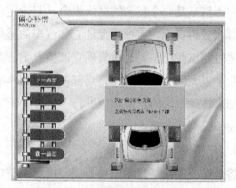

图3-30

图3-31

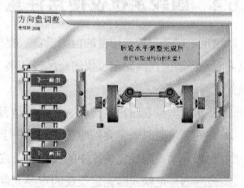

图3-32

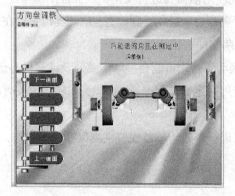

图3-33

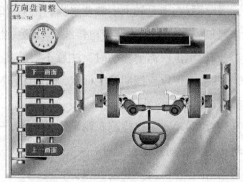

图3-34

4. 调整

根据检测结果，分析数据，作出调整方案。

调整原则：先后轮再前轮，先外倾再前束，最后调整主销后倾和内倾。

5. 电脑复检

调整好以后，将传感机挂到车轮上，调好水平，重新测量各个角度值，使之与标准数据相比较，看是否在范围内。如果不在范围内，需重新调整再测量，直到所调整的数据在标准数据的范围内。

6. 试车

由于汽车是一个复杂的群体组合，四轮定位只能修整它的局部参数，所以，在测量平台上测量的局部参数再准确，也很难保证它和汽车的整体参数相吻合，因此，需要进行路试。

通过路试找出不足，重新确立调整方案。尤其是对那些曾经发生过创伤的汽车，它的整体参数都发生了很大的变化，既使将局部参数调的再准确，也不一定能达到整体配合的要求。这就需要定位技师对特殊车辆的定位参数进行"重新设计"，使局部参数和整体参数很好的配合起来，以达到稳定、安全、舒适的要求。

7. 打印结果

将最终调整结果打印出来，使司机对调整前后有个很好的对比。

3.6.4 四轮定位仪使用注意事项

四轮定位仪是一种较精密的检测设备，要求操作人员在使用前需经过专业培训，并且在使用定位仪前应先仔细阅读四轮定位仪的产品说明书，以便更好地了解四轮定位仪的操作过程。一般注意事项如下。

① 使用前，检查四轮定位仪所配附件是否与说明书上列出的清单相符。

② 在安装设备时一定要按照产品说明书上的要求去做。

③ 对于光学式四轮定位仪中的投影仪（或投光器），需要细心维护，并经常进行调整。

④ 传感器是电脑式四轮定位仪的重要元件，使用前要进行校正，以保证测试精度。

⑤ 传感器是计算机式四轮定位仪的核心元件，在使用前需要进行校正，以保证测试精度。

⑥ 传感器在卡盘轴上安装要妥当，在不用时应妥善保存，避免受到损害，电测类传感器在通电前应该接线安装完毕，不要带电接线，以避免电子振荡，冲击损坏器件。

⑦ 四轮定位仪需要移动时，注意不要使其受到振动，否则可能会损坏传感器及计算机等部件。

⑧ 四轮定位仪应按期检验标定，标定工作应在专用标定器具上进行（在购买四轮定位仪时应带专用标定器具和标定程序）。

⑨ 在用四轮定位仪检测车轮定位角之前，一定要进行车轮传感器安装夹具偏摆补偿操作，否则会引起相当大的测量误差。

⑩ 四轮定位仪应安装过载保护装置。

车轮平衡机

随着道路质量的提高和高速公路的增多，汽车行驶速度越来越高，因此，对车轮平衡度的要求也越来越高。如果车轮不平衡，在其高速旋转时，不平衡质量将引起车轮上下跳动和横向振摆。这不仅影响汽车的行驶平顺性、乘坐舒适性和操纵稳定性，而且使车辆难以控制，影响汽车行驶的安全性。此外，车轮不平衡还加剧了轮胎及有关机件的磨损和冲击，缩短了汽车的使用寿命，增加汽车的运行成本。汽车正常使用一定时间后，尤其是在对轮胎、轮辋进行了修补、修复或更换新轮胎后，一定要对车轮进行动平衡检测，测定不平衡质量的大小和相位，并进行校正。按照国家标准 GB 7258—2004《机动车运行安全技术条件》的规定，最高设计车速大于 100 km/h 的机动车，其车轮的动平衡要求应符合有关技术条件的规定。因此，最高设计车速大于 100 km/h 的机动车，其车轮平衡度已成为必检项目之一。

3.7.1 车轮平衡

1. 车轮的静平衡和静不平衡

车轮作为回转零件，如果其重心和回转轴线重合，则车轮每次自由停转后，其位置是任意的。即车轮可以在任意的位置停住，此时我们称车轮是平静的。如果车轮的重心和回转轴线不重合，则车轮每次自由停转后，其位置是唯一确定的，即重心处于最低的位置。用外力使车轮在其他位置强制停住，去除外力后，车轮仍将自由转到上述唯一的位置停住，此时我们称车轮是静不平衡的。对于静不平衡的车轮，由于重心与回转轴线不重合，转动时将产生一离心力 F，如图 3-35 所示。

$$F = mr\omega^2$$

式中：m——不平衡点质量；

　　　ω——车轮旋转角速度，$\omega = 2\pi n$；

　　　n——车轮转速；

　　　r——不平衡点质量离车轮旋转中心的距离。

从式中可以看出，车轮转速 n 越高，不平衡点质量 m 越大，不平衡点质量离车轮旋转中心的距离 r 越远，则离心力 F 越大。

离心力 F 可分解为水平分力 F_x 和垂直分力 F_y。在车轮转动一周中，垂直分力有两次落在通过车轮中心的垂线上，一次在 a 点，一次在 b 点，方向相反，均达到最大值，使车轮上、下跳动，并由于陀螺效应引起前轮摆振。水平分力 F_x 有两次落在通过车轮中心的水平线上，一次在 c 点，一次在 d 点，方向相反，均达到最大值，使车轮前后窜动，并形成绕主销来回摆动的力矩，造成前轮摆振。当左、右前轮的不平衡质量相互处于 180° 位置时，前轮摆振最为严重。

2. 车轮动不平衡

即使静平衡的车轮（重心与旋转中心重合的车轮）也可能是动不平衡的。这是车轮的质量分布相对车轮纵向中心面不对称造成的。如图 3-36（a）所示，车轮是静平衡的但是动不平衡。在该车轮旋转轴线的径向相反位置上，各有一作用半径相同质量也相同的不平衡点 m_1 与 m_2，且不处于同一平面内。对于这样的车轮，其不平衡点的离心力合力为零，而离心力的合力矩不为零，转动中产生方向反复变动的力偶 M，使车轮处于动不平衡中。动不平衡的前轮绕主销摆振。如果在 m_1 与 m_2 同一作用半径的相反方向上配置相同的质量 m_1 与 m_2，则车轮处于动平衡中，如图 3-36（b）所示。动平衡的车轮肯定是静平衡的，因此，对车轮主要应进行动平衡检验。

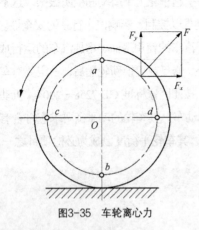

图3-35　车轮离心力

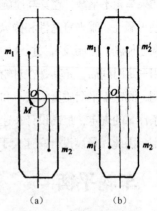

（a）　　　　（b）

图3-36　车轮平衡示意图

3. 车轮动不平衡原因

车轮、轮毂及制动鼓等元件在出厂时都经过动平衡试验和调整。但由于使用和维修不当，会导致车轮产生动不平衡，其具体原因如下。

① 轮毂、制动鼓（盘）加工时轴心定位不准、加工误差大、非加工面铸造误差大、热处理变形、使用中变形或磨损不均。

② 轮胎螺栓质量分布不均、螺栓孔分布不均。

③ 轮辋质量分布不均或径向圆跳动、端面圆跳动太大。

④ 轮胎质量分布不均、尺寸或形状误差太大、使用中变形或磨损不均。

⑤ 使用翻新轮胎或垫、补轮胎后没有进行平衡试验。

⑥ 轮毂、制动鼓（盘）、轮胎螺栓、轮辋、内胎、衬带、轮胎等拆卸后重新组装成车轮时，累计的不平衡质量或形位偏差太大，破坏了原来的平衡。

4. 车轮平衡机类型

常用的车轮平衡机有以下几类。

① 按功能分，车轮平衡机可分为车轮静平衡机和车轮动平衡机两类。

② 按测量方式分，车轮平衡机可分为离车式车轮平衡机和就车式车轮平衡机两类。

③ 按车轮平衡机转轴的形式分，车轮平衡机可分为软式车轮平衡机和硬式车轮平衡机两类。

离车式车轮平衡机是把车轮从车上拆下安装到车轮平衡机的转轴上检测其平衡状况的。而就车式车轮平衡机，无需从车上拆下车轮，就车即可测得车轮的平衡状况。

软式车轮平衡机，安装车轮的转轴由弹性元件支承。当被测车轮不平衡时，该轴与其上的车轮一起振动，测得该振动即可获得车轮的不平衡量。硬式车轮平衡机的转轴由刚性元件支承，工作中转轴不产生振动，它是通过直接测量车轮旋转时不平衡点产生的离心力来确定不平衡量的。

凡是可以测定车轮旋转平面左、右两侧的不平衡量及其相位的，可以称为二面测定式车轮平衡机。

就车式车轮平衡机既可以进行车轮静平衡检测，也可以进行车轮动平衡检测。

3.7.2 车轮平衡机结构与原理

1. 就车式车轮平衡机的结构

就车式车轮平衡机如图 3-37 所示，因不平衡车轮 7 是在其原车桥上振动，不平衡力传感器装在车桥支架 6 内，它是汇同制动鼓和车轮紧固件甚至传动系统（驱动轴）一同进行平衡的，这是真正解决车轮实际使用状态时的平衡方法。

除力传感器外，其他如电测系统和光电相位装置以及显示仪表板和摩擦轮驱动电机等均装在一个驱动小车内。车桥支架是一个复杂的力传感器，它有两种形式，一种供轻型小客车使用，另一种为中型车而设计，如图 3-38 所示，支架高度可由顶杆 2 和销钉 3 来调整以适应不同车型的要求，支架在车桥下就位，车桥压下后，小轮弹簧 4 即被压下缩入，底板 7 直接接触地面，以增加支架的承载能力，车体重量和不平衡振动力的主要部分由应变梁 9 通过支柱 8 和底板 7 传向地面，小部分力由传感器 6 感知，达到不平衡力采样的目的，应变梁 9 不仅可以减小传感器受力以避免压损，更重要的是应变梁必须正比地将不平衡力传递给传感器 6。因此，应变梁是由应变线性良好的材料制成，使用中严格避免锤击和加热，因为任何改变应变梁弹性模数的操作都将危及应变梁的线性，从而完全破坏电测系统软件所预设的标定系数。

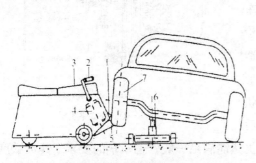

图3-37 就车式车轮平衡机
1—光电传感器 2—手柄 3—仪表板 4—驱动电机
5—摩擦轮 6—传感器支架 7—被测车辆

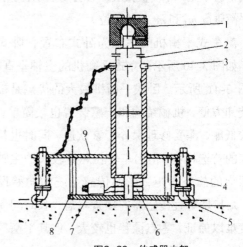

图3-38 传感器支架
1—顶靴 2—顶杆 3—销钉 4—弹簧 5—脚轮
6—传感器 7—底板 8—支柱 9—应变梁

传感器支架的安装位置随被测车型和操作人员的习惯及现场条件而定，完全是随机的，因此，就车式车轮平衡机电测系统的计算机软件必须具有自标定功能。这一功能是智能化的，它能根据事先设定的已知不平衡量值（一般为 30g）反算出支架支点与车轮的悬臂和轮毂直径等参数，这是就车式车轮平衡机的一大特点。

驱动小车前下部靠近被测轮胎处有一光电传感器组，如图 3-39 所示。它包括一个强光源 4 和两个光敏二极管 3 和 5，强光用以照射轮胎上的反光标志，为光敏二极管提供相位信号以供计算机识别，计算机同时根据两个光敏二极管接受反光信号的前后来判断车轮的旋转方向。

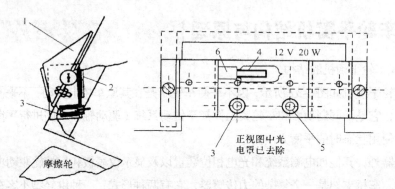

图3-39　就车车轮平衡机光电传感器组
1—光电罩　2—光电线路板　3—光敏二极管　4—强光源　5—光电二极管　6—传感器

2. 离车式车轮平衡机的结构

离车式车轮平衡机按动平衡原理工作，既可以检测不平衡力，也可以测定不平衡力矩，车轮拆离车桥装于平衡机主轴上，一切结构和安装基准都已确定，所以，无需自标定过程。平衡机的构造和电测系统都较简单，平衡操作时只要将被测车轮的轮辋直径和轮胎宽度以及安装尺寸输入电测电路即可完成平衡作业，平衡机仪表即会自动显示轮胎两侧的不平衡质量 m_1 和 m_2 及其相位。

离车式平衡机的主轴为卧式布置称卧式平衡机，如图 3-40 所示。立式平衡机的主轴垂直布置，如图 3-41 所示。卧式平衡机最大的优点是被测车轮装卸方便，机械结构和传感装置也较简单，造价也较低廉，深受修理保养厂家欢迎，同时也是制造厂家的首选机型。但因车轮在悬臂较长的主轴上形成很大的静态力矩，影响传感系统的初始设定状态，尤其是垂直传感器的预紧状态，长时间使用后

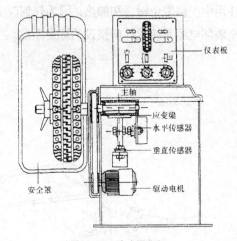

图3-40　卧式平衡机

精度难以保证，零点漂移也较大，但其平衡精度仍然能满足一般营运车辆的要求，其灵敏度能达到 10g。

立式平衡机虽然装卸车轮不如卧式平衡机方便，但其车轮重量直压在主轴中心线上，不但不形

成强大的力矩，垂直传感器受到的静载反而比车轮质量还小，立式平衡机显示面板如图 3-42 所示，应变件是一块与工作台面同大的方形应变板，水平传感器设计成左右各一个，比卧式平衡机的单个水平传感器的力学结构要稳定得多，方形应变板上开有多个空槽以减小应变板的刚性，从而大大地提高了传感系统的灵敏度。因此，立式平衡机的精度极高，灵敏度可达到 3g，且具有良好的重复性和稳定性。

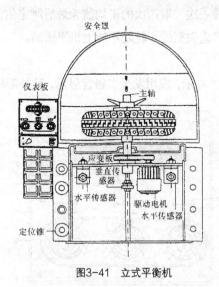

图3-41　立式平衡机

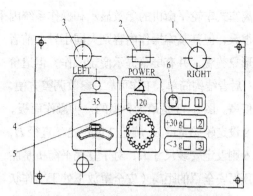

图3-42　立式平衡机显示面板
1—右转按钮　2—电源开关　3—左转按钮
4—质量显示　5—相位显示　6—显示灯

3.7.3　车轮平衡机的使用

1. 就车式车轮平衡机的使用

被测车轮事先由举升器举离地面，并将车桥坐落于传感器支架 6 上（见图 3-37）。操作人员骑于车上推动手把，使摩擦轮紧压于被测车轮 7 上，驱动电机 4 带动摩擦轮拖动车轮以相当于 110 km/h 的车速旋转，这时，车轮的不平衡质量产生的不平衡力随即被力传感器感知并转变成电量，这一电信号由电缆传入驱动小车内的电测系统予以计量和处理。光电传感器 1 拾取车轮的初相位信号和转速信号，经电测电路处理后得到不平衡质量的量值和相位值，显于仪表板的 4 和 5 两组数码管上，如图 3-42 所示。测试前须在被测轮胎侧面任意处贴装白色反光标志，为使光电元件正常工作，胎侧距光电管不得超过 5cm，检测程序分 3 步进行。

① 待摩擦轮与轮胎压紧后按下右按钮（左按钮也可），同时，按压第一次试验按钮驱动车轮旋转，待转速上升到适当转速时，即分离摩擦轮同时释放按钮，电路即记录与不平衡力及其相位有关的原始量并存入 CPU，仪表的 4 与 5 闪烁显示这组未经标定的不平衡数值和相位。

② 在反光标志处加装计算机预设的标定质量，如有的规定小客车为 30g，大货车为 300g，按下第二次试验按钮，重复上述操作，即用这已知预设质量对振动系统的刚性和结构参数进行计算。当转速上升到设定值时，显示灯即被点亮，计算机即将第一次所测得的变量自动处理成常量显示于仪表板上，这就是就车式平衡机的自标定功能。这时，将显示的质量加装在所显示的相位处，然后除

去标定重块。

③ 剩余不平衡量检测，以证实剩余不平衡量是否满足有关法规的要求，如果达不到要求，可进行第二次复试，如仍达不到标准要求，只能拆下轮胎使用较高精度的离车式车轮平衡机进行平衡。

如果是驱动桥，则可用发动机拖动车轮旋转，其他操作如同前述。对于平衡要求较高的车辆，为了消除阻尼造成的相位误差，平衡时可令车轮左右各转一次，取两次的平均值为最后测定值。

特别要注意：所有平衡机都有最大不平衡量限值，严重失衡的车轮是不能上机平衡的。

2. 离车式车轮平衡机的使用

离车式车轮平衡机的参数显示和操作系统因采用 CRT 显示，或用发光二极管显示，其外形结构

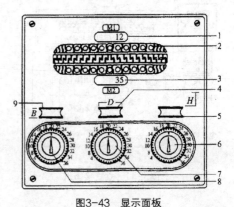

图3-43　显示面板

1—上平衡量　2—平衡相应指示　3—下平衡量
4—轮辋直径　5—安装位置　6—安装位置设定旋钮
7—轮辋直径设定旋钮　8—轮胎厚度设定旋钮　9—轮胎厚度

差异很大，但其基本操作内容则大同小异。前者显示形象美观，并有屏幕提示便于操作，但造价较高；后者结构简单，工作可靠，参数调整方便，成本低廉。图 3-43 是最为典型的一种操作面板。旋钮 8 设定轮胎宽度 B，旋钮 7 设定轮辋直径 D，旋钮 6 则设定安装尺寸 H，对于立式平衡机是胎面至顶面安全罩的距离（安全罩放下处于工作状态），对于卧式平衡机 H 值是胎面至平衡机箱体的距离。

车轮由专用的定位锥和紧固件安装就绪后即可启动电机实施平衡，待转数周期累积足够时，上下（或左右）不平衡值 m_1 和 m_2 即可数字显示，此时即可停车。待车轮完全停止后即可用手转动车轮，这时发光二极管即会随转动而左右（或上下）跳闪，如将上排光点调至中点，这时就可在车轮的轮辋上平面正对外缘（操作者方向）处加装 m_1，显示的平衡重如图 3-44 所示，用同样方法加装 m_2 值平衡重。加装完毕后进行第二次试验，观察剩余不平衡量是否满足法规要求。具体的操作步骤各机型略有差异，使用者应按所用机型的使用说明书进行操作。

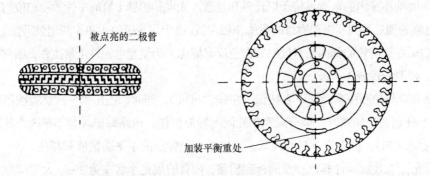

图3-44　装平衡重处

车轮在平衡机主轴上的定位至关重要，为了确保不同形式和不同规格的车轮的中心都能与主轴中心严格重合，所有离车式车轮平衡机均配有数个大小不等的定位锥体，如图 3-45 所示。

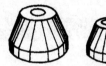

图3-45 定位锥体

锥体内孔与主轴高精度配套，外锥面与轮辋中心孔紧密接合，并由专用快速蝶形压紧螺母紧压于主轴定位平台上，如图 3-46 所示。注意：车轮的外侧向下（立式平衡机）或向内（卧式平衡机）。

为了方便用户，离车式平衡机都随机配备一个专用卡尺，如图 3-47 所示，以供用户测量轮辋直径 D 和轮胎宽度 B，因为轮胎宽度用直尺是难以测量的。为了适应不同计量制式和国度，平衡机上的所有标尺一般都同时标有英制和公制刻度。

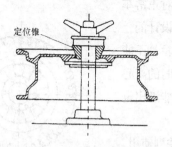

图3-46 车轮在主轴上的定位

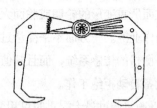

图3-47 平衡及的专用卡尺

3.7.4 平衡重

车轮平衡机的平衡重也称配重。目前通常使用两种形式的配重，图 3-48 所示为卡夹式配重，它用于大多数轮辋有卷边的车轮。对于铝镁合金轮辋，因无卷边可夹，则使用图 3-49 所示的粘贴式配重，其外弯面有不干胶粘贴于轮辋内表面。标准的配重有两种系列。一种系列以盎司（oz）为基础单位，分 9 挡，最小为 0.5oz（14.2g），最大为 6oz（170.1g），间隔为 0.5oz（14.2g）；另一种以克（g）为基础单位，分 14 挡，最小为 5g，最大为 80g，60g 以上以 10g 为一挡。

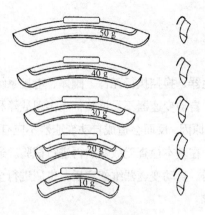

图3-48 卡夹式培配重

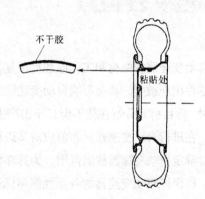

图3-49 粘贴式配重

3.7.5 车轮平衡机使用注意事项

① 离车式平衡机的主轴固定装置和就车式平衡机的支架上都装入精密的位移传感器和易碎裂的压电晶体传感器，因此，严禁冲击和敲打主轴或传感器支架。

② 在检修平衡机时，传感器的固定螺栓不得任意松动。因为这一螺栓不是一般的紧固件，由它向传感晶体提供必要的预紧力，当这一预紧力发生变化时，电算过程将完全失准。

③ 商业系统供给的配重最小间隔为 5g，过分苛求车轮平衡机的精度和灵敏度并无太大的实际意义。特殊情况下，如高速小客车和赛车，则可使用特制的平衡重块。

④ 必须明确平衡机的机械系统和电算电路都是针对正常车轮使用条件下平衡失准或轻微受损但仍能使用的车轮而设计的，对因交通事故而严重变形的轮辋或胎面大面积剥离的车轮是不能上机进行平衡作业的。一方面不平衡量过大的车轮旋转时的离心力可能损伤平衡机的传感系统，而且超值的不平衡力可能溢出电算范围而使设备自动拒绝工作。

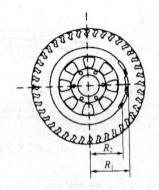

图3-50　多个平衡重的并用

⑤ 当不平衡量超过最大配重时可用两个以上配重并列使用，但这时要注意因多个配重占用较大的扇面会使其有效质量低于实际质量。因扇面的边缘的质量所处半径 R，小于计算半径 R_1，如图 3-50 所示，这种情况不仅影响该面的平衡力，而且还波及左右两面的力矩值（即动平衡量）。因此，在使用多个平衡重时须慎重处理。

自动变速器的检测

自动变速器的结构和工作原理都很复杂，液力变矩器、换挡执行元件、阀体、电控系统或其他任何部件出现故障，都会影响自动变速器的正常工作。自动变速器不易拆装，当出现故障和工作不正常时，盲目拆卸分解往往不但找不出产生故障的真正原因，反而会造成自动变速器不应有的损坏。因此，在进行自动变速器拆卸前应对其进行基本检查，在基本检查无故障后再进行试验。通过检查和试验确定自动变速器故障范围，为拆卸维修提供依据。自动变速器维修完后，也应进行全面性能试验，以保证自动变速器的各项性能指标达到标准要求。

3.8.1 自动变速器的基础检查

自动变速器的基础检查，其目的是为了检验自动变速器是否还具备正常工作的能力。检查时发动机应工作正常，底盘其他各总成性能良好，特别是制动系统应正常，应避免因其他部位的故障而误判为自动变速器故障。

1. 发动机怠速检验

使发动机处于怠速运转，自动变速器处于 N 挡，发动机怠速转速应符合规定。如果发动机怠速转速过低时，则在挡位转换时，容易导致车身振动，或使发动机熄火；若怠速转速过高时，则在 D 挡、R 挡时，既使不踩加速踏板车辆也会出现"爬行"，而且换挡时会发生冲击和振动。怠速转速过高，可能是怠速失调或空调系统未关所致。对大功率的发动机来说，有点轻微的"爬行"是正常的。

2. 液位检查

在发动机怠速运转下，将手柄从 P、R、N、D、L 各挡依次走一遍，最后再回到 P 挡，然后拔出油尺查看液位，如图 3-51 所示。

（1）液位过高

当液位过高时，可能从加油管或通风管处喷油，严重时会导致机罩内失火。车辆行驶时，自动变速器油因被高速搅动而产生气泡，从而使

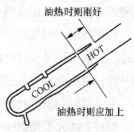

图3-51 液位的检查

传动效率降低。控制阀体上的排油孔被堵塞，排油不畅，影响离合器、制动器平顺分离、换挡不稳。如因注油过多时，可以从加油管处吸出或从油底螺塞处放出多余部分即可。

（2）液位过低

当液位过低时，可能出现以下现象。

① 离合器和制动器打滑。

② 加速性能变坏。

③ 行星齿轮系统润滑不良。

3. 油质检查

检查自动变速器油（ATF）有无烧焦味及颜色是否变黑，若有烧焦味或变黑，则必须及时更换。此外，自动变速器的正常油温是 50℃～80℃，若油温过高，首先要检查产生的原因。

4. 节气门全开检验

当将加速踏板踩到底时，节气门应全开。如不能全开，则会导致高速大负荷时，输出功率不足，车辆达不到最高车速，使加速性能变坏并影响强制低挡投入工作的早晚。如不符合要求，应对其传动系统进行调整。

5. 节气门阀拉索（杆）的检验

当节气门全开时，节气门阀的拉索标记距其套管的距离约为 1mm。如不符合要求，表明拉索松或紧，应及时检查和调整。在一般情况下，拉索的松或紧是由于车身和自动变速器的相对位置发生变动所造成的。如图 3-52 所示，为丰田皇冠轿车拉索的调整。

如果拉索的标记进入套管内，则说明节气门阀的拉索过紧，使节气门阀过早地工作，致使需在异常高的车速下才能换上高速挡，使换挡点滞后。

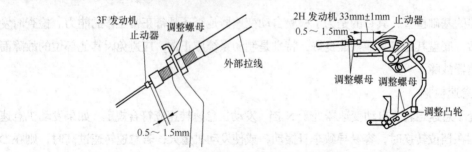

图3-52   丰田皇冠轿车节气门阀拉索的调整

若标记距套管过远，则表明节气门阀的拉索过松，节气阀过晚地工作，致使在异常低的车速下就能换上高速挡，使换挡点提前了。

应该指出，节气门开度一定时，由于节气门阀拉索调整不当，将使节气门阀过早或过晚地投入工作，使油压过早或过晚地建立，使升挡时刻滞后或提前。可见，升挡或降挡必须是在一定的节气门开度，对应一定的车速时才能动作，这个关系不能改变。

6. 空挡启动开关的检验

检查手柄和手控制阀的位置是否对应，以确保手柄在 N 挡和 P 挡时，起动机开关导通，启动无误。R 挡时倒车灯应亮。如不符合要求其影响因素是手柄与变速器之间传动拉索或拉杆变长所致，应及时调整。一般是当手柄在 N 挡位时，变速器上的控制拉臂应与地面垂直，其调整位置因车型不同而异，如图 3-53 所示。

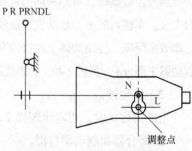

图3-53   空挡启动开关检查图

7. 超速挡控制开关的检验

① 自动变速器的油温正常（50℃～80℃），使发动机熄火，打开点火开关，接通超速挡（OD）开关，察听变速器中的电磁阀有无操作声（"咔、咔"声）。

② 进行路试，此时车速应有明显的升高。

3.8.2   自动变速器的试验

自动变速器试验的目的是为了发现故障部位，以确定相应的修理方法。通常进行的试验包括：失速试验、时滞试验、液压试验和道路试验等。

1. 失速试验

失速试验的目的在于检查发动机输出功率的大小、变矩器性能的好坏（主要是导轮）和变速器的离合器及制动器是否打滑。

进行失速试验的步骤如下。

① 用驻车制动器或行车制动器将车轮制动。

② 使选挡手柄处在 D 挡或 R 挡的位置。

③ 使自动变速器油温达正常温度 50℃～80℃。

④ 使发动机怠速运转，猛踩一脚加速踏板，使节气门全开运转，时间不超 5s，试验次数不多于 3 次。

⑤ 读出发动机的转速值，该转速称为失速转速，一般为 2000r/min 左右。

失速试验过程如图 3-54 所示。

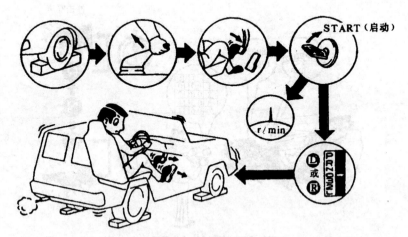

图3-54 失速试验

通过失速试验可对自动变速器的性能进行如下分析。

① 失速试验时变矩器的涡轮（W）已刹住，也就是"失速点"的出现。此时，发动机的全部能量（机械能）转变为液体动能，冲击和摩擦热很大，故试验时间不得超过 5s，试验次数不得多于 3 次。

② 失速试验时，若发动机转速在 2000r/min 左右，则表明自动变速器在正常工作状态；若试验时在 D 和 R 挡位时的失速转速相同，但均低于规定值（2000r/min 左右），则说明发动机功率不足；若失速转速低于规定值但高于 600r/min 时，则表明变矩器导轮的单向离合器打滑，使泵轮（B）油液冲击蜗轮（W）后，又直接冲击泵轮，加大了泵轮的负荷所致。

若在 D 和 R 挡试验时，失速转速都超过规定值，则表明油泵油压过低，供油量不足或油质变差、主油路压力偏低等，导致离合器和制动器打滑。

如果转速过高，高于规定值 500r/min 以上，则可能是变矩器已损坏失效（叶片损坏）。若试验时在 D 挡的失速转速高于规定值，则表明是前离合器或制动器打滑，可能是离合器片磨损或控制油压偏低，油泵或调压阀有故障。

若在 R 挡时失速转速高于规定值，则说明后离合器或制动器打滑，原因也是摩擦片磨损或 R 挡油压过低（油泵或调压阀故障）。

2. 时滞试验

进行时滞试验的目的是为了进一步判定前后离合器和制动器的磨损情况和控制油压是否正常。它是利用升挡和降挡时的时间差来分析故障的，是对失速试验结果的进一步验证。进行时滞试验的

步骤如下。

① 换挡手柄置于 N 挡位置，拉紧驻车制动器，自动变速器油温应正常（50℃~80℃）。

② 换挡手柄分别从 N 挡换入 D 挡和 R 挡，间隔时间 1min，以便使离合器、制动器恢复全开状态。

③ 用秒表测量有振动感时所经历的时间（换挡冲击）。时滞试验过程如图 3-55 所示。

图3-55　时滞试验（丰田汽车）

时滞试验的标准：N-D 挡，标准值为 1.2s；N-R 挡，标准值为 1.6s。

时滞试验时，若时滞时间大于规定值，则表明摩擦片间和带鼓间的间隙过大（磨损严重）或控制油压过低；若时滞时间小于规定值，则表明摩擦片间和带鼓间间隙调整不当或控制油压过高。由于高低挡之间的转换，存在着充油和排油问题，应该有一定的"时差"。试验时每次试验间隔为 1min，取三次试验的平均值作为依据。

3．油压试验

油压试验的目的是为了测量控制管路中的油压，用于判断泵、阀的工作性能好坏。试验内容包括：主油路油压、速控阀油压、节气阀油压、R 挡制动器油压等。自动变速器壳体上，设置有进行上述试验的相应测量孔。

（1）速控阀油压试验步骤

① 使车辆支起或将变速器装入试验台架上。

② 预热油温达 50℃~80℃，在测压孔上装上油压表。

③ 使选挡手柄置于 D 挡，如图 3-56 所示，查看油压是否正常，具体数值因车型而定。

④ 性能分析：若速控阀油压偏低，表明主油路油压偏低或速控管路有泄漏之处，离心调速机构工作失常。

（2）主油路油压试验步骤

① 使自动变速器油温正常（50℃~80℃）。

② 测量 D 挡怠速和失速时的油压数值与规定值相比较，如图 3-57 所示。

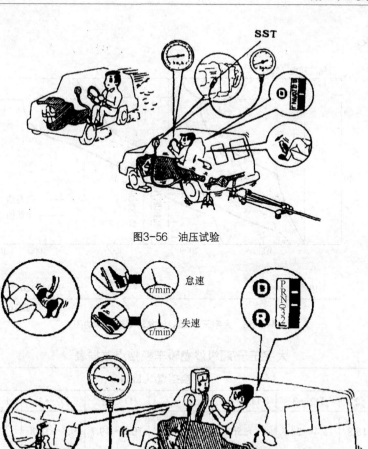

图3-56　油压试验

图3-57　主油路油压试验

若测量结果 D 挡和 R 挡的油压均过高，则表明主油路调压阀有故障，可更换新弹簧或调节垫片的多少。

若测量结果 D 挡和 R 挡的油压都低，则表明主油路调压阀有故障，应调整或更新弹簧。如更换后仍低，则为油泵故障。若仅在 D 挡时过低，则表明 D 挡抽路有泄漏或前离合器漏油。

若仅在 R 挡时油压低，则表明 R 挡油路有泄漏或后离合器漏油。

（3）节气门阀油压试验的方法与速度控制阀油压试验步骤相同，其油压规定值略低于速控油压（因该端有弹簧力 F）。

4. 道路试验

进行道路试验的目的是为了进一步检查自动变速器的使用性能，集中对换挡点（升挡、降挡）、换挡冲击、振动、噪声、打滑等方面进行检查。

路试前必须排除发动机和底盘的故障，保持油温正常（50℃~80℃）。因只能凭感觉和车速表、转速表检查其性能，试验操作者应技术熟练，试验后的结果应与该车型的换挡示功图和换挡条件表相对照。图 3-58 所示为大宇王子/超级沙龙轿车自动变速器换挡示功图，表 3-2 所示为

其换挡点数据表。

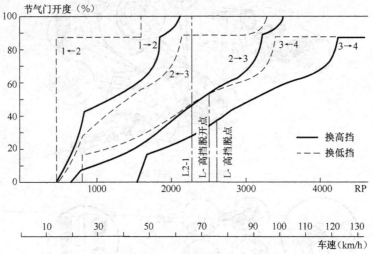

图3-58   大宇王子/超级沙龙轿车换挡示功图

表 3-2   大宇王子/超级沙龙轿车换挡点数据表

驾驶条件	换挡点/（km/h）									
	D1→2	D2→3	D3→4	D4→3	D3→2	D2→1	1	2	D3	D4
最小节气门开度	9.8～18.8	15.4～24.7	44～56.6	22～34.6	10.5～19.7	9.6～18.8				
换挡（加速）	51.2～60.5	93.2～102.5	121～140	97.5～116	55.9～68.2	9.6～18.8				
换挡（最大加速度）	58.6～67.9	101.9～112.7	162.7～180.2	148.8～174.7	94.1～106.5	44.8～57.1				
最大速度							63	107	136	176
换挡可能速度			148	94	44					

TCC 在四挡时的工作速度：82km/h

（1）经济性或动力模式下进行 "D" 挡位试验

换挡手柄置于 "D" 位，踩下加速踏板至 50%和 100% 开度位置，按下选定模式的选择按钮，进行以下检查：

① 换高挡运行：这时应当产生 1→2、2→3、3→4 由低换高挡操作，同时，换挡点应符合换挡示功图（自动换挡图）的规定。

② 锁止运行试验：当汽车以大约 85km/h 速度行驶时，轻轻踩下加速踏板，检查发动机转速有无突然变化。如果发动机转速有突然跳动，则表明无锁止。

③ 冲击和打滑试验：用同样方法检查在 1→2、2→3、3→4 的换高挡时，检查有无冲击和打滑现象。

④ 噪声和振动：使汽车以"D"位四挡或"3"位三挡行驶，检查有无异响和振动。

⑤ 换低挡检查：当汽车以"D"位二挡、三挡和四挡行驶时，观察汽车从 2→1、3→2 和 4→3 换低挡的可能车速，是否符合自动换挡图。

⑥ 发动机制动检查：当汽车以 D 位行驶时，换入"3"、"2"和"1"位，检查在每一位时发动机的制动效能。

（2）用同样的方法检查"3"、"2"和"1"挡位。

（3）"R"位的试验：当将选挡杆置于"R"位时，用节气门全开起步，检查打滑情况。

（4）"P"位试验：将汽车停放在斜坡上，将选挡杆置于"P"位，松开驻车制动，检查驻车锁棘爪是否起作用而防止汽车运动。

5．手动换挡试验

（1）拔下 TCM 插头。

（2）汽车行驶时，在每一个驱动挡位，检查各自范围内的挡位变换。

① 汽车在"R"位时，能倒车运动。

② 汽车在"N"位时汽车不能运动。

③ 在"P"位，驻车棘爪锁住。

如果试验结果不符合规定要求，则应检查自动变速器，如表 3-3 所示。

表 3-3　　　　　　　　　　手动换挡试验要求

换挡杆位置	D	3	2	1	R	N	P
齿轮位置	4	3	3	1	倒车	空挡	驻车

3.9　底盘测功试验台

3.9.1　用途及类型

底盘测功试验台是一种不解体检验汽车动力性能的检测设备。它是通过在室内台架上模拟汽车实际道路行驶工况的方法来检测汽车动力性能、燃料经济性、滑行性能和车速表指示误差等内容。由于汽车底盘测功试验台在检测时能通过控制试验条件，使周围环境影响减至最小，同时，通过功率吸收加载装置来模拟道路行驶阻力，控制汽车行驶状态，故能进行符合实际的复杂循环试验，因而得到广泛应用。底盘测功的目的，一是为了获得驱动车轮的输出功率或驱动力，以便评价汽车的动力性；二是用获得的驱动车轮的输出功率与发动机飞轮输出的功率进行对比，并求出传动效率，以便判定底盘传动系的技术状况。

3.9.2　底盘测功试验台的结构与工作原理

滚筒式底盘测功试验台，一般由框架、滚筒装置、举升装置、测功装置、测速装置、控制与指示装置和辅助装置等组成。

1. 框架与滚筒装置

底盘测功试验台的滚筒相当于连续移动的路面，被测车辆的车轮在其上滚动。该种试验台有单滚筒和双滚筒之分，如图 3-59 所示。

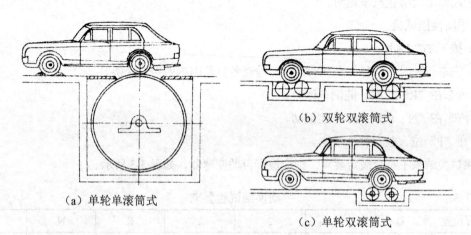

（a）单轮单滚筒式　（b）双轮双滚筒式　（c）单轮双滚筒式

图3-59　滚筒式底盘测功试验台

（1）单滚筒试验台

支承两边驱动车轮的滚筒各为单个的试验台，称为单滚筒试验台。单滚筒试验台的滚筒直径一般较大，多为 1500～2500mm。滚筒直径越大，车轮在滚筒上就越像在平路上滚动，使轮胎与滚筒的滑转率小、滚动阻力小，因而测试精度较高。但加大滚筒直径会受到制造、安装、占地和费用等多方面的限制，因此，滚筒直径不宜过大。

单滚筒试验台对车轮在滚筒上的安放、定位要求严格，而车轮中心与滚筒中心在垂直平面内的对中又比较困难，故使用不方便。因而，这种试验台仅适用于汽车制造厂、科研院所和大专院校科研性试验，不适用于汽车维修企业、汽车检测站等生产性试验。

（2）双滚筒试验台

支承汽车两边驱动车轮的滚筒各为两个的试验台，称为双滚筒试验台。双滚筒试验台的滚筒直径要比单滚筒小得多，一般为 185～400mm。滚筒直径往往随试验台的最大试验车速而定，当最大试验车速高时，直径也大些。由于滚筒直径相对比较小，轮胎与滚筒的接触与在道路上不一样，致使滑转率增大，滚动阻力增大，滚动损失增加，故测试精度较低。据有关资料介绍，在较高试验车速下，轮胎的滚动损失常达到传递功的 15%～20%，因此，滚筒直径不宜太小。当滚筒直径太小时，长时间在较高试验车速下运转会使轮胎温度升高，致使胎面达到临界温度而导致早期损坏。因此，最大试验车速达 160km/h 时，滚筒直径不应小于 300mm；试验车速达 200km/h 时，滚筒直径不应小于 350mm。近来滚筒直径有变大的趋势，一般为 400～600mm。

双滚筒试验台具有车轮在滚筒上安放、定位方便和制造成本低等优点，因而适用于汽车维修企业和汽车检测站等生产单位，尤其是单轮双滚筒式试验台得到了广泛应用。

双滚筒试验台的滚筒多采用钢质材料制成，采用空心结构。按其表面形状不同，又有光滑式、滚花式、沟槽式和涂覆层式多种形式。目前，光滑式滚筒应用最多，滚花式和沟槽式应用较少。光滑式滚筒表面的摩擦因数较低，而涂覆层式滚筒是在光滑式滚筒表面上涂覆摩擦因数与道路实际情况接近一致的材料制成的，是比较理想的一种形式。

单滚筒试验台的滚筒多采用硬质木料或钢板制成，也是采用空心结构。

双滚筒式底盘测功试验台还有主、副滚筒之分。与测功器相连的滚筒为主滚筒，左右两个主滚筒之间装有联轴器，左右两边的副滚筒处于自由状态。

不管哪种类型的滚筒，均要经过平衡试验，并通过滚动轴承安装在框架上，可以高速旋转而不振动。

国产 DCG-10C（A）型底盘测功试验台的机械部分结构图如图 3-60 所示。框架是机械部分的安装基础，由型钢焊接而成，坐落在地坑内。滚筒用来模拟汽车实际行驶路面，试验时可通过加载装置给滚筒施加负荷，以模拟行驶阻力。滚筒形式如图 3-59 所示。举升装置设置在主、副滚筒之间，由举升器和举升平板组成。根据所用力源不同，举升器有气动、液动和电动 3 种类型。国产 DCG-10C（A）型底盘测功试验台采用气动式举升器。测功装置用来吸收驱动轮的功率，同时也是一个加载装置。它由测功器和测力装置两部分组成。DCG-10C（A）型底盘测功试验台的测功装置采用电涡流式测功器和杠杆测力装置。

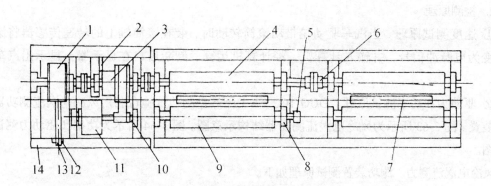

图3-60　DCG-10C（A）型底盘测功试验台机械部分结构图
1—风冷电涡流测功器　2—电刷　3—电磁离合器　4—主滚筒　5—转速传感器　6—链轮联轴器　7—举升装置
8—轴承　9—副滚筒　10—皮带轮　11—飞轮　12—压力传感器　13杠杆　14—框架

电气控制部分由传感器、电缆线、控制装置和指示装置组成。传感器通常有 2 个：即压力传感器和转速传感器，分别用来测定驱动力和滚筒的转速。控制装置和指示装置大多制成一柜式结构。DCG-10C（A）型底盘测功试验台的电气仪表控制柜外观形状如图 3-61 所示，由 CRT 显示器、工控机、标准键盘、电气箱和机柜等组成。DCG-10C（A）型底盘测功试验台电气部分的控制原理方

框图如图 3-62 所示

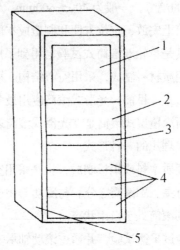

图3-61　DCG-10C（A）型底盘测功试验台电气仪表控制柜外观图
1—CRT显示器　2—工控机　3—101键标准键盘　4—电气箱　5—机柜

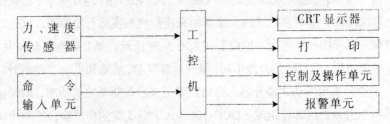

图3-62　DCG-10C（A）型底盘测功试验台电气控制原理方框图

2. 检测原理

① 速度测试原理。当汽车驱动轮带动滚筒转动时，装在滚筒轴上的转速传感器将滚筒的转速变为电脉冲信号，并输入计算机，经计算机运算、判断后，在显示器上显示出汽车的车速值。

② 驱动力和功率测试原理。DCG-10C（A）型底盘测功试验台利用风冷电涡流测功器作为吸能装置。图 3-63 所示为风冷电涡流测功器结构示意图。图 3-64 所示为功率和驱动力测试装置结构图。

风冷电涡流测力、测功装置测试原理如下。

给电涡流测功器的励磁线圈通入直流电流后，转子磁化成一块大磁铁，其一端为 N 极，另一端为 S 极，磁力线通过转子和定子，形成一个封闭磁路。当汽车驱动轮带动滚筒及电涡流测功器转子旋转时，由于转子与铁心间隙随转子转动而变化，即通过转子、定子的磁通密度发生变化，从而使定子表面产生"涡电流"，该"涡电流"和励磁线圈通电后产生的磁场相互作用，对转子产生一制动力矩，从而使定子顺着转子旋转方向转过一个角度，通过和定子相连的杠杆将这一制动力矩传递给压力传感器，压力传感器产生一相应的电信号，并输入计算机，经运算后输出结果，并在显示器上显示出汽车的瞬时驱动力数值。

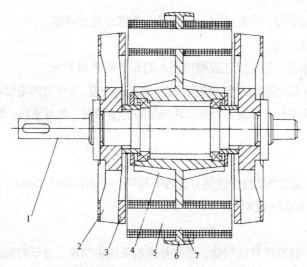

图3-63　风冷电涡流测功器结构示意图
1—轴　2、8—风扇　3—磁环　4—转子　5—铁心　6—定子　7—励磁线圈

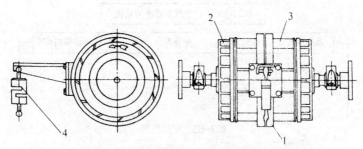

图3-64　风冷电涡流测力、测功装置基本结构图
1—定子　2—转子（风扇）　3—励磁线圈　4—压力传感器

　　调节励磁电流大小，即可改变电涡流测功器的制动力矩，因而能测定不同工况下汽车驱动轮上的驱动力。根据汽车驱动轮功率 P、车速 v 和驱动力 F 三者的关系：$P=Fv/3600$（kW）在测出驱动力 F 和车速 v 后，经计算机运算后就能得出驱动轮输出功率，并在显示器上显示出结果。

　　③ 滑行距离和滑行时间测试原理。使汽车速度超过设定车速（如 30km/h），然后切断动力，使汽车处于滑行状态，当车速下降到设定速度（30km/h）时，计算机便自动对滚筒转数及时间进行计数并计算，直到汽车车轮停止转动为止，滑行的距离和时间由显示器动态显示出来。

　　④ 加速时间测试原理。加速时间是指汽车从设定的初始速度加速到设定的终止速度所需的时间。当汽车达到初始速度时，计算机开始计时，达到终止速度时计算机停止计时，加速时间由显示器动态显示。

　　⑤ 里程表检测原理与滑行距离测试相同。

3.9.3　使用方法

1. 检测前的准备工作

① 被测车辆的发动机、底盘及电气设施工作正常，并通过路试使其处于正常工作温度。

② 车辆外部应清洗干净，传动系统、行驶系统各部分连接可靠。

③ 轮胎气压应符合规定。

④ 轮胎上粘有的油污、泥土或花纹槽内嵌入的石子应清理干净。

⑤ 检查各部分电缆及电源线的连接情况，应无脱落和破损。所使用的电源电压应为220V±10%。

⑥ 检查试验台（滚筒及举升器）上面及其周围的清洁情况，如有油污、泥土、砂石及水分应予以清除。

2. 测试方法

不同厂家生产的底盘测功试验台检测方法各不相同，下面以国产DCG-10C（A）型汽车底盘测功机为例，对其测试过程做一说明。

（1）开机

① 接通电源开关，计算机自动启动，系统并进入系统主菜单，显示初始画面，如图3-65所示。主菜单显示在屏幕顶部，共五项，每项又有若干个子项。

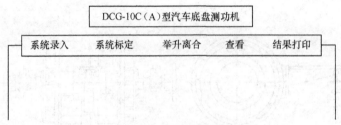

图3-65 初始画面

② 用"←"，"→"光标键移动条形光标至"举升离合"，按回车键，于是下拉一子菜单，用"↑"，"↓"光标键移动条形光标至"举升器升"，按回车键，举升器上升。

③ 汽车驶入举升板上，用"↑"，"↓"光标键移动条形光标至"举升器降"，按回车键，测试开始。

（2）系统录入

① 用"←"，"→"光标键移动条形光标至"系统录入"，按回车键，于是出现一下拉子菜单，如图3-66所示。

② 车牌号码的录入。在子菜单上，用"↑"，"↓"光标键移动条形光标至"车牌号码"命令名上，按回车键，显示器屏幕上弹出一矩形窗口，录入车牌号码。录入结束后，可用Enter或Esc键退出该项内容。如用Enter键，则该车上次的检测数据会自动读入。

③ 汽车型号、车主单位的录入方法同上。

（3）测试项目选择

本试验台的测试项目有底盘测功、滑行测试、加速测试、车速表校验、里程表校验及油耗测试等。上述测试项目的选择方式都相同，采用"乒乓键"方式，即当光标移至被选项目时按回车键，该项目就被选中，并可输入相关参数，再次将光标移至该项目并按下回车键时，则该项目被取消。被选中时该项目的显示颜色会发生变化，以区别是否被选中。下面就底盘测功项的选择方法做一介绍。

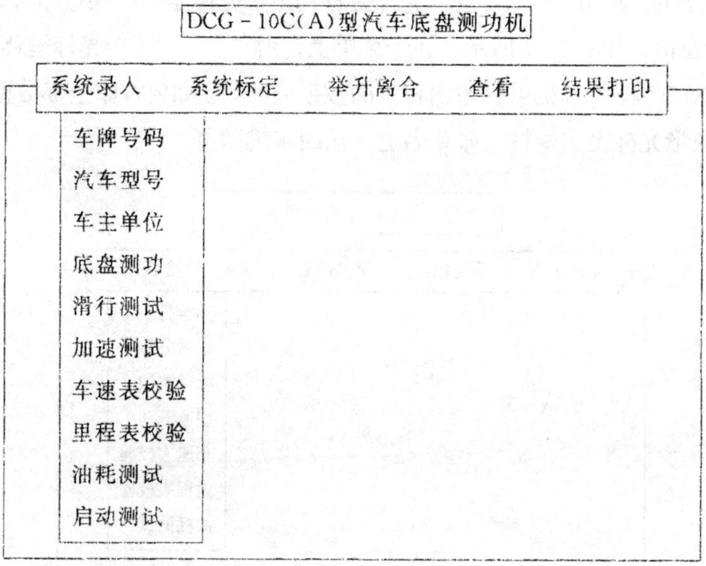

DCG - 10C (A) 型汽车底盘测功机

系统录入	系统标定	举升离合	查看	结果打印

车牌号码

汽车型号

车主单位

底盘测功

滑行测试

加速测试

车速表校验

里程表校验

油耗测试

启动测试

图3-66　系统录入下拉子菜单显示画面

① 在子菜单上，用"↑"，"↓"光标键移动条形光标至"底盘测功"命令名上，按回车键，如被选中，则显示器屏幕上弹出一矩形窗口，用户可通过键盘录入所期望的测量点，若测量点超过 1 个时，各测量点之间用逗号隔开。

② 其他各测试项目的选择方式同上，只是弹出窗口的值各不相同。此外，各弹出窗口的值还可通过键盘或用"←"，"→"光标键进行修改。

（4）测试

完成系统录入和测试项目选择后，按下 R 键或移动条形光标至启动测试处按回车键，则系统将根据所选择的测试项目自动依次进行测试。此时，驾驶员根据显示器或显示屏的提示进行操作。具体方法如下：

① 车速表校验。驾驶员将汽车速度提高到校验速度时，按喇叭，操作员进行采样。

② 滑行性能测试。驾驶员将汽车速度提高，超过校验速度时，根据显示屏提示切断动力，使车轮滑行至停止。

③ 加速性能测试。参数选择为 20～40km/h，驾驶员将汽车速度提高到显示器或显示屏显示 20km/h 时，迅速加大油门，使显示速度为 40km/h，同时，显示器或显示屏显示加速时间值。

④ 里程表校验。参数选择为 2km，驾驶员将汽车车速提高到里程表显示 2km 时，按喇叭，操作员采样。

⑤ 功率测量。驾驶员启动汽车后，将变速器换到最高挡，油门全开，功率测量自动进行。

（5）查看

车辆检测完毕后，可对检测数据及曲线通过显示器进行查看。操作方法同上。

（6）打印

所选择项目测试完毕后，系统回到主菜单。此时可通过查看选项，对所检测的数据和曲线进行查看，如需要打印结果，则用"←"，"→"光标键移动条形光标至"结果打印"，按回车键，显示器屏幕上弹出一矩形窗口，如图3-67所示。在子菜单上，用"↑"，"↓"光标键移动条形光标至所需打印的项目上，按回车键，计算机可打印出相应的数据或曲线。如要打印全部数据和曲线，用"↑"，"↓"光标键移动条形光标至"全打"命令名上，按回车键即可。

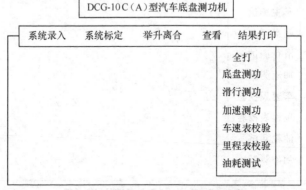

图3-67 结果打印下拉子菜单显示画面

3.9.4 维护

① 定期对主、副滚筒轴承及飞轮轴承进行检查（每月一次）。若发现轴承有异响或滚筒转动不灵活时，应及时调整和检修，必要时应更换轴承，严禁试验台带病工作。

② 主、副滚筒及飞轮轴承采用2号锂基润滑脂润滑。

③ 调整离合器间隙，以实现正常开合；定期检查电刷压缩量，其压缩量应≤0.5mm。

④ 传感器和电气柜不允许受潮。

⑤ 定期检验各示值误差（每年一次）。

3.9.5 使用注意事项

① 不允许轴载质量≥10t的汽车进行检测或通过试验台。

② 汽车测试之前，应清洗干净，尤其是车轮上的泥沙和嵌入的石块必须清除掉。

③ 轮胎气压必须符合规定值。

④ 为保证测试精度，仪表柜必须预热30min以上。

⑤ 当汽车为前轮驱动时，应使汽车前轮处于直线行驶状态。

⑥ 被测车辆一般应为空载状态。当车辆速度<80km/h进行检测时，应特别注意安全操作，高速检测时间应<2min/次。

⑦ 测试时，一定要用挡块抵住汽车或用牵引绳拉住不压滚轮的车轮。测试中，汽车前方严禁站人及通行。

⑧ 在测试时，严禁将举升器升起；严禁被测车轮接触举升板。

⑨ 如果只进行驱动轮功率测试，则在测试结束后，应让试验台空载旋转 1min 以上，以使试验台散去热量。

⑩ 在进行恒电流测功时，应缓慢增加电流。当汽车发动机有"闷车"倾向时，应迅速减小电流，避免因发动机熄火或主滚筒被抱死，而使汽车从试验台上冲出造成重大事故。

⑪ 测试工作结束后，应立刻切断总电源和气路。

学习巩固

1. 常用的汽车底盘检测设备有哪些类型？
2. 如何用转向盘自由转动量检测仪对车辆进行检测？
3. 如何对车轮平衡机进行检定？
4. 简述数字式游动角度检测仪的结构原理与使用。
5. 车轮平衡机有哪几类？简述车轮平衡机的结构与原理如何？
6. 试简述共振式汽车悬挂装置检测台的结构与工作原理。
7. 侧倾试验台由几部分组成？如何使用？
8. 四轮定位仪能检测哪些项目？
9. 车轮定位的检测方法有几种类型？
10. 自动变速器常规检查项目有哪些？
11. 自动变速器的检验包括哪些项目？什么是自动变速器的失速试验？失速试验的目的是什么？
12. 自动变速器道路试验的主要内容有哪些？
13. 自动变速器升挡车速检验时，升挡车速太低的原因是什么？

Chapter 4

第4章

| 汽车整车性能检测 |

汽车检测站是综合运用现代检测技术，对汽车实施不解体检测诊断的机构。它具有现代的检测设备和检测方法，能在室内检测出车辆的各种性能参数，并能诊断出各种故障，为全面、准确评价汽车的使用性能和技术状况提供可靠依据。

学习任务

1. 掌握汽车动力性试验台的使用方法。
2. 掌握汽车侧滑试验台的使用方法。
3. 掌握汽车车速表试验台的使用方法。
4. 掌握汽车排放污染物的检测方法。
5. 掌握汽车噪声的检验方法。
6. 掌握汽车前照灯的检验方法。
7. 掌握汽车制动试验台的使用方法。
8. 学会查阅各项评价指标及检测标准。在对车辆进行检测的过程中，学会数据的读取及记录方法。

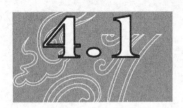 **4.1** # 汽车检测及审验制度

机动车安全技术检验定义是根据《中华人民共和国道路交通安全法》及实施条例规定，按照国家机动车安全技术标准和检测规程等技术规范要求，对上路行驶的机动车进行检验的活动。

我国政府历来十分重视交通安全问题，先后制定并颁布了一系列条例、标准、法规。1997年和2012年国家标准局对中华人民共和国国家标准 GB7258《机动车运行安全技术条件》进行了修订；

2001 年又颁布了 GB18565—2001《营运车辆综合性能要求和检验方法》；同时，2002 年颁布了交通安全法（修改草案），总结和充实了以前的条例、标准和安全法规，使之更加全面和科学。

汽车安全检测主要以《机动车运行安全技术条件》（GB7258—2012）、《营运车辆综合性能要求和检验方法》（GB18565—2001）为依据，内容包括汽车外观、制动性能、侧滑量、转向性能、车速表、噪声和废气排放等方面的检测。

汽车的主要安全部件是否完备、结构是否可靠、汽车使用性能是否良好，将直接影响行车安全，因此，汽车的定期安全检测是十分必要的。安全检测可以提高汽车的技术性能、完善安全结构，对预防交通事故、减少环境污染、增进人民身体健康都具有重要意义。

表 4-1 为各种直接造成交通事故的原因所占比例，数据中"制动"是指汽车制动时出现异常情况，如制动失灵、制动距离过长、制动跑偏或侧滑等造成的事故。"转向操纵"是指因转弯时车速过高、转弯过急以及汽车转向轨迹不正确造成的撞车、翻车的伤人事故。从表中数据可以看出，由于制动、转向操纵和车辆技术故障造成的交通事故高达 25.9%。

表 4-1　各种直接造成交通事故的原因及其所占的比例

事故直接原因	所占百分比（%）	事故直接原因	所占百分比（%）
汽车运行	52.5	车辆技术故障	4.7
自行车、行人或其他车辆	14.8	违反操作规程	4.7
制动	11.0	运载	2.1
转向操纵	10.2		

若汽车前照灯光束调整不当、照射角度不正确，行驶时会使迎面驶来的对方车辆驾驶员眩目而无法辨认道路、行人或他方车辆位置，导致交通事故。前照灯的照度不足，也会造成交通事故。雨、雪天气时，刮水器对驾驶室前风窗玻璃刮扫不彻底，会影响驾驶员的视线。转向灯、制动灯、示廓灯失灵，会影响后方车辆行驶；停车指示灯和事故灯失灵，则无法示警。诸如此类，汽车附件对行驶安全也有重要的影响。

汽车发动机性能是否符合要求，工作是否平顺、可靠，对安全也有影响。发动机突然熄火相当于正常行车途中突然施加制动；功率不足的发动机无法为汽车提供紧急驶离危险位置的动力，也会影响行车安全。

汽车的制动性能、转向操纵性能，对汽车行驶安全有直接影响，应该对其主要性能进行检测。制动系、转向装置、行驶系、传动系、车身等的技术状态对汽车安全也有重要影响。汽车结构的缺陷，如门窗、座椅或其他结构不牢，水、电、油、气管路连接不可靠，产生泄漏等现象也会酿成大祸。

此外，汽车喇叭和发动机、汽车振动噪声以及汽车发动机排出的废气微粒和黑烟对环境造成污染，危害人们的健康，也是交通管理一个必须注意的问题。

安全线检测内容：机动车安全技术检验主要是对涉及机动车安全行驶（安全性能）以及减少环境污染、噪声等公害（环保）方面的进行检验检查。

主要分为线内检验和线外检验两类：线内检验是利用仪器设备对机动车安全性能及公害进行检

验；线外检验为人工检验。

机动车"安检"具体检验项目包括：车辆唯一性认定、外观检查、底盘动态检验、线内检验以及必要时的路试检验。

线内检验包括：车速表、排气污染物测量（HC，CO，CO_2，NO，O_2；滤纸式烟度和不透光烟度）、台试制动性能检验、转向轮横向侧滑量、前照灯、喇叭升级、地沟检查。

线外检验包括：车辆唯一性认定、外观检查、底盘动态检验。

1. 汽车的定期年检和临时性检验

根据车辆参加检验的时间要求，汽车检测分为定期年检和临时性检验两类。

（1）定期年检

定期年检指按照车辆管理部门规定的期限对在用车辆进行的定期检验，或根据交通运输管理部门制定的车辆检测制度对营运车辆进行的定期检测。

（2）临时性检验

临时性检验指除对车辆年检和正常检验之外的车辆检验。在用车辆参加临时性检验的范围如下所列。

① 申请领取临时号牌（如新车出厂、改装车出厂）的车辆。

② 放置很长时间，要求复驶的车辆。

③ 遭受严重损坏，修复后准备投入使用的车辆。

④ 挂有国外、我国港澳地区号牌，经我国政府允许，可进入我国境内短期行驶的车辆。

⑤ 车辆管理部门认为有必要进行临时检验的车辆（如春运期间、交通安全大检查期间）。

⑥ 申请领取营运证的车辆。

⑦ 改装和主要总成改造后的车辆。

⑧ 申请报废的车辆。

⑨ 其他车辆检测诊断服务。

2. 机动车检测站

机动车检测站是利用现代检测技术对汽车的使用性能和技术状况进行不解体检验的场所。机动车辆检测站包括各种专用的检测设备、仪表及操纵、显示、记录仪器，可以通过台架检测并辅以少量的经验诊断就可测出车辆的主要性能，或者诊断出故障并进行车辆调试。检测站的建立，提高了车辆检测的科学性、可靠性和精确性。

（1）检测站的分类

由于检测的目的及任务不同，在检测站的总体设计、工艺路线、设备选择及厂房形式上也有所不同。一种是专门从事定期检测运行车辆是否符合有关安全标准和防止公害等法规的规定，执行监督任务的检测站，称为车辆安全环保检测站。车辆管理部门建立安全环保检测站是为了保证车辆的行驶安全和监测车辆排放尾气污染。车辆安全环保检测站承担的任务：机动车申请注册登记时的初次检验；机动车定期检验；机动车临时检验；机动车特殊检验，包括肇事车辆、改装车辆和报废车辆技术检验。车辆安全环保检测站定期检测在用车辆中与安全运行和环境保护有关的项目，其检测结果只显示"合格"或"不合格"两种，不显示检测数据的大小，也不显示车辆技术状况的故障模式，因此检测速度快，便于批量定期检测。

另一种是配备有综合性、多功能的检测设备的检测站，可对汽车进行全面检测，也可进行单项、定项的专题性检测。它既能承担汽车保修前后的技术状况的检测，又能接受公安交通管理部门的委托承担车辆运行安全环保检测，还能承接科研、制造、教学等部门的有关汽车性能试验和参数测定任务。这种检测站的设备及功能比较齐全，又称为车辆综合检测站。综合检测站的检测设备齐全且配套，自动化程度高，数据处理迅速准确，检测项目齐全且有深度，能担负对检测设备的精度测试，合理制定检测标准，为科研、教学、设计、制造和维修等部门提供翔实的依据。车辆综合检测站的组成参见图4-1。

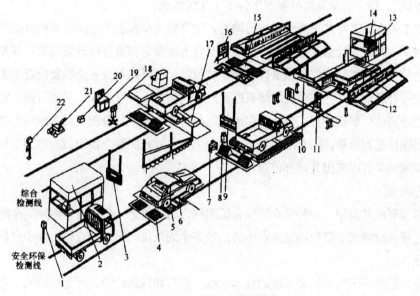

图4-1 双线综合性能检测站

1—进线指示灯 2—进线控制室 3—L工位操作指示器 4、15—侧滑试验台 5—制动力试验台 6—车速表试验台
7—烟度计 8—废气分析仪 9—ABS工位操作指示器 10—HX工位操作指示器 11—前照灯检测仪 12—检查地沟
13—主控制室 14—P工位操作指示器 16—前轮定位检测仪 17—底盘测功机 18、19—发动机综合测试仪
20—机油洁净性分析仪 21—就车式车轮平衡机 22—轮胎自动充气机

（2）检测站必须具备的条件

① 有检测车辆侧滑、灯光、轴重、制动、排放、噪声的设备以及其他必要的检测设备。

② 每一条检测线至少具备工程师或技师技术职务的主任检验员一名，具有一定的汽车理论和修理经验，并能熟练地运用检测设备对机动车辆的安全性能做出正确评价的检验员若干名。

③ 有相应的停车场地、试车跑道和试验驻车制动器的坡道。要布局合理，根据国家标准设置交通标志、标线，出入口视线良好，不妨碍交通。

④ 检测厂房宽敞，通风、照明、排水、防雨、防火和安全防护等设施良好，各工位要有相应的检测面积，检测工艺布置合理，便于流水作业。

⑤ 必须有设备维修人员，保持检测设备经常处于良好的技术状态和精度。

3. 汽车检测线

目前，国内建立的大多数检测站是综合检测站，它由一条安全环保检测线和一条综合检测线组

成。这两种检测线都是由多个检测工位组成并且按一定顺序分布在直线通道上。

（1）安全环保检测线

安全环保检测线有人工控制和自动控制两种类型，一般可设计成 3～5 个工位。人工控制的安全环保检测线主要由外观检查工位、侧滑制动车速表工位和灯光尾气工位组成。侧滑制动车速表工位（简称为 ABS 工位），它由侧滑检测、制动检测和车速表校验组成。灯光尾气工位简称 HX 工位，它是由前照灯检测、废气检测或烟度检测和喇叭声级检测组成。自动控制安全环保检测线一般由汽车资料输入及安全装置检查工位（简称 L 工位）、侧滑制动车速表工位、灯光尾气工位、车底检查工位（简称 P 工位）、综合判定及主控制室工位 5 个工位组成。

外观检测工位由人工对汽车的外观进行检验；侧滑制动车速表工位配备有侧滑试验台、制动试验台和车速表试验台三大检测设备，有些制动试验台上还设有轴重自动计量装置；灯光尾气工位配备有前照灯检验仪、废气分析仪和烟度计三种测试仪器；资料输入及安全装置检查工位，是对汽车的安全装置进行外观检查，并把检查的结果以及汽车的型号、外形尺寸、牌照号码、发动机及底盘编号等输入微处理机；车底检查工位是对车辆底部的外观检查，是检测人员在地沟内检查底盘各装置及发动机的连接是否可靠；综合判定及主控制室工位主要控制整个检测线的检测工作并进行综合判定，将其检测结果打印输出并储存信息。

（2）综合检测线

综合检测线有两种类型，一种是全能综合检测线，另一种是一般综合检测线。全能综合检测线设有包括安全环保检测线主要检测设备在内的比较齐全的工位，一般综合检测线不包括安全环保检测线的主要设备。

车辆制造、维修部门为了检验车辆的技术状况，分析和判断故障，评定车辆的制造、修理质量也需要综合检测线来检测车辆。它由速度表检测、车辆测重、前轮定位检查、侧滑量检查、制动性能检查、前照灯检查、尾气检查、底盘制动、噪音检查、发电机综合检查分析等工位组成。

目前，国内许多部门单位采用现代技术手段，建立了全自动检测线，大大提高了检测效率。全自动检测系统采用一台主控制计算机将各个工位上各单项检测功能的仪表连结起来统一控制。主控制计算机通过信号显示指示驾驶员驾驶车辆进入检测线，自动启动各工位检测设备、采集检测数据并进行处理，将分析归纳的结果打印输出。

采用现代技术手段检测汽车的各项性能指标具有如下优点。

① 避免了路试受到自然气候、道路条件等原因造成的检测失误的状况。检测站检测使各项技术指标可信度更高，从而避免了人工检测的主观性和局限性。

② 有利于维护和执行各种法规和制度，避免人工检测因尺度不一、人为因素所造成的纠纷。有利于不同地区、不同部门的检测标准统一化。

③ 现代检测技术采用了微机进行管理和控制，整个检测工作有条不紊，效率显著提高，而且检测数据能自动存储、归档，使管理工作更加完善。

④ 检测站能准确、全面、可靠地检测各项性能，及早发现隐患，从而有利于安全行车和交通安全。

4. 汽车定期安全检测的内容

汽车定期安全检测的内容包括核对或核发机动车行驶证，检测汽车的安全技术状态。

（1）汽车行驶证

各国机动车均采用核发行驶证的方法，确定汽车的主要使用特征、区分车主所属地区和部门。通过核发行驶证，对车辆的使用进行管理。

汽车行驶证的核发由车主所在地区的车辆管理所负责。车主购买的汽车应该是符合国家政策、由合法制造商生产、经审核允许销售，并且符合机动车运行安全技术条件的车辆。新注册登记（上牌）的汽车车主必须持车主单位证明或车主身份证、购车发货票、汽车合格证、车辆购置批准和税费交纳证明，到车辆管理所注册登记。行驶证内容包括车辆的类型，车身颜色，使用燃料，生产厂家，发动机及车架号码（或车辆标识代码 VIN），驾驶室准乘人数，车辆总质量，空车质量，核定载货或乘客数量，车辆的长、宽、高，驱动形式，轴数及轮数、轴距、轮距和轮胎规格。由车辆管理所检查合格后，确定车主和车主地址，发给行驶证和相应的车牌。

机动车辆必须按照车辆管理部门的规定定期进行检验，作为发放和审验行驶证的主要依据。每次进行汽车安全检测时，首先必须检查行驶证所列诸项目是否与被检车辆一致，否则，不予安全检测。营运车辆还必须根据交通运输管理部门制定的车辆检测制度，对车辆的技术状况进行定期或不定期检测，作为发放和审验营运证的主要依据。

（2）汽车运行安全技术情况的检查

汽车进行的安全检查项目，根据各地区具体情况作相应规定，但首先必须执行《机动车运行安全技术条件》（GB 7258—2012）的有关规定。

汽车安全检测是对全社会民用汽车的安全性检查，以涉及汽车行驶安全及环保的项目为主要检测内容。车辆管理部门目前对汽车的运行安全技术状况的检查项目包括两大部分：一部分是目测定性检查或采用简单仪器检查为主的车身及附件装置的完备性、可靠性和外观检查；另一部分是经过专用试验检测设备检测得到一定的技术数据，主要有轴重、制动、侧滑、噪声、车速、废气或烟度、前照灯的发光强度等，从而实现有关性能的检测。

外检通过目检和实际操作来完成，其主要内容包括如下几项。

① 检查车辆号牌、行驶证有无损坏、涂改、字迹不清等情况，核对行驶证与车辆的各种数据是否一致。

② 检查车辆是否经过改装、改型、更换总成，其更改是否经过审批及办理过有关手续。

③ 检查车辆外观是否完好，连接件是否紧固，是否有四漏（漏水、漏油、漏气、漏电）现象。

④ 检查车辆整车及各系统是否满足 GB 7258—2012《机动车运行安全技术条件》所规定的基本要求。

发动机型号应打印（或铸出）在气缸体易见部位，出厂编号应打印在气缸体易见且易于拓印部位，在出厂编号的两端应打印起止标记。

整车型号和出厂编号应打印在车架（对无车架的车辆为车身主要承载且不能拆卸的构件）易见且易于拓印部位，型号在前、出厂编号在后；打印的具体位置应在产品使用说明书中指明。易于拓印的车辆识别号（VIN）可代替整车型号和出厂编号。

汽车性能的检测采用专用检测设备对汽车进行规定项目的检测。主要有转向轮侧滑、制动性能、车速表误差、前照灯性能、废气排放、喇叭声级和噪声六项。

安全检测记录单格式各检测场有所不同，各检测场检测记录单中常见检测项目也有所不同，下面是两个实例。表 4-2 为某车管所汽车检测中心引车单，表 4-3、表 4-4 为某检测场检测项目表。

表 4-2　　　　　　　　　　某车管所汽车检测中心引车单

车辆类型：大客、大货、轿车、小货车、外籍车、警车、特检车、路试车

车号：皖 A-　　检验时间　　月　日　　上午：下午：

序号	项目	签名	时间	备注（车道）
	车道安排			
	引车员			
	电脑员			

车长：　　宽：　　高：　　轴距：　　　　　发动机：　　车架：

车架上部：外检员：　年　　月　　日

序号	项目	序号	项目	序号	项目
1	远/近光灯	10	车牌/牌照灯/固封装置	19	气压表/机油压力表
2	转向灯	11	车辆长/宽/高	20	前/后轮胎
3	制动灯/倒车灯	12	车身颜色/漆顶	21	轮胎螺栓/螺母
4	防雾灯	13	轴距/后悬	22	燃油箱/输油管/滤清器
5	示宽/示高灯	14	车门/车窗及安全玻璃	23	灭火器/防护网/安全带
6	紧急信号灯/停车警示牌	15	车门字/扩大号	24	驾驶座/乘客座
7	警灯/警报器	16	风窗玻璃	25	蓄电池/起动性能
8	下/侧/后视镜	17	车厢栏板/底板	26	排气管/消声器/尾气净化器
9	刮水器	18	冷却液温度表/电流表	27	

车架下部：外检员：　年　　月　　日

序号	项目	序号	项目	序号	项目
28	前、后钢板弹簧/夹箍	37	横直拉杆/球销松旷	46	中间轴承（过桥）松旷
29	中心及 U 形螺栓/螺母	38	转向节/臂裂纹、磨损	47	车架纵/横梁变形、裂纹
30	前、后吊耳	39	前、后减振器	48	前/后桥变形、移位
31	制动踏板力/自由行程	40	贮气筒/贮液罐	49	主减速器/差速器异响、漏油
32	离合器/自由行程	41	制动总泵、分泵漏气/掺油	50	左/右半轴及螺栓
33	转向阻滞/干涉	42	前/后制动管路	51	挡泥板/垂帘
34	转向机托架/助力器	43	变速器/分动器漏油	52	散热器、漏水
35	发动机托架	44	乱挡/脱挡/机件干涉	53	
36	发动机异响/漏油/漏水	45	传动轴/万向节松旷、裂纹	54	

民警：

表4-3　　　　　　　　　　　某检测场机动车排放外观检查记录

序　号	检 查 项 目	结　　果			
1	牌照号/车架号				
2	冷却液温度表/油温表				
3	机外净化器/电控系统				
4	冷却系/润滑系/传动系/漏水/漏油				
5	转向系统机械运转				
6	烧机油/严重冒黑烟				
7	双排气系统/泄漏				
8	轮胎压力/潮湿存水/磨损/夹带硬物				
9	前驱/后驱/全时四驱/双桥后驱动				
执行标准	简易工况		自由加速	双怠速	怠速
检测次数	1		2	3	4
环保标志号	原有			新领	
	环保外观检查结果				

表4-4　　　　　　　　　　某检测场机动车安全检验外观检查项目

一、机动车安全检验外观检查项目

1. 驱动方式（前驱、后驱、全驱）、驻车制动（前制、中制、后制）、前照灯（一灯、两灯、四灯）、前轴转向轮悬挂方式（独立、非独立）、远光灯（可调、不可调）、轴数（　）轴

2. 号牌、车辆识别代码、发动机号、产品标牌、发动机标识、中文警告性文字、不同规格备胎使用说明标识

3. 灯光（远光灯、近光灯、雾灯、示廓灯、牌照灯、制动灯、倒车灯、转向信号灯、危险报警闪光灯、挂车标志灯、车厢灯、门灯、仪表灯、危险品运输车的标警灯）、低气压报警器、警灯、警报器、行驶记录仪、ABS、危险品运输车监控车载终端

4. 车身周正、车容、漆面、车身标识、放大号、车窗、安全窗、安全手锤、安全门、安全出口、太阳膜、前风窗玻璃、刮水器、车门、车锁及门把、下视镜、左右后视镜、反射镜、反光标识、轮胎、挡泥板、轮胎螺栓、排气管、保险杠、燃油箱、三角警告牌、灭火器、卧铺客车车顶行李架、侧面防护装置、后下部防护装置、危险品运输车的接地链、挂车连接装置、牵引车连接装置、三轮汽车防护罩

5. 座椅、铺位、货箱、底板、客车地板、安全带、仪表、喇叭、遮阳板、驻车制动拉杆行程及锁止装置、制动踏板行程、离合器踏板行程、转向盘自由转动量

二、标准规定的其他检测项目

5. 计算机控制的汽车安全检测工位布置与控制灯箱

三工位集中控制式计算机检测线的工位布置如图4-2所示。将不互相干涉的几项检测项目相邻布置成一个工位，可以缩短检测线的长度，节约检测成本，提高检测效率。

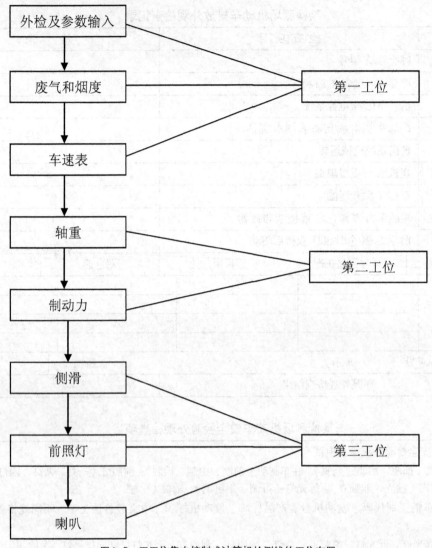

图4-2 三工位集中控制式计算机检测线的工位布置

三工位计算机控制汽车安全检测线检测流程如下。

① 车辆验证。输入车牌号、车主、发动机及底盘生产序号或车辆识别代码 VIN（如车辆有条形码也应查对）、车辆结构特征参数，与原车登记上牌的资料比较，确认车辆是否合法并确定是否给予检测。

② 进入车辆外部检查第一工位，由检验员逐项检查并将检查项目及结果通过前端机键盘或专用项目代码键盘输入。

③ 在主控制机控制和指示灯箱的引导下进入排放尾气检测工位，进行排放尾气的检测。测得数值送到计算机分析后由灯箱显示结果。

④ 根据灯箱指示完成车速表检测，测得车速表为 40km/h 时实际车速值，并由灯箱显示该项是否合格。至此第一工位检查项目完成。

⑤ 在主控制机及灯箱引导下进入第二个工位，在灯箱指示下完成汽车前、后轴重工位的检测。

⑥ 按灯箱指示，分别进行前、后轴的制动力检测和驻车制动检测，测得一组制动过程制动力数据，经过计算分析判断，将该项总评价由灯箱显示。

⑦ 由主控制机和第三灯箱引导，将汽车开到第三工位进行检测，汽车以 3～5km/h 慢速通过侧滑试验台，测得前轴车轮的侧滑量，传送到主控制机后由灯箱显示检测结果。

⑧ 汽车在灯箱、主控制机和汽车定位电路指挥下到达前照灯检测位置。依照灯箱指示依次完成各前照灯的照度和光轴线位置检测，检测得到一组数据经计算分析判断后，将项目是否合格通过灯箱显示。

⑨ 在指定位置上进行喇叭声级值的检测，并将该项检测结果在灯箱上显示。

⑩ 完成三工位检测后汽车驶离检测区，主控制机将每一次检测数值及评定结果全部打印成检测报告，交车主收存。

4.2　汽车检测线线外检验

线外检验主要以人工方式进行检查，包括三个方面：车辆唯一性认定、车辆外观检查（包括车身外观、发动机舱、驾驶室〈区〉、发动机运转状况、灯光信号、客车内部、底盘件、车轮等检查）和底盘动态检验。线外检验时，应根据所检项目在人工检验记录单中做好相应记录。

送检机动车应清洁，无明显漏油、漏水、漏气现象，轮胎完好，轮胎气压正常且胎冠花纹中无异物，发动机怠速应正常。

进行车辆唯一性认定和车辆外观检查时，机动车应停放在外观检查场所指定位置，发动机停止转动（进行"发动机运转状况"项目检查时除外）。

4.2.1　车辆唯一性认定

1. 车辆唯一性认定的概念

车辆唯一性认定是指通过核对车辆的号牌、车辆类型、厂牌型号、颜色、发动机号码、VIN 代码/车架号及主要特征和技术参数，核对 VIN 代码（车架号码）的拓印膜，审查相关证件（如机动车行驶证），确认送检机动车唯一性。

2. 新车的车辆唯一性认定

（1）车辆唯一性认定的内容

（非免检车型的）新车注册登记安全技术检验时，检验员应依据机动车整车出厂合格证（含机动

车注册登记技术参数表）等证明、凭证，逐一核对送检机动车的车辆类型、厂牌型号、颜色，核对整车 VIN 代码（车架号码）及发动机型号和出厂编号，拓印 VIN 代码（车架号码）并确认 VIN 代码/车架号有无被凿改的痕迹，审查机动车的外廓尺寸、整备质量、乘坐人数（乘员数）、最大允许牵引质量、比功率等技术参数是否符合 GB 7258—2012 等机动车国家安全技术标准。

如对于货运机动车，必要时还应使用钢卷尺、钢直尺、铅垂等器具检查被检机动车的外廓尺寸和后悬，使用称重仪（轮、轴荷计）称量机动车整备质量并计算其载质量利用系数，以确定其外廓尺寸及质量参数是否符合国家标准 GB 1589—2004《道路车辆外廓尺寸、轴荷及质量限值》和国家经贸委、公安部文件《关于在生产及使用环节治理整顿载货类汽车产品的通知》（国经贸产业 [2001]808 号，2001 年 8 月 10 日）的相关规定。

又如，对于客车及有驾驶室的机动车，必要时应测量（计算）其相关尺寸参数和质量参数，以确定其核载是否符合 GB 7258—2012 等机动车国家安全技术标准的相关规定。

对属于《全国机动车辆生产企业及产品公告》管理范围的国产机动车，还应核对其技术参数是否与公告的数据相一致。

此外，检验员还应检查机动车是否设置了能够满足号牌安装要求的号牌板（架），前号牌板（架）应设于前面的中部或右侧，后号牌板（架）应设于后面的中部或左侧。

（2）发现异常情况时的处理

如果发现车辆有被盗抢嫌疑（如 VIN 代码[车架号码]、发动机号码有凿改、挖补痕迹或者擅自另外打刻的）或非法拼装嫌疑的，机动车安全技术检验机构及其检验员应详细登记该送检机动车的相关信息并立即向公安机关有关部门报告，等待有关部门核实查处；此外，如果发现送检机动车的外廓尺寸、后悬及整备质量、核载等技术参数不符合机动车国家安全技术标准或与公告的数据不一致的，机动车安全技术检验机构及其检验员应详细登记送检机动车的 VIN 代码、发动机号及生产厂家、生产日期、公告批次等信息并尽快报告所在地公安机关交通管理部门。

（3）相关技术要求说明

① 汽车、摩托车及轻便摩托车、半挂车必须具有车辆识别代号，其内容和构成应符合 GB 16735—2004《道路车辆 车辆识别代号（VIN）》的规定；应至少有一个车辆识别代号打刻在车架（无车架的机动车为车身主要承载且不能拆卸的部件）上，打刻位置应尽量位于前部右侧，如受结构限制也可打刻在其他部位。车辆识别代号的字母和数字的字高不应小于 7.0mm，深度不应小于 0.3mm；对于摩托车及轻便摩托车，打刻的车辆识别代号的字母和数字的字高不应小于 5.0mm，深度不应小于 0.2mm。其他机动车应在相应位置打刻易见且易于拓印的整车型号和出厂编号，型号在前，出厂编号在后，在出厂编号的两端应打刻起止标记；打刻的整车型号和出厂编号字高为 10.0mm，深度不应小于 0.3mm。

车辆识别代号（或整车型号和出厂编号）一经打刻不允许更改、变动。同一辆机动车的车架（无车架的机动车为车身主要承载且不能拆卸的部件）上，不允许既打刻车辆识别代号，又打刻整车型号和出厂编号；同一辆车上标识的所有车辆识别代号内容应相同。

② 发动机型号和出厂编号应打刻（或铸出）在气缸体上且应能永久保持，在出厂编号的两端应

打刻起止标记（没有打刻起止标记的空间时可不打刻）；若打刻（或铸出）的发动机型号和出厂编号不易见，则应在发动机易见部位增加能永久保持的发动机型号和出厂编号的标识；若采用柔性标签，则其项目内容应采用蚀刻方式，使用的黏接剂应为压力敏感型。其中，"永久保持"是指"标识（柔性标签）被粘贴到车辆上后，在任何情况下都不可能在不损坏标牌的整体性及蚀刻的项目内容的情形下被揭下"；"发动机易见部位"是指"打开发动机罩后易于观察的发动机主要部件或覆盖件"。

摩托车及轻便摩托车应在发动机的易见部位铸出商标或厂标，发动机出厂编号应打刻在曲轴箱易见部位，在出厂编号的两端应打刻起止标记（没有打刻起止标记的空间时可不打刻）。

③ 汽车、汽车列车和挂车的外廓尺寸和质量参数限值应符合 GB 1589—2004 的相关规定，摩托车和轻便摩托车、拖拉机运输机组的外廓尺寸限值应符合表 4-5 所示的规定。

表 4-5   摩托车和轻便摩托车、拖拉机运输机组外廓尺寸限值

机动车类型		长/m	宽/m	高/m
摩托车及轻便摩托车	两轮摩托车	≤2.00	≤1.00	≤1.40
	边三轮摩托车	≤2.70	≤1.75	≤1.40
	正三轮摩托车	≤3.50	≤1.50	≤2.00
	两轮轻便摩托车	≤2.00	≤0.80	≤1.10
	三轮轻便摩托车	≤2.00	≤1.00	≤1.10
拖拉机运输机组	轮式拖拉机运输机组	≤10.00[a]	≤2.50	≤3.00[a]
	手扶拖拉机运输机组	≤5.00	≤1.70	≤2.20

a   对标定功率大于 58 kW 的运输机组长度限值为 12.00m，高度限值为 3.50m。

对于整车整备质量超过 400 kg 的三轮车辆，按照规定应纳入"汽车"管辖；但是，在现行车辆管理规定中，三轮汽车仅指原三轮农用运输车，摩托车如整备质量超过 400 kg 则属于"超标"产品，按规定不能被列入《全国机动车辆生产企业及产品公告》，当然也就不能作为"机动车"在道路上行驶。因此，三轮摩托车（无论其有无驾驶室）和三轮轻便摩托车的整备质量不应超过 400 kg。

④ 机动车的后悬均不得大于 3.5m；客车及封闭式车厢（或罐体）的机动车后悬不允许超过轴距的 65%；其他机动车后悬不允许超过轴距的 55%，对于专用作业车和轮式专用机械车，在保证安全的情况下，其后悬可按客车后悬要求核算。

对于多轴机动车，其轴距按第一轴至最后轴的距离计算（对铰接客车按第一轴至第二轴的距离计算），后悬从最后一轴的中心线往后计算。对于客车，后悬以车身外蒙皮尺寸计算，如后保险杠突出于后背外蒙皮，则以后保险杠尺寸计算，不计后尾梯。对于专用作业车，其后伸（指安装在车辆上的、作业时可伸展移动的专用装置的凸出车辆后部刚性部件的尺寸）不计入后悬，但应计入车辆长度。

⑤ 根据国家经贸委、公安部文件《关于进一步加强车辆公告管理和注册登记有关事项的通知》（国经贸产业[2002]768 号，2002 年 10 月 18 日），汽车和摩托车的尺寸参数（包括外廓尺寸、货厢内部尺寸、轴距、轮距、前悬/后悬）和质量参数（包括整备质量、额定载质量、总质量）公差允许

范围为：

a. 尺寸参数：汽车产品（包括 M 类、N 类和 O 类，不包括三轮汽车和低速货车）±1%；三轮汽车和低速货车产品 ±3%；摩托车产品（外廓尺寸、轴距、轮距）±3%。

b. 质量参数：汽车产品（包括 M 类、N 类和 O 类，不包括三轮汽车和低速货车）±3%；三轮汽车和低速货车产品 ±5%；摩托车产品（整备质量）±10 kg。

但由于车辆外廓尺寸与车辆通过性有直接的关系，并且不同外廓尺寸的车辆对机动车驾驶人的驾驶技能也有不同的要求。因此，公安机关交通管理部门确定车辆类型、判断车辆外廓尺寸是否超限的依据是车辆的实际外廓尺寸而不是车辆的标称外廓尺寸。从这个角度来说，机动车安全技术检验机构在检验时如发现车辆的实际外廓尺寸超过了车辆类型划分或机动车国家安全技术标准（GB 7258—2004）规定的限值，即使实际外廓尺寸与标称外廓尺寸的公差在允许范围内，也应认定为车辆唯一性认定不合格。

⑥ 机动车设置的号牌板（架）应保证安装在其上的机动车号牌横向水平，纵向基本垂直于地面且无任何变形和遮盖。

⑦ 为保证机动车安全技术检验工作的节奏，新车的车辆唯一性认定工作宜结合车辆外观检查进行。

3. 在用车的车辆唯一性认定

在用车定期安全技术检验时，检验员应依据机动车行驶证及其他相关资料逐一核对送检机动车的车辆类型、厂牌型号、颜色，核对整车 VIN 代码（车架号码）及发动机型号和出厂编号，拓印 VIN 代码（车架号码），并确认 VIN 代码/车架号有无被凿改的痕迹，检查是否有私自改装或擅自改变机动车已登记的结构、构造或者特征的痕迹，确认其唯一性。

（1）机动车安全技术检验在对在用车进行安全技术检验（包括车辆唯一性认定、车辆外观检查及底盘地沟检验）时，如发现送检机动车有私自改装或擅自改变机动车已登记的结构、构造或者特征的情形时，此次机动车安全技术检验立即终止，机动车安全技术检验机构及其检验员应详细登记送检机动车的 VIN 代码、发动机号等信息并尽快报告所在地公安机关交通管理部门。

（2）根据《机动车登记规定》（公安部令第 72 号）第十七条，在不影响安全和识别号牌的情况下，机动车所有人可以自行变更：

① 小型、微型载客汽车加装前后防撞装置。

② 货运机动车加装防风罩、水箱、工具箱、备胎架等。

③ 机动车增加车内装饰等。

机动车所有人自行变更上述事项后，根据 GB 7258—2012 等机动车国家安全标准的相关规定，机动车安装的各类照明和信号装置的性能及视认性不应受到影响；并且机动车前、后号牌的视认性仍应能满足"电子警察"（车辆闯红灯自动记录系统）和公路车辆智能监控系统等交通管理科技装备自动号牌识别功能的实际需要。此外，机动车所有人应保证其增加的车内装饰采用的是环保型的阻燃材料。

（3）根据《机动车登记工作规范》（公安部文件《关于印发<机动车驾驶证业务工作规范>和<

机动车登记工作规范＞的通知》，公交管[2004]115 号发布），机动车应登记车辆类型/使用性质、制造厂名称/车辆品牌/车辆型号、车辆识别代号（车架号码）/发动机号码、车身颜色、出厂日期、注册登记日期等相关信息及发动机型号、排量/功率、外廓尺寸、轴数、轴距、轮距、轮胎数、轮胎规格、总质量、整备质量、燃料种类、转向形式、货厢内部尺寸、后轴钢板弹簧片数、核定载质量、准牵引总质量、核定载客人数和驾驶室载客人数等技术数据。

4.2.2 车辆外观检查

1. 汽车车身的外观检验

① 车辆外观应整洁，各零部件应完好，连接紧固，无缺损。

② 无明显漏油、漏水、漏气现象，轮胎完好、气压正常，胎冠花纹中无异物，发动机怠速正常。

③ 检查保险杠、后视镜、下视镜等部件是否完好、齐全，车窗玻璃是否完好并符合规定；车体是否周正；后悬是否符合要求；检查货厢有无改动，固定是否可靠；检查车体外表喷漆颜色、字符是否符合相关规定。

2. 发动机舱检查

① 打开发动机罩（或翻转驾驶室），检查发动机各系统部件是否齐全有效。

② 检查蓄电池桩头与导线连接是否牢固；检查电气导线捆扎、固定、绝缘保护等是否完好；各种管路是否完好、固定可靠。

③ 对于使用液压制动（含离合器液压传动）的汽车，检查储液器的液面及有无泄漏。

3. 驾驶室检查

① 检查驾驶员座椅固定是否可靠、前后是否可以调节；安全带是否齐全有效。

② 检查门锁、铰链和风窗、侧窗玻璃是否完好（必要时用透光计检查玻璃可见光透射比）。检查刮雨器、洗涤器工作是否正常。

③ 检查折翻式驾驶室的固定是否可靠。

④ 检查长途客车是否按照规定安装了汽车行驶记录仪，其固定、连接是否安全、可靠。

4. 发动机运转状况

① 检查发动机是否能正常启动；启动发动机，检查怠速运转、电源充电状况、各仪表及指示器工作是否正常。

② 检查发动机急加速过程中及在较高速运转时急松油门能否回到怠速状态和有无"回火"、"放炮"等异常状况。

③ 检查水温、油压指示是否正常。

④ 检查点火开关关闭后发动机能否迅速熄火。

⑤ 对柴油车还应该检查停机装置是否灵活、有效。

5. 灯光信号

① 在车辆前部，检查前位灯、前/侧转向灯、危险报警闪光灯和示廓灯等前部照明和信号装置

是否齐全完好，前照灯远近光光束变换功能是否正常。

② 在车辆后部，检查后位灯、后转向灯、危险报警闪光灯、示廓灯、制动灯、后雾灯、后牌照灯、倒车灯是否齐全完好。

③ 检查后反射器、侧反射器和倒车标志灯是否完好。

上述灯具的安装应符合 GB4785 规定，对全挂车还应该检查挂车标志灯是否完好。

6. 客车内部

① 检查客车座位/卧铺位、扶手和行李架的安装是否牢靠；客车座位/卧铺位的数量和安装位置是否符合规定。

② 检查客车地板是否密封，乘客通道、安全出口、车厢灯、门灯、灭火器、击碎安全出口玻璃的专用手锤是否符合要求。

③ 对卧铺客车检查每个铺位的安全带是否齐全有效，对长途客车和旅游客车检查前面没有座椅或护栏的座椅的安全带是否齐全、有效。

7. 底盘件

① 检查有无增设燃料箱，燃料箱是否牢固可靠，燃料箱盖是否完好。

② 检查挡泥板、牵引钩是否完好。

③ 蓄电池、蓄电池架是否牢固可靠。

④ 检查储气筒排污阀功能是否有效。

⑤ 检查钢板弹簧的形式、片数是否符合规定，有无裂纹和断片现象。

⑥ 对于厂定最大总质量大于 3500kg 的载货汽车和挂车，应检查是否装备了侧面及后下部防护装置，必要时测量侧面防护装置下缘离地高度及防护范围，检查前缘的垂直构件是否向内弯曲，测量后下部防护装置离地高度、宽度，检查其是否牢固可靠，安装是否符合 GB11567.1 的规定。

⑦ 对汽车列车，检查其牵引连接装置是否连接可靠和装有防止车辆行驶中脱开的安全装置；对货车列车还应检查牵引车和挂车之间是否装备了有效的侧面防护装置。

8. 车轮检查

① 检查同轴两侧是否装用同一规格、型号轮胎；检查轮胎的型号、等级、承载能力及胎冠花纹深度（必要时用轮胎花纹深度计）是否符合规定，胎面、胎壁有无损伤。

② 检查轮胎螺栓、半轴螺栓是否符合规定；检查转向轮是否装用翻新轮胎。

9. 底盘检查

车辆静止时，检查方向盘的最大自由转动量；起步并行驶一段距离，检查离合器、变速箱换挡、转向系、制动系。

① 转向系：检查方向盘的最大自由转动量是否符合要求，必要时应用方向盘转向力-转向角检测仪检测；行驶时检查转向是否沉重，转向后是否具有自动回正能力；车辆是否具有保持直线行驶的能力。

② 传动系：在车辆行驶过程中检查。

a. 离合器接合是否平稳，有无异响、打滑、抖动、沉重、分离不彻底等现象。

b. 变速器有无挡位标志，倒挡能否锁止，换挡是否正常，有无异响。

c. 传动轴/链有无异响、抖动，驱动桥的主减速器和差速器有无异响。

③ 制动系。

a. 以车速在 20km/h 正直行驶，施加部分制动后迅速放松踏板，检验是否有制动跑偏现象。

b. 对于气压制动汽车，停车后检查制动气压。并踩下放松踏板若干次，使制动气压下降制至起步气压（未标起步气压的，按 400kPa 计），检查低压报警装置是否工作。

c. 对装置弹簧储能制动器的车辆，报警后起步行驶，检查在低气压时弹簧储能器自锁装置是否有效。

汽车动力性检测

1. 汽车动力性的评价指标

汽车的动力性是指汽车在良好路面上直线行驶时的平均行驶速度，其评价指标如下。

（1）最高车速

最高车速是指汽车以厂定最大总质量状态在风速≤3m/s 条件下，在干燥、清洁、平坦的混凝土或沥青路面上，能够达到的最高稳定行驶速度。

（2）加速能力

加速能力是指汽车在各种使用条件下迅速增加行驶速度的能力，包括起步加速能力和最高挡或次高挡加速能力即超车加速能力。

（3）爬坡能力

表示方法用角度数或百分数表示，它是指汽车满载，在良好的混凝土或沥青坡道上以最低前进挡能够爬上的最大坡度。

2. 汽车动力性的路试检测

（1）试验条件

① 试验汽车的装载质量为厂定的最大装载质量，且装载物均匀分布，固定牢靠。

② 轮胎气压应符合该试验车技术条件的规定。

③ 试验时应是无雨、无雾天气，相对湿度小于 95%，气温 0～40℃，风速不大于 3m/s。

④ 试验道路应是清洁、干燥、平坦的混凝土或沥青铺成的直线路面，长 2～3km，宽不小于 8m，纵向坡度在 0.1% 以内。

（2）试验前的准备工作

① 试验车各总成、部件必须按规定装备齐全。

② 对试验车进行外部及装配调整质量检查。

③ 试验车在试验前必须按制造厂制定的磨合规范进行磨合。

④ 试验前必须对汽车进行预热行驶，使汽车发动机、传动系及其他部分预热到规定的温度。

（3）道路试验的项目与方法

① 汽车最高车速

在符合试验条件的道路上，选择中间 200m 为测量路段，并用标杆做好标志，测量路段两端为试验加速区间，使汽车在驶入测量路段前能够达到最高的稳定车速。用光电测试仪记录通过时间（也可以用第五轮仪直接测出汽车车速）。试验往返各进行一次。

② 汽车加速性能

汽车最高挡或次高挡加速性能试验，是在试验路段上选取合适长度的路段，作为加速性能的测试路段，在两端放置标杆作为记号。汽车在变速器预定挡位，以稍高于该挡最低稳定车速起（选 5 的整数倍的速度，如 20km/h、25km/h、30km/h、35km/h、40km/h）作等速行驶，用第五轮仪监测初速度，当车速稳定后（±1km/h），驶入试验路段，迅速将节气门踏板踏到底，使汽车加速行驶至该挡最高车速的 80% 以上，对于轿车应达到 100km/h 以上。用第五轮仪记录汽车的初速度和加速行驶的全过程，试验往返各进行一次。

进行汽车起步连续换挡加速性能试验时，将汽车停于试验路段一端，变速器置于该车的起步挡位（Ⅰ挡或Ⅱ挡），迅速起步，并将节气门踏板快速踩到底。当发动机达到最大功率转速时，迅速无声地换挡，换挡后立即将节气门全开，用第五轮仪测定汽车加速行驶的全过程，往返各进行一次。填写记录数据，并根据数据绘制往返两次的加速性能曲线。

③ 爬坡性能试验坡道应接近试验车的最大爬坡度（轿车在 20% 以上，货车在 20%～30%，越野车不小于 60%）。坡道长不少于 25m，坡道前应有 8～10m 的平直路段，在坡道中部设置 10m 的测速路段。

a. 陡坡试验。试验时将车停在接近坡道的平直路段上，起步后将节气门全开进行爬坡，测量并记录汽车通过测量路段的时间发动机转速。如第一次爬不上去，可以做第二次，但不超过两次。

b. 长坡试验。长坡试验的自的是检查车辆能否在短时间顺利通过坡度为 7%～10%、长 10km 以上的连续长坡。

c. 滑行试验。在长约 1000m 的试验路段两端立上标杆作为滑行区段。汽车在进入滑行区段前，车速应稍大于 50km/h，此时，驾驶员将变速器放入空挡（或踩下离合器踏板），汽车开始滑行，直至汽车完全停住为止。目的是为了测定汽车车轮滚动阻力、车身空气阻力和动力传动系的各种阻力。在滑行过程中，驾驶员不得转动转向盘。当车速为 50km/h 时，汽车应进入滑行区段，记录滑行初速度和滑行距离。试验至少往返各滑行一次，往返区段尽量重合。

（4）路试仪器——第五轮仪

在进行汽车道路试验时，为了测量汽车的行程和速度，一般采用第五轮仪。第五轮仪有接触式和非接触式两种，接触式第五轮仪是由第五车轮、传感器、二次仪表（信号处理、记录、显示等）及安装机架等部分组成，如图 4-3 所示，其传感器采用磁脉冲式，如图 4-4 所示。

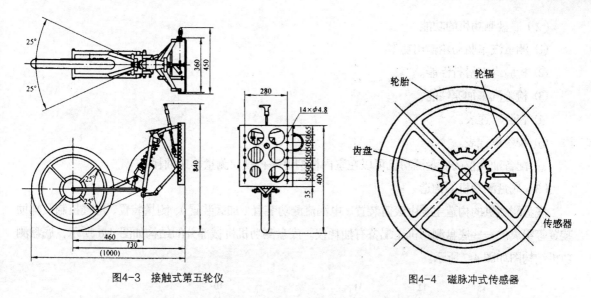

图4-3　接触式第五轮仪　　　　　　　　图4-4　磁脉冲式传感器

非接触式第五轮仪以计算机为核心部件，不需要与路面接触或设置任何测量标志，采用光电头相关滤波技术，安装在车上的光电路面探测器（简称光电头）照射路面，把路面图像变换为频率信号进行测试。它主要由光电头、二次仪表（微处理器、键盘、LED 显示器、微型打印机及接口等）及安装机架等组成，如图 4-5 所示。

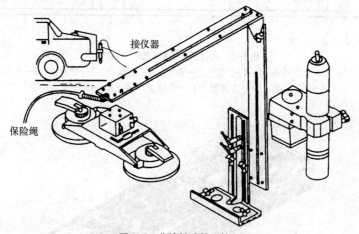

图4-5　非接触式第五轮仪

3. 汽车动力性台试检测

（1）底盘测功机（也称为底盘测功试验台）的测量原理

汽车动力性的台试检测主要在底盘测功机上进行，汽车在道路上行驶时相对于静止的路面做相对运动，在底盘测功机上则是以滚筒的表面代替路面，是滚筒的表面相对静止的汽车。由于底盘测功机具有加载装置，可以用它模拟汽车在道路上行驶的各种阻力，再现汽车行驶中的各种工况，从而实现汽车在各种转速下驱动轮上驱动力和输出功率以及加速、滑行等性能的测定。底盘测功机与汽车燃料消耗量检测装置配合，也可以对汽车燃料经济性进行检测。

（2）底盘测功机的功能

① 测量汽车驱动轮输出功率。

② 检验汽车滑行性能。

③ 检验汽车加速性能。

④ 校验车速表。

⑤ 校验里程表。

⑥ 配备油耗仪的底盘测功机可以在室内模拟道路行驶，测量等速油耗。

（3）底盘测功机的构造

底盘测功机的构造主要由滚筒装置、电涡流测功装置（加载装置）、测量装置、电气控制及辅助装置等组成。一些底盘测功机还配备有油耗仪。底盘测功机机械部分的结构如图 4-6 所示，底盘测功机结构图如图 4-7 所示。

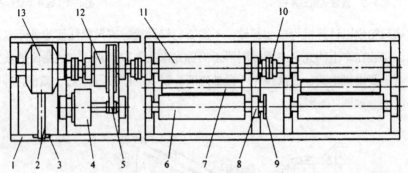

图4-6　底盘测功机机械部分的结构

1—机架　2—测力杠杆　3—压力传感器　4—飞轮　5—带轮　6—副滚筒　7—举升器　8—轴承座　9—速度传感器
10—联轴器　11—主滚筒　12—电磁离合器　13—电涡流测功器

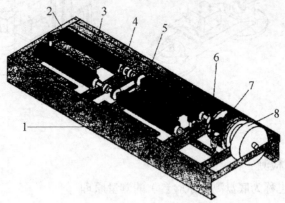

图4-7　底盘测功机结构图

1—机架　2—举升板　3—滚筒　4—速度传感器　5—举升电磁阀　6—压力传感器　7—电涡流测功器　8—惯性轮

1）滚筒装置

底盘测功机的滚筒相当于连续移动的路面，被测车辆的车轮在其上滚动，试验台有单滚筒和双滚筒之分，如图 4-8 所示，由于双滚筒式试验台价格较低，因而广泛被汽车检测部门和维修企业使用。

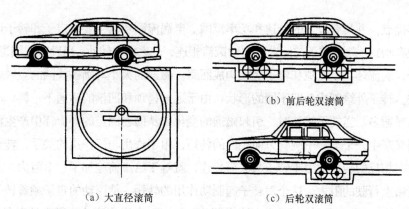

（a）大直径滚筒　　　　　　　　　　（c）后轮双滚筒

（b）前后轮双滚筒

图4-8　滚筒装置种类

双滚筒式底盘测功机的每两个滚筒为一组，共四个滚筒。滚筒由金属制成，一般为光滑表面。滚筒相当于连续移动的路面，由被检车的车轮带动旋转。双滚筒式底盘测功机由于滚筒直径较小（一般在 185～400mm），胎压增大，检测时轮胎与滚筒的接触与其在路面上受力情况相差较大，因此，滚动阻力损失较大。轮胎滚动时的功率损失，取决于轮胎气压和滚筒直径等因素，提高胎压可以显著降低其功率损失。一般在做测功试验时，小客车的轮胎气压应提高 50%，载货汽车的轮胎气压应提高 30%。为了检测汽车的加速性能和滑行性能，需要模拟汽车的惯性，因此，在滚筒一端安装有飞轮组，按照不同汽车的质量，匹配相应质量的飞轮，模拟汽车在道路上行驶时的惯性。飞轮与滚筒的结合与断开由电磁离合器控制。

2）测功装置

测功装置用来吸收和测量驱动轮上的输出功率，又称测功器。底盘测功机上采用的测功器的类型有：电涡流测功器、水力测功器和电力测功器。其中，电涡流测功器应用广泛。电涡流测功器的原理如图 4-9 所示。

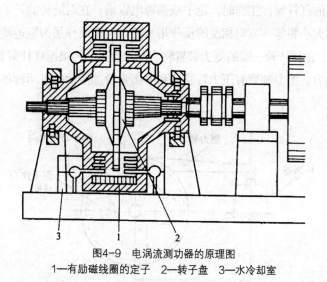

图4-9　电涡流测功器的原理图

1—有励磁线圈的定子　2—转子盘　3—水冷却室

电涡流测功器作为功率吸收装置，用来吸收汽车驱动轮输出功率。它具有测量精度高、振动小

和结构简单等优点，并具有较宽的转速和功率范围。电涡流测功器主要由定子和转子两部分组成。在定子四周装有励磁线圈，转子与测功机主动滚筒相连，在磁场中转动。当励磁线圈通以直流电时，磁力线在定子、涡流环、空气隙和转子之间构成回路。磁通的大小与励磁线圈的匝数以及所通过的电流大小有关。转子外缘制成凸凹不同的形状，由于通过齿顶和凹槽的磁通不一样，凸出部分比凹陷部分通过的磁通多，当转子旋转时，引起磁通的变化，从而在固定的涡流环中产生涡流。这种涡流产生的磁场又产生一个与转子旋转方向相同的转矩，由于作用与反作用的关系，转子产生一个与它自己转动方向相反的转矩。由于转子与滚筒相连，就等于给滚筒施加了一个阻力，用这个阻力来模拟汽车在道路上行驶的阻力。这个对转子起制动作用的转矩，使浮动的定子顺着转子旋转方向摆动。制动力矩的大小可以通过控制励磁电流来调节，所以，电涡流测功器很容易实现自动控制。

电涡流测功器是一个功率吸收装置，它将吸收的汽车驱动轮输出功率转变成热能，经空气或冷却液散发出去。由于冷却方式不同，电涡流测功器分为风冷和水冷两种类型。

3）测量装置

在底盘测功机上测试时，汽车驱动轮输出功率等于驱动力与行驶速度的乘积。因此，测量装置包括测速装置和测力装置两部分。

① 测速、测距装置。目前使用的测速装置多为磁电式和光电式传感器。由传感器测出滚筒的转速，根据滚筒直径换算成滚筒圆周的线速度，它与车轮外缘的线速度相等，单位为 km/h，即汽车的行驶速度，其值由指针式仪表或数码管显示。利用底盘测功机的测速装置，可以校验汽车的车速表。

在进行汽车滑行距离和燃料消耗量检测时，需要测出行驶距离。将计量时间内测功机滚筒的转速乘以滚筒的周长，即为汽车行驶的距离，单位为 m 或 km。利用测功机的测距装置，可以校验汽车的里程表。

② 测力装置。电涡流测功器的定子通过轴承装在支架上，可以绕其轴线摆动。在定子外壳上安装一根具有一定长度的杠杆臂，工作时，定子线圈通电以后，在对旋转的转子施加制动阻力矩的同时，定子本身也受到大小相等、方向相反的反作用力矩。这个反作用力矩迫使定子连同杠杆一起绕定子轴线摆动，此时，在杠杆臂一端的测力装置将力测量出来，再根据杠杆臂长度与滚筒半径之比，换算成驱动轮的驱动力。测力装置有压力传感器和平衡弹簧加滑动电阻两种形式。驱动力测试原理如图 4-10 所示。

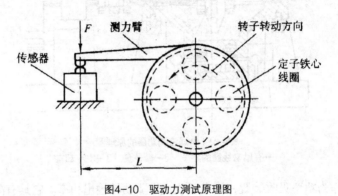

图4-10　驱动力测试原理图

③ 电气控制及辅助装置。电气控制主要包括自动控制装置、校验调整装置和保护装置。改变定子线圈的电流，可以改变对转子的制动阻力矩。利用这一原理，能够很方便地实现自动控制。在测试时，控制的方法有两种，一种是定车速控制，另一种是定转矩控制。定车速控制就是在测试前，利用控制盒上的旋钮，选定一个试验车速，当达到这个试验车速后，如果驱动轮输出功率增大使得转速增高，测功机的控制系统能自动加大励磁线圈的电流，从而加大滚筒的阻力矩，使车速回到原设定的数值。在整个测试过程中，车速会自动保持在设定的数值不变。定转矩控制就是保持励磁线圈中的电流不变，因而给驱动轮施加的阻力矩也固定不变。当发动机输出功率增大的时候，车速提高。

对于水冷电涡流测功机，为了保护励磁线圈不致过热，要求冷却水有一定的流量。当水流量不够时，仪表盘上的水表指示灯不亮，测功机不进行功率吸收，这是自动保护装置。校验调整装置用于仪器的标定在滚筒不旋转的情况下，可以设定一个速度，在杠杆的自由端施加一个力，看仪器显示的功率是否等于力与速度的乘积。如有误差，可进行调整。辅助装置主要是举升器。为使被检车辆方便地驶出滚筒，在两滚筒之间安装有举升器及气动控制系统。

④ 测油耗装置。底盘测功机上配置的油耗测量装置有定容积式和电子秤两种。定容积式是在给驱动轮加载的情况下，测定汽车燃烧 50mL 或 100mL 燃油所行驶的距离，油耗的单位为 L/100km。也有使用电子秤的，使用电子秤的优点是计量准确，能够计量的燃油量较大，可以进行多工况油耗试验。

（4）底盘测功机的使用方法

底盘测功机型号不同，其使用方法也有区别，应按不同机型的说明书进行操作，下面介绍一般的操作方法。

1）实验前的准备

① 被测车辆的准备。汽车发动机和底盘经过维护，供油系和点火系处于最佳工作状态。轮胎气压应符合规定。轮胎清洁，不得沾有油、水、泥，轮胎花纹沟槽内嵌有石子时，一定要清除干净。运行走热全车。

② 测功机准备。对于水冷测功机，应将冷却水阀打开。接通电源，升起举升器托板，根据被检车的功率，选择测试功率的挡位。用两个三角铁抵住停在地面上的车轮的前方，防止汽车在检测中由于误操做而冲出去。为防止发动机过热，将一台冷却风扇置于被检汽车前方约 0.5m 处，对发动机吹风。使汽车以 5km/h 的速度运行，观察有无异常。看水表指示灯是否点亮。

2）检测点的选择

在全面评价汽车发动机及底盘技术状况的时候，可以选择三个有代表性的工况来检测驱动轮输出功率：一是发动机额定功率转速所对应的车速；二是发动机最大转矩转速所对应的车速；三是选用汽车的常用速度（如经济车速）作为检测点。测试时，变速器在直接挡（对于小轿车可用比直接挡低一挡作为测试挡位）。值得注意的是，检测汽车驱动轮最大输出功率时，汽车一定要经过充分的走合，以免损坏发动机。在一般情况下，不选用最大输出功率测试；而选取常用车速，比如载货汽车选用 50km/h，轿车选用 80km/h，节气门全开，测试驱动轮输出功率。

3）检测方法

① 接通电源，根据被检车辆的功率，选择测试功率的挡位，设定试验车速或转矩。

② 升起举升器托板，使汽车驱动轮与滚筒尽可能成垂直状态。

③ 降下举升器托板，用两个三角铁架抵住停在地面上车轮的前方，把移动式风冷装置置于被检车辆的前方 0.5m 处，并接通电源。

④ 启动发动机，由低速挡逐级换入直接挡，同时，逐渐踩下加速踏板，使节气门全开。重复检测三次，取平均值。

⑤ 启动发动机，由低速挡逐级换入直接挡，逐渐踩下加速踏板，使节气门全开，同时旋转加载装置的负荷旋钮，使发动机达到最大功率和相应转速。

⑥ 保持发动机节气门全开，旋转测功机的负荷旋钮，增加测功机的负荷，使发动机达最大转矩。

⑦ 待发动机转速稳定后，读取和记录功率值和车速值。

⑧ 按上述方法，抬起加速踏板，检测发动机在经济车速下驱动轮的输出功率。

⑨ 全部测试完毕，待驱动轮停转，切断发动机冷却装置电源，移去挡块，升起举升器托板，被测车驶出试验台。

⑩ 切断试验台电源。

4）注意事项

① 走合期的新车或大修车，不宜进行底盘测功试验。

② 测功时，应密切注意各种异响和发动机冷却液温度。

③ 被检车前严禁站人，以确保安全。

4.4 制动性能检测

制动性能是汽车最重要的安全指标。制动力不足、制动力分布不均匀、左右制动力差值过大，这是导致交通事故的重要因素。

1. 制动性能的评价指标

① 制动效能即制动距离与制动减速度，它是制动性能最基本的评价指标。

② 制动效能的恒定性即抗衰退性能，是指汽车高速行驶或下长坡连续制动时制动效能保持的程度，称为抗热衰退性能。此外，涉水行驶后，制动器还存在水衰退问题。

③ 制动时汽车的方向稳定性即制动时汽车不发生跑偏、侧滑以及失去转向能力的性能。

2. 制动时间

制动过程所经历的时间即制动时间，通常把制动时间作为一辅助的评价指标。制动过程各阶段的时间分布大致如图 4-11 所示。

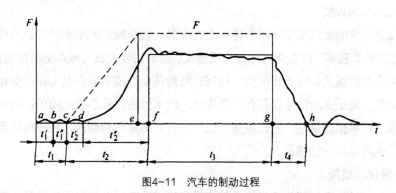

图4-11　汽车的制动过程

（1）驾驶员反应时间 t_1

图中 a 点表示出现危险信号，开始计算时间。此时，驾驶员并没有立即行动，而要经过 t_1' 后（对应于图 4-11 中的 b 点）才意识到应进行紧急制动。驾驶员移动右脚再经过 t_1'' 后踩着制动踏板（对应于图中的 c 点）。从 a 点到 c 点所经过的时间称为驾驶员反应时间，这段时间一般为 0.3～1.0s，该期间车辆按原车速继续行驶。

（2）制动器的作用时间（又称制动系协调时间）t_2

c 点以后，随着驾驶员踩踏板的动作，踏板力迅速增大，到 e 点时达到最大值。但由于制动系管路压力的提高以及制动器蹄片与制动鼓间隙的消除需要一段时间，所以经过 t_2' 后，即到 d 点，地面制动力才起作用，使汽车产生减速度。由 d 点到 f 点是制动器制动力增长过程所需的时间 t_2''，$t_2 = t_2' + t_2''$ 为制动器的作用时间（又称制动系协调时间）。制动系协调时间主要取决于驾驶员踩踏板的速度和制动系的结构形式，一般在 0.2～0.9s。

（3）持续制动时间 t_3

从 f 点到 g 点，驾驶员保持制动踏板力不变，制动减速度基本不变，这段时间 t_3 称为持续制动时间。

（4）制动释放时间 t_4

到 g 点驾驶员松开踏板，但制动力的消除还需要一段时间。这段时间称为制动释放时间 t_4，一般在 0.2～1.0s。这段时间过长一方面会耽误随后起步行驶的时间；另一方面在制动过程中若因出现车轮抱死而使汽车失去控制，驾驶员采取措施放松制动踏板时，制动力不能立即释放，危及安全。GB 7258—2012《机动车运行安全技术条件》规定制动完全释放时间不得大于 0.8s。

3. 制动系统检测的国家标准

制动系统的检测应符合国家标准 GB 7258—2012 的相关规定，此标准中对于制动系统的检测规范（见附录 A）及检测方法（见附录 B）做了规定。

4. 台架试验检测制动性能

台架试验检测制动性能一般是通过制动试验台测制动力来评价汽车行车制动性能和驻车制动性能。当汽车经台架检验后，对其制动性能有质疑时，可用路试方法进行复检，并以满载路试的检验

结果为准。

（1）电子式汽车轴重仪

汽车轴重仪是用来测量汽车车轴或车轮荷重的仪器，它是检测汽车制动力必不可少的配套计量设备。汽车轴重仪种类较多，按照结构可分为便携式、固定安装式及与汽车制动检验台组合等形式；按照工作原理可分为机械式和电子式两类。机械式结构简单、成本低，但工作效率和测量精度不如电子式的高，因此，电子式的轴重仪得到广泛应用。汽车轴重仪除单板式的可以测量车轴轴荷外，还有双载荷台板，可单独测量左、右轮轮荷，也可以合并测量车轴轴荷，经微机处理，可分别显示左、右轮轮荷，也可显示车轴轴荷。

1）汽车轴重仪的结构

电子式轴重仪一般由机械部分（包括承载装置和传感器装置）和显示仪表等两部分组成，机械部分又称为秤体。双载荷台板式轴重仪目前用得较多，如图4-12所示。它能测量左、右车轮轮荷，因此，它有左、右两个秤体，分别安装在左、右框架内，共用一个显示仪表。

① 称体部分。称体包括承载台板、r承载垫板、传感器以及框架等，如图4-13所示。承载台板是一块整板，其下面并排焊上两根槽钢，以增加承载台板刚度，防止其受压变形。在台板长度方向两端用两块厚钢板作传感器的安装板。

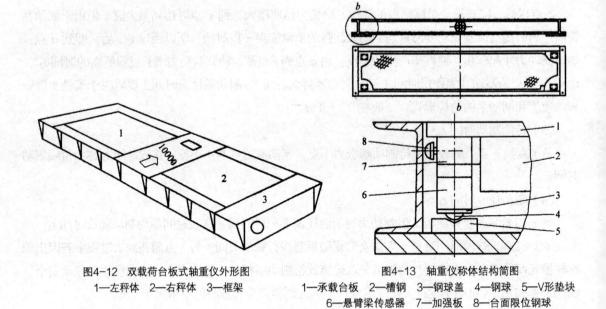

图4-12　双载荷台板式轴重仪外形图
1—左秤体　2—右秤体　3—框架

图4-13　轴重仪称体结构简图
1—承载台板　2—槽钢　3—钢球盖　4—钢球　5—V形垫块
6—悬臂梁传感器　7—加强板　8—台面限位钢球

汽车轴重仪常用的传感器为悬臂梁式，造价较高，但它的性能指标好。它采用弹性梁及电阻应变片作为敏感元件，组成全桥电路。当垂直正压力或间接力作用在弹性梁上时，贴在弹性梁上的电阻应变片随其一起变形，产生一定的应变，使电阻片的阻抗发生变化，应变电桥便产生一个与压力成正比的电信号。从图4-13中可知，悬臂梁传感器6共有4个，它分别安装在台板四角的加强板7上，由沿汽车行驶方向布置的V形承载垫块5支承，以减少汽车在轴重仪上制动时产生的横向力对测量精度的影响。

在悬臂梁传感器 6 与 V 形垫块 5 之间采用钢球 4 连接, 这样可使安装方便, 对各零件及装配工艺要求也不严。

② 显示仪表。图 4-14 为轴重仪显示仪表面板。它由五位大型发光管显示荷重 (kg), 仪表中 WEIGHINGDISPLAY 为称重显示; SELECTOR 为选择器; L 代表左轮, R 代表右轮; L＋R 代表左轮小右轮; ZERO ADJUSTER 表示零位校正器。

图4-14　显示仪表面板

2）汽车轴重仪的工作原理

进行轴荷测量时, 汽车缓慢地通过轴重仪, 当左、右车轮压在承载台板上时, 台面板受到左、右车轮重力的作用。作用力作用在传感器上, 传感器所受力与受检车车轴的荷重形成正比, 它与轴荷作用在承载台板上的位置无关。这种结构, 传感器受力较稳定。传感器将力变为电压信号, 由于输入到显示仪表的电压信号很微小, 因此, 要通过输入放大器运放电路, 再 A/D 模数转换电路成为相应的数字信号, 在微处理机的控制下, 对输入信号进行逻辑判断和运算, 最后由数字显示屏显示出所测车轮轮重。

3）汽车轴重仪使用与维修保养

① 使用方法。汽车轴重仪生产厂家、牌号、形式不同, 使用方法也有所不同, 因此, 使用前应详细阅读轴重仪的使用说明书。使用轴重仪之前, 首先要将轴重仪承载台板打扫干净, 使之清洁、干燥。检查接线盒连线与电缆线是否良好, 若良好, 开机预热, 预热时间长短参看 "使用说明书"。同时, 对被检汽车做好如下准备: 检查汽车轮胎表面, 应清洁、干净, 如沾有水渍、油污或轮胎花纹沟槽内嵌有小石子等, 一定要清除干净, 以免水渍流入秤体中影响传感器精度或擦伤承载台板。使用步骤如下。

a. 将仪表电源线接通, 并将电源开关拨向 "ON" 的位置。

b. 仪表开始有显示, 接着显示 "0"。如显示为 "88888", 检查数字显示是否短缺笔划。经数秒钟后自动转入测量状态。

c. 按动调零校正器, 机内电脑自动给轴重仪调零（去皮）。

d. 汽车缓慢开上轴重仪, 显示仪表便显示出测量值; 如接有打印机时, 则显示的同时, 打印机便打印出数据, 显示值将保留到下一个车轴进入承载面板为止。

e. 测量完毕后按动电源键, 显示器关闭。

② 注意事项。

a. 轴重仪为较高精度的电子衡器，称量汽车轴重时，尽量保持轻上轻下，减少冲击载荷，也不要随意晃动台面。

b. 保持称体干净卫生，特别是接线盒部分应保持清洁，以免影响电信号输出。

c. 称量汽车轴重时，应尽量靠近称体面板的中部。

d. 称体应尽量防止日晒雨淋，以防止出现测量精度降低和电信号短路现象。特别是接线盒插头部分严禁水进入，不得用水冲洗称体和仪表各部分组件。

③ 维护要点。

a. 轴重仪的核心部分是传感器，使用时要注意防潮，相对湿度不大于 80%。环境温度不能变化太大，为保证其测试的线性度，性能衰退后就要更换。

b. 要定期用标准砝码校验轴重仪的测量精度，一般为 3～6 个月校验一次为宜。

（2）便携式轴重仪

在一般检测及试验中，还可使用便携式轴重仪，其结构简单，使用、携带方便。便携式轴重仪结构如图 4-15 所示，图中包括承重台板和测量仪表。

便携式轴重仪的测量仪表如图 4-16 所示。测量前仪表应先调零，调整部位如图 4-16（b）所示。测量时，将两个便携式轴重仪仪表调零后，

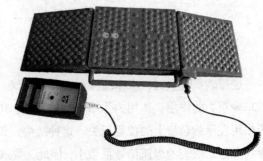

图4-15　便携式轴重仪

分别放在靠近两个前（后）轮的地面上，把车轮垂直、平稳放到轴重仪承载台板上。对四个车轮分别进行测量并记录实验数据。

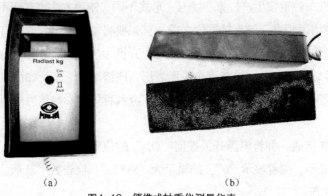

（a）　　　　　　　　　　（b）

图4-16　便携式轴重仪测量仪表

（3）制动试验台

汽车制动试验台的种类很多，目前国内检测站多为单轴式滚筒制动试验台，各汽车修理厂主要采用平板式制动试验台。单轴式滚筒制动试验台如图 4-17 所示，图 4-18 是此试验台一侧的放大图。

图4-17　单轴式滚筒制动试验台

图4-18　单轴式滚筒制动试验台一侧放大图

单轴式滚筒制动试验台是把被测汽车的车轮放置在滚筒上，左、右两个滚筒分别用轴承安装在试验台上，并用电动机驱动其旋转。它的组成如下。

① 制动力承受装置。制动力的承受装置，一般由四个滚筒组成，为使它们能够与汽车轮胎和路面间的附着系数相近似，在滚筒上开有一定数目的沟槽。在滚筒的一侧装有减速器，电动机的转动是通过减速器内的蜗轮蜗杆副和直齿轮二次减速后传给滚筒的。

② 制动力测量装置。制动力测量装置由电动机、减速器、测力臂和测量机构等组成，其原理图如图4-19所示。

测量装置的种类有自装角电动机式、电位计式、差动变压器式及应变片式，其中，应变片式测量装置的工作原理图如图4-20所示，其结构图如4-21所示。

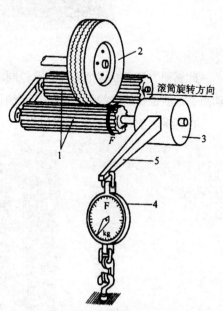

图4-19　制动力测量装置
1—滚筒　2—车轮　3—电动机
4—测力秤（F为制动力）　5—杠杆

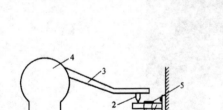
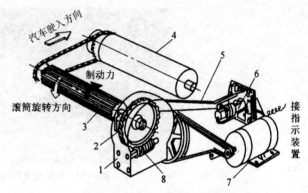

图4-20　应变片式测量装置的工作原理图
1—测量元件　2—测力刀口　3—测力臂
4—减速器　5—应变片

图4-21　应变片式测量装置结构图
1—减速器　2—蜗轮　3、4—滚筒　5—测力臂
6—应变片　7—电动机　8—蜗杆

③ 制动力指示装置。制动力指示装置把左、右车轮制动力用数值进行指示，如图4-22所示。

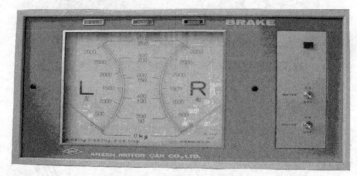

图4-22　制动力指示装置

此制动力指示装置把左、右车轮制动力分别进行指示，其量程自动选择，被选择的量程灯会自动点亮。要根据所选的量程准确读取测量值。

在测量之前，应对仪表指针调零。调零旋钮在面板左侧，如图4-23所示。

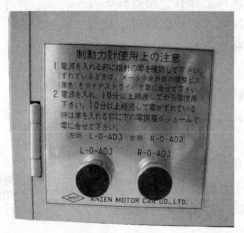

图4-23　调零旋钮

汽车车速表检测

车速表是提供汽车行驶速度信息的重要仪表。对汽车车速表进行检测是十分必要的，因为驾驶员在行车途中能够正确掌握车速，是提高运输生产力与保证安全行车的关键。驾驶员对行车速度的掌握，虽然可以依据主观估计来进行，但由于人对速度的估计往往会因错觉而造成误差，再加上车速表使用时间长后会因内部磁场减弱、车轮直径磨损减小等原因造成误差，所以，检验车速表对于保障行驶安全的意义也是非常重大的。

1. 车速表的检测标准

《机动车运行安全技术条件》（GB7258—2012）对汽车车速表的检测规定如下：车速表允许误差范围为-5%～+20%，即当实际车速为40km/h时，车速表指示值应为38～48km/h；当车速表指示值为40km/h时，实际车速应为33.3～42.1km/h。

2. 车速表试验台

车速表试验台主要有标准型和驱动型两种，此外，还有把车速表试验台与制动试验台等组合在一起的综合型试验台。车速表试验台如图4-24和图4-25所示。

图4-24 车速表试验台（1）

图4-25 车速表试验台（2）

标准型车速表试验台本身没有驱动装置，滚筒由被检汽车的驱动轮带动旋转，如图4-26所示。驱动型车速表试验台由电动机驱动，用其滚筒拖动被检汽车的从动轮旋转，如图4-27所示。若被检汽车驱动转速表的软轴安装在从动轮上，则应采用驱动型车速表试验台来检测其转速表。车速表试验台不管是哪种类型，都由速度检测装置、速度指示装置、速度报警装置和举升装置等组成。

（1）速度检测装置

速度检测装置主要由滚筒、速度传感器、联轴器等组成。滚筒分两组共4个，通过滚动轴承安装在框架上。试验时为防止汽车差速器齿轮滑转，试验台的两前滚筒用联轴器连在一起。速度传感器安装在滚筒的一端，用来检测滚筒的转速信号，此转速信号经过处理可得到车速。

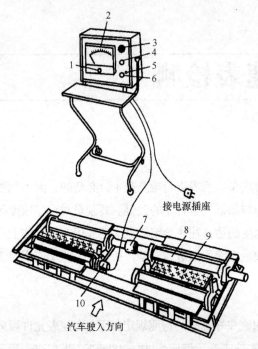

接电源插座

汽车驶入方向

图4-26　标准型车速表试验台
1—零点校正螺钉　2—速度指示仪表　3—蜂鸣器
4—报警灯　5—电源指示灯　6—电源开关　7—联轴器
8—滚筒　9—举升器　10—速度传感器

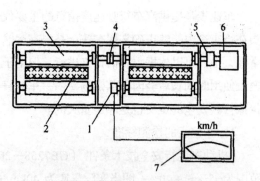

km/h

图4-27　驱动型车速表试验台
l—速度传感器　2—举升器　3—滚筒　4—联轴器
5—离合器　6—电动机　7—车速指示仪表

（2）速度指示装置

速度指示装置根据滚筒的直径及转速，计算出滚筒表面的线速度（即车速），然后指示出来，其面板如图 4-28 所示。

图4-28　速度指示装置面板

（3）速度报警装置

速度报警装置是为确定车速表误差是否在合格范围内而设置的。若车速明显超差，此装置立刻报警，表示车速表不合格，这样，可以提高检测效率。车速报警装置一般有以下三种形式。

① 用试验台报警装置指示检测车速。当汽车实际车速达到某一规定值（如 40km/h）时，报警装置的报警灯发亮或蜂鸣器发响，提示检测员车辆已达到检测车速，注意观察驾驶室车速表指示值是否在合格范围内。

② 用指示仪表上涂成绿色的区域表示车速表指示值的合格范围。试验时，汽车车速表指示值达到某一检测车速时，同时观察试验台速度表指示值是否在合格的绿色区域内。

③ 同时具备上述两种装置的报警装置。

（4）举升装置

为方便汽车进、出试验台，在前、后滚筒之间设有举升器。汽车进入试验台时，举升器升起。检测时，举升器降落，让车轮与滚筒接触。举升器与滚筒制动装置联动，举升器升起时，滚筒处于制动状态。注：对于无法在车速表检验台上检验车速表指示误差的机动车，如全时四轮驱动汽车、具有驱动防滑控制装置的汽车等可通过路试检验车速表指示误差。

$$车速表的误差计算公式为 \sigma = （v' - v）/v \times 100\%$$

式中：σ——车速表指示的误差；

　　　v'——车速表指示值；

　　　v——速度试验台仪表指示值。

3. 车速检验台的结构与原理

车速表试验台也是滚筒式试验台，两根结构相同的滚筒平行排列，汽车驱动轮驶入两滚筒间，两根滚筒轴与汽车驱动轮轴的轴心连接线呈三角形，车轮的胎冠与两滚筒表面相切，汽车驱动轮转动后滚筒被动旋转，由于车轮与滚筒时时相切，胎冠的线速度与滚筒线速度也时时相等，测量到当前的滚筒线速度也就是当前的车速，又因滚筒直径已为常量。因此，只要测量滚筒转速即可计算出当前车速，当前车速与当前里程表之差就不难测量了。

从保证行车安全的角度考虑，机动车的速度表应只有上偏差，即车速表指示的车速值应高于机动车实际车速，这就是检测标准中只有上偏差，而没有下偏差的原因。

在国家标准规定为：被检车的车速表指示值为 40km/h（标准规定的数值），检测台仪表显示值 33.3～42.1km/h。

现在大多数速度台检测是采用上述计算方法，引车员当看到车速表的指针基本稳定在 40km/h 后，按遥控开关，仪表显示值在 33.3～42.1km/h 之内即为合格。

标准也规定检验台仪表显示为 40km/h，车速表指示值为 40～48km/h，因为这种方式驾驶员无法操作，所以都采用上一种测量方法。

当（摩托车）车速表的指示值为 30km/h 时，车速表检验台速度指示仪表指示值为 23.6～30km/h 范围内为合格。

当（摩托车）车速表检验台的速度指示值为 30km/h 时，读取该摩托车车速表的指示值应为 30～37km/h 范围内时为合格。采用上一种测量方法。

检测时的三角木垫法。

$$V = n \times D \times 60 \times \pi \times 10^{-6}$$

式中：V——滚筒的线速度，km/h；

   D——滚筒的直径，mm；

   n——滚筒的转速，r/min。

4. 设备的常规维护

试验台的仪表要避免阳光直射，台体应远离振动和湿度较大的场所，应保持试验台的清洁与干燥，防止油、水或垃圾混入试验台的槽缝，以防传感器因受潮而损坏。

进行连续高速测试时，要适当提高轮胎气压，以防测试时出现车轮驻波现象。定期检查滚筒轴承的润滑状态，定期放掉水分离器中的积水，检查油雾器的液面，补充好机械油。

车速台在保养时要卸去中间盖板和边盖板，清洁各部的油污、锈斑及灰尘，用油枪在轴承内加注少许20#机械油与锂基润滑脂混合油。

每天检查滚筒上有无水渍、油污等脏物，如有就擦拭干净；检查举升器是否能顺利动作有无泄漏堵塞，如有卡滞现象或泄漏应及时修理；检查压缩机内的润滑油面高度滤清器和贮气罐的积水情况，油面不足，应予补添，如有积水，应予排放；每三个月检查滚筒在运转时是否平稳，有无杂音，如有杂音或损伤要及时修理；检查滚筒轴承座润滑情况，如有脏污或干涸时，应按规定油品加注润滑油或润滑脂；检查联轴器有无松旷窜动现象，如有应紧固安装螺钉；查看传感器安装情况，如有松动，应及时紧固安装螺钉，保证接线牢固可靠。每12个月除进行上述每3个月的保养作业项目外，还应调整显示精度，对检验台进行计量标定。

提醒注意的是：在冬天温度低的时候控制路和电磁阀线圈工作正常，但举升板就是不上升或下降，这种情况可能是气温太低阀体内冻住通电后动作不了造成的，可以用电吹风或热水袋热一下，问题也许就解决了。

4.6 汽车侧滑检测

1. 侧滑检测的必要性

侧滑量大小是机动车在检测线上另一个检测项目，用来判断四轮定位参数是否恰当，为汽车转向系统故障判断提供重要依据。

汽车在使用过程中，由于轮毂轴承松旷，车身不平衡，车轮拖滞，轮胎气压、花纹形状、磨损程度不一样，车架、车轴转向机构的变形与磨损都会导致车轮定位失准。此时，转向车轮在向前滚动的同时，将会产生横向滑移的现象，称为侧滑。实践证明，汽车的侧滑会造成滚动阻力增加、行驶稳定性变差、轮胎磨损加剧、运行油耗增多和转向沉重，影响汽车的使用性能和经济性。所以，必须对汽车的侧滑进行定期检测。

汽车的前轮定位将直接影响其直线行驶稳定性、安全性、燃油经济性、轮胎和有关机件的磨损以及驾驶员的劳动强度等。而把后轮外倾角和后轮前束称为后轮定位，其主要作用是使前后轮胎行驶轨迹重合，从而减少高速时前后轮胎的横向侧滑量和轮胎的偏磨损。

前轮定位检测方式有静态检测和动态检测两种方法。静态检测使用前轮定位仪，动态检测使用侧滑试验台。注意：所说的静态是指汽车静止不动，使用前轮定位仪对汽车的前轮前束值、主销后倾角、主销内倾角和车轮外倾角进行检测。其特点是仪器结构简单，但操作繁琐、速度慢。而动态检测是指汽车运动，用侧滑试验台（滑板式或滚筒式）对汽车的前轮前束值和车轮外倾角的匹配情况进行检测。其特点是设备结构复杂、操作简便、速度快，非常适合快速检测。因此，在安全检测线或综合检测线上得到了广泛的应用。

2.　侧滑检测的国家标准

最新的国家标准 GB 7258—2012《机动车运行安全技术条件》中对汽车的侧滑明确规定如下：机动车（摩托车、轻便摩托车和三轮农用车除外）转向轮的横向侧滑量，用侧滑仪（包括双板和单板侧滑仪）检测时，侧滑量值应不大于 ±5m。

国家标准对于机动车转向轮侧滑量的检验方法规定如下：

① 将车辆对正侧滑试验台、对单板式侧滑仪，将车辆的一侧车轮对正侧滑板，并使转向盘处于正中位置。

② 汽车以 3～5km/h 的速度垂直平稳通过侧滑板，在行进过程中，不得转动转向盘。

③ 转向轮通过台板时，测取横向侧滑量。

侧滑台是当汽车以 3～5km/h 的车速在滑板上驶过时，用测量滑板左右移动量的方法来测量车轮侧滑量的大小和方向，并判断是否合格的一种检测设备。目前有单板式和双板联动式两种。

3.　侧滑台的种类、结构和工作原理

在汽车设计时为使转向车轮具有转向轻便、准确和行驶稳定等特性，在转向车轮上设计有主销内倾角、主销后倾角、车轮外倾角和车轮前束等四项参数，统称为前轮定位。它是一组把转向轮安装成一定的静态几何角度和尺寸的参数值。在这四项参数中前两项是由汽车的基础件来保证的，一般不会有较大变化。车辆在使用中由于车架、车轴、转向机构的变形与磨损造成了原有的参数值改变，致使前轮定位失准（主要是外倾角和前束），车辆行驶时转向轮在向前滚动的同时还将产生横向滑移，这就是我们所说的侧滑。侧滑试验台主要用于测量由于车轮外倾角和前束共同作用而形成的侧滑量。只有前束而无车轮外倾角的车辆通过侧滑台时侧滑板向外滑移；只有车轮外倾角而无前束的车辆通过侧滑台时侧滑板向内滑移。侧滑量定义的单位是 m/km，含义是汽车正直向前行进 1000m 而造成滑动板位移 1m，即为一个基本侧滑单位 1m/km。

侧滑台实际上是将 1000m 精密缩小 1000 或 2000 倍的特殊（可左右位移）路面，例如：侧滑板有效长度为 1000mm（相当于将 1000m 缩小了 1000 倍），汽车前轮正直行过侧滑板时使得侧滑板向垂直于汽车前进方向的方向位移了 1mm，我们说这台车的侧滑量是 1mm/1m，若将此值的分子分母同乘以 1000，就将其化为标准侧滑量 1m/1km 了。

侧滑台使用的传感器是直流差动变压器（如图 4-29）。侧滑板移动的方向是由车轮的侧滑方向

来决定的，若前轮外倾角产生的侧滑占主导地位，侧滑板向内移动；反之，若前束产生的侧滑占主导地位，则侧滑板向外移动。因此，侧滑试验台测量出的值即有方向又有量值。

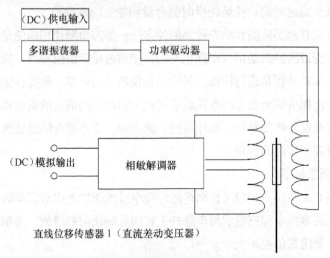

图4-29　直流差动变压器原理图

由此可见侧滑试验台就是由两块尺寸精密、左右可滑动的侧滑板加位移传感器构成的。为了减小滑板滑动阻力，在两块滑板下的四角装有滚动轴承。

用于侧滑台的传感器目前有两种：一种是电位器，会因磨损而使滑动能点接触不良，但它的线性好（至少理论上是如此）；另一种是差压变压器，灵敏度高，测量范围大，寿命长。

4. 设备的常规检测

侧滑台的侧滑板滑动阻力较小，通常在长时间不使用或搬运时应将锁止机构锁止，以防损坏。

通常使用时为保证测量准确性和保护设备，车速不应超过 4km/h，且应直驶而过，不应在试验台上转向和停车。

定期润滑侧滑板下的滚动轴承和铰接轴承，保护好传感器切勿受潮。

（1）检测前的准备工作

① 在不通电的情况下，检查仪表指针是否在零位上；接通电源，晃动滑动板，待滑动板停止后，查看指针是否仍在零位或数据显示仪表上的侧滑量数值是否为零。如发现不准，对于指针式仪表，可以用零点调整电位计或游丝零点调整钮将仪表调零；对于数显式仪表，可按下校准键，调节调零电阻，使侧滑量显示值为零，或按复位键清零。

② 检查侧滑台及周围场地有无机油、石子、泥污等杂物，并清除干净。

③ 检查各种导线有无损伤而造成接触不良的部位，必要时应进行修理或更换。

④ 待检测车辆轮胎气压应符合各自的规定值（出厂标准）。

⑤ 检查并清除轮胎上的油污、水渍和嵌入的石子、杂物等。

（2）检测步骤

① 开滑动板的锁止手柄，接通电源。

② 车以 3～5km/h 的低速垂直地通过滑动板。速度过高会因台板的惯性力和仪表的动态响应迟

滞而影响测量精度。速度过低也会引起失真误差。

③ 被测车轮从滑动板上完全通过时，查看指示仪表，读出最大值，注意记下滑动板的运动方向，即区别滑动板是向外还是向内滑动。进行记录时，应遵循如下约定：滑动板向外滑动，侧滑量记为负值，表示车轮向内侧滑动（即 IN）；滑动板向内侧滑动，侧滑量记为正值，表示车轮向外侧滑动（即 OUT）。

④ 测试结束后，锁止滑动板，切断电源。

（3）检测时的注意事项

① 不允许超过容许吨位的汽车驶入侧滑台，以防压坏和损坏易损机件。

② 不允许汽车在侧滑台上转向或转动，因为这会影响测量精度和检验台的使用寿命。

③ 前驱动的汽车在测试时，不应该突然加油、收油或踏离合器，这样会改变前轮受力状态和定位角，造成测量误差。

（4）计量与校准

按中华人民共和国国家计量检定规程 JJG 908—96 的规定，侧滑实验台的检定周期为一年，由国家技术监督局下属的委托机构派员进行检定。

在检定周期内的设备可由使用单位定期进行校准，校准的方法如下。

通常使用时为保证测量准确性和保护设备，车速不应超过 4km/h，且应直驶而过，不应在试验台上转向和停车。

定期润滑侧滑板下的滚动轴承和铰接轴承，保护好传感器切勿受潮

先预热设备（含工位机）不小于 30min，令屏幕进入标定画面，移动滑板 3m/km 时回复，屏幕读数不应超过 ±0.2m/km。

人为误差主要取决于操作人，如读数误差（数字显示仪表不存在读数误差）；人为操作不当产生的误差（如车速台检测时，司检人员在速度表还没稳定就按了遥控器）；人为误差是可以通过正确操作而消除或降低误差量值的。

双滑板侧滑台左、右两板联动机构的整个杆系（不考虑回位弹簧）由 3 个连杆一个支点和 4 个铰接点组成，运动件多，间隙多，总间隙过大，加上加工、装配和使用中的磨损，累积误差大。但其灵敏度低，随机误差小。

系统误差随机误差双滑板大小单滑板小大单滑板没有铰接点，没有间隙，因此，系统误差（或固有误差）小，灵敏度高，但随机误差大。

（5）侧滑台的维护

每天检查滚筒上有无水渍，油污等脏物，如有，就擦拭干净；每月要重点检查测量装置，每 3 个月除进行每月保养项目外，还要检查测量机构的杠杆及回位情况。如果杠杆机构动作欠灵活，需进行清洁与润滑工作，必要时还可更换回位弹簧。每 6 个月除进行每 3 个月保养项目外，还要检查滑动板下面滚轮、轨道，清洁泥污，紧固润滑。拆下滑板，润滑中心盖及清洁。用溶剂清除旧油，再涂上新润滑油，对磨损严重的滚轮等部件可据情更换。每 12 个月除进行上述每六个月的保养作业项目外，还要调整显示精度，对检验台进行计量标定。侧滑台不使用时，一定要锁止滑动板，以防止受到外界因素（人或汽车等）引起的晃动而损坏测量机件。

（6）侧滑台的调整

通过对侧滑台的检定，往往会发现示值超差，造成超差的原因基本有两个方面：一是机械方面的原因，主要是滑动板及联动机构等机械构件在制造过程中存在隐蔽缺陷，以及长期使用后机件磨损，间隙增大所致。二是电气方面的原因，测试仪表内电子器件日久老化，或使用过程中的操作不慎造成零点漂移或阻止变化，或部分元件损坏所致。出现超差后的调整方法如下。

① 调整仪表零点。侧滑台显示仪表据仪表类型可分为电零位调整和机械零位调整两种调整零点形式。

a. 电零位调整：利用仪表上的零点调整电位，改变电阻值的大小进行调整。

b. 机械零位调整：当电零位调整仍无法将仪表指针调零时，改变传感器的安装位置，改变滑臂转动角度（对于旋转电位器）或调整回位弹簧预紧力（对机械指针显示仪表）等。

② 调整示值超差。当侧滑台左右滑动板的示值偏大或偏小时，可通过仪表板上增益电位器进行调整。有些侧滑台的仪表板上设有两只调整增益用的电位器，对滑动板的外向（IN）和向内（OUT）可分别进行调整。由于联动机构间隙过大或轴承松旷，造成仪表示值误差。可适当增加调整垫片或对轴承座圈进行镀铬修复。或改变调整螺母的松紧度以消除间隙，必要时可更换磨损严重的轴承等易损件。

③ 调整动作力超差。滑动板动作力超差时，可以通过回位弹簧预紧力解决，必要时甚至可更换回位弹簧。

5. 转向轮侧滑动态检测侧滑试验台的测量原理

转向轮侧滑，实际上就是转向轮外倾与转向轮前束综合作用的结果。如图 4-30（a）所示，若转向轮仅有前束而没有外倾角，则汽车直线行驶时，两转向轮具有向内收缩靠拢的趋势，若使两转向轮驶过底部装有滚轮可自由滑动的滑板，意味着地面可以横向伸缩，则左右滑板分别向外滑移。通常，滑板向外滑动的数值记为正，而向内滑动的数值记为负。因此，正前束可引起正侧滑。

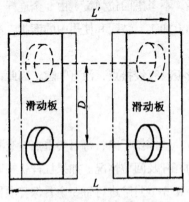
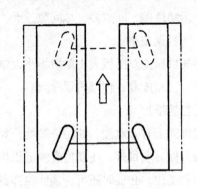

（a）转向轮仅有前束没有外倾角　　　　　（b）转向轮只有外倾角没有前束

图4-30　转向轮侧滑的测量原理

与上述情况相反，若转向轮只有外倾而没有前束，如图 4-30（b）所示，当通过滑板时，滑板将向内侧滑移，即外倾可引起负前束。

侧滑试验台就是利用上述滑动板原理来测量车轮侧滑量的。应说明的是：转向轮外倾和前束均合格时，侧滑量合格；反之，当侧滑量合格时，却不一定保证外倾和前束都合格。

6. 侧滑试验台的构造

目前，国内采用的大多数侧滑试验台是双板联动式侧滑试验台。检测时，汽车两转向轮分别驶过左、右滑板，用测量滑板左、右位移量的方法检测汽车的侧滑量。双滑板联动式试验台由试验台检测装置、指示装置和报警装置构成。

（1）侧滑试验台检测装置

图 4-31 所示为双板联动式侧滑试验台检测装置图。

图4-31　双板联动式侧滑试验台检测图

实际使用的侧滑试验台检测装置有多种结构形式。图 4-32 所示为机械式侧滑试验台；图 4-33 所示为自整角电动机式侧滑试验台，自整角电动机的工作原理如图 4-34 所示；图 4-35 所示为电位计式侧滑试验台；图 4-36 所示为差动变压器式侧滑试验台及差动变压器的工作原理图。

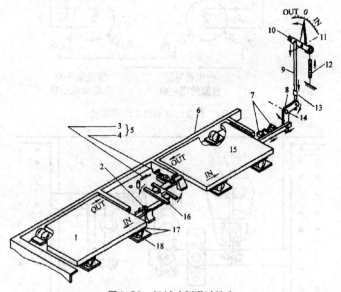

图4-32　机械式侧滑试验台

1—左滑动板　2—导向滚轮　3—回位弹簧　4—摆臂　5—回位装置　6—框架　7—限位开关　8—L形杠杆
9—连杆10—we刻度放大倍数调节器　11—指示机构　12—调整弹簧　13—零位调整装置
14—支点　15—右滑动板　16—双销叉式曲柄　17—轨道　18—滚轮

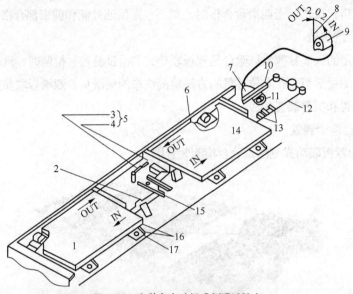

图4-33   自整角电动机式侧滑试验台

1—左滑动板   2—导向滚轮自擎角电动机式侧滑试验台   3—回位弹簧   4—摆仲   5—回位装置的自整角电动机
6—框架   7—产生信号   8—指示机构，一接收信号的自整角电动机   10—齿条   11—小齿轮
12—连杆   13—限位开关   14—右滑动板   15—双销叉式曲柄   16—轨道   17—滚轮

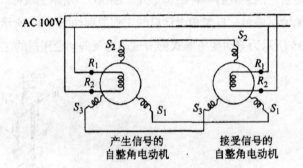

图4-34   自整角电动机工作原理图

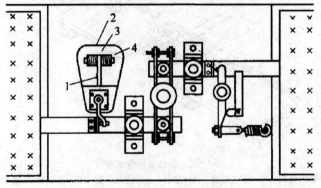

图4-35   电位计式侧滑试验台

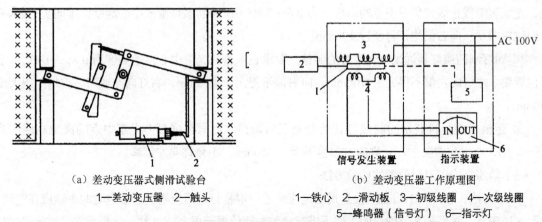

（a）差动变压器式侧滑试验台　　　　　　　　（b）差动变压器工作原理图
1—差动变压器　2—触头　　　　　　　1—铁心　2—滑动板　3—初级线圈　4—次级线圈
5—蜂鸣器（信号灯）　6—指示灯
图4-36　差动变压器式侧滑试验台及差动变压器的工作原理图

侧滑板的长度一般有 500mm、800mm、1000mm 三种。为增大轮胎与滑板间的附着系数，侧滑板常用花纹板制造。侧滑板下部用滚轮支承在滑道内，因此，受力后可左右摆动。为使侧滑板能够回位，机构中装有回位弹簧。

锁止装置用于在不工作时，限制侧滑板的左、右位移，防止意外损坏。左、右滑板只能做同时向内或同时向外的等量位移，位移传感器装于其中一块滑板上。

（2）侧滑试验台指示装置

从传感器传来的侧滑板位移量由指示装置来指示。指示装置标定时，按汽车直线行驶 1km 每侧滑 1m 为一格刻度。若侧滑板长度为 1000mm；则侧滑板侧向位移 1mm 时，显示 1 个刻度；若侧滑板长度为 500mm，则侧滑板侧向位移 0.5mm 对应于 1 个刻度。

（3）报警装置

检测转向轮侧滑量时，为快速表示出检测结果，当侧滑量超过规定值时，用蜂鸣器或信号灯报警。侧滑试验台还有单板式，尤其在欧洲很流行，测量精度比双板式更高。

汽车前照灯检测

1. 前照灯检测标准及检测方法

国标对前照灯的发光强度及光束照射位置规定如下：

（1）汽车和摩托车应装用分别符合 GB 4599 和 GB 5948 要求的前照灯。

（2）前照灯光束照射位置要求。

① 机动车（运输用拖拉机除外）在检验前照灯的近光光束照射位置时，前照灯在距离屏幕10m处，光束明暗截止线转角或中点的高度应为0.6～0.8H（H为前照灯基准中心高度，下同），其水平方向位置向左、向右偏均不得超过100mm。

② 四灯制前照灯其远光单光束灯的调整，要求在屏幕上光束中心离地高度为0.85～0.90H，水平位置要求左灯向左偏不得大于100mm，向右偏不得大于170mm；右灯向左或向右偏均不得大于170mm。

③ 运输用拖拉机装用的前照灯其近光光束的调整，要求在屏幕上光束中点的离地高度应为0.5～0.7H；水平位置要求，允许向右偏移不大于350mm，不允许向左偏移。

（3）前照灯光束照射位置的检验方法

① 屏幕法：在屏幕上检查。检查用场地应平整，屏幕与地面应垂直。被检验的车辆应在空载、轮胎气压正常、乘坐一名驾驶员的条件下进行。将车辆停置于屏幕前，并与屏幕垂直，使前照灯基准中心距屏幕10m，在屏幕上确定与前照灯基准中心离地面距离H等高的水平基准线及以车辆纵向中心平面在屏幕上的投影线为基准确定的左右前照灯基准中心位置线。分别测量左、右、远、近光束的水平和垂直照射方位的偏移值。

② 用前照灯校正仪检验。将被检验的车辆按规定距离放置在与前照灯校正仪垂直的位置上，从前照灯校正仪的屏幕上分别测量左、右、远、近光束的水平和垂直照射方位的偏移值。

（4）机动车装用远光和近光双光束灯时以调整近光光束为主。对于只能调整远光单光束的灯，调整远光单光束。

（5）机动车每只前照灯的远光光束发光强度应达到表4-6的要求。测试时，其电源系统应处于充电状态。

表4-6　　　　　　　　　　前照灯远光光束发光强度要求　　　　　　　　（单位：cd）

检查项目 车辆类型		新注册车			在用车		
		一灯制	两灯制	四灯制①	一灯制	两灯制	四灯制
汽车、无轨电车		—	15000	12000	—	12000	10000
四轮农用运输车		—	10000	8000	—	8000	6000
三轮农用运输车		8000	6000	—	6000	5000	—
摩托车		10000	—	—	8000	—	—
轻便摩托车		4000	—	—	3000	—	—
运输用拖拉机	标定功率＞18kW	—	8000	—	—	6000	—
	标定功率≤18kW	6000②	6000	—	5000②	5000	—

注：① 采用四灯制的机动车，其中，两只对称的灯达到两灯制的要求视为合格。
　　② 允许手扶拖拉机车组只装用一只前照灯。

2. 照明和信号装置的一般要求

① 所有前照灯的近光都不得眩目。

② 装有前照灯的机动车应有远、近光变换装置，并且当远光变为近光时，所有远光应能同时熄灭。同一辆机动车上的前照灯不允许左、右的远、近灯交叉点亮。

③ 四灯制前照灯并排安装时，装于外侧的一对应为远、近光双光束灯；装于内侧的一对应为远光单光束灯。

3. 前照灯检测仪的检测原理

① 发光强度的检测原理如图 4-37 所示。发光强度检测电路由光电池 1、光度计 2 和可调电阻 3 组成，当前照灯在规定距离照射光电池时，光电池立刻产生电流，电流的大小与光的强弱成正比。改变电路中可变电阻的大小，可以使光度计的指针回零。

② 光束偏斜量的检测原理如图 4-38 所示。把光电池组 2 分割成 "$S_上$"、"$S_下$"、"$S_左$"、"$S_右$" 四份。在 "$S_上$" 与 "$S_下$" 之间连接有上下偏斜指示计 3；在 "$S_左$" 与 "$S_右$" 之间连接有左右偏斜指示计 1。当前照灯的光束照射到光电池时，若四份光电池受光强度不同，则产生的电流也不一样。由于 "$S_上$" 与 "$S_下$" 和 "$S_左$" 与 "$S_右$" 之间的电流大小不相等，从而引起与之相对应的偏斜指示计指针摆动，即可测量出光束的偏斜方向及偏斜量。

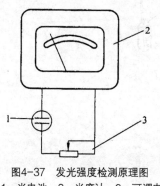

图4-37　发光强度检测原理图
1—光电池　2—光度计　3—可调电阻

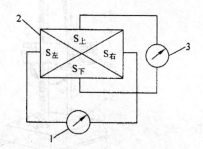

图4-38　光束偏斜量的检测原理
1—左右偏斜指示计　2—光电池组　3—上下偏斜指示计

4. 前照灯检测仪的类型

不同类型的前照灯检测仪都是由受光器、照准装置、发光强度指示装置、光轴偏斜量指示装置及机架等组成。以下介绍几种有代表性的前照灯检测仪。

（1）聚光式前照灯检测仪

聚光式前照灯检测仪进行检测时，仪器位于前照灯前面 1m 处，灯光透过聚光透镜后照射在光电池上，其检测方法有移动反射镜法、移动光电池法、移动透镜法，其中，移动反射镜法如图 4-39 所示。前照灯 2 的光束透过聚光透镜 3 到达反射镜 6 的镜面上，反射镜将光束改变照射方向后照射在光电池 5 上。反射镜的反射角度可以改变，而光电池以及聚光透镜的位置是固定的。只要转动光轴刻度盘 1，就可以改变反射镜的反射角度，动角度由光轴偏斜指示计指示，让光束照射在光电池的中心。光轴刻度盘的转发光强度由光度计指示。

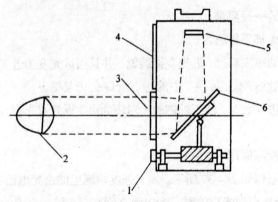

图4-39　移动反射镜法

1—光轴刻度盘　2—前照灯　3—聚光透镜　4—光轴偏斜指示计　5—光电池　6—反射镜

（2）自动追踪光轴式前照灯检测仪

自动追踪光轴式前照灯检测仪的外形图如图 4-40 所示。

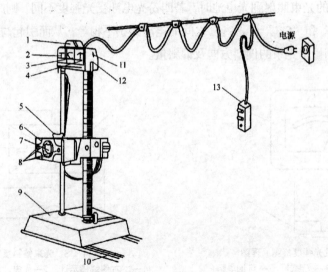

图4-40　自动追踪光轴式前照灯检测仪

1—在用显示器　2—左右偏斜指示计　3—光度计　4—上下偏斜指示计

5—车辆摆正找准器　6—受光器　7—聚光透镜　8—光电池

9—控制箱　10—导轨　11—电源开关　12—熔丝　13—控制盒

受光器的聚光透镜表面共装有 4 个光电池，4 个光电池分布在聚光透镜的上、下、左、右。受光器内部也装有四个光电池，这两组光电池构成了主、副受光器，主、副受光器的中间部分装有中央光电池。该检测仪的台架和受光器的位移由电动机驱动。每对光电池由于受光不均匀而产生的电流差值，不仅用来驱动光轴偏斜指示计，同时也用来控制电动机的运转，使检测仪台架沿导轨左、右移动并使受光器上、下移动，直至每对光电池所产生的电流相等为止，这样就实现了自动追踪光轴。追踪过程中受光器的位移由光轴偏斜指示器指示，发光强度由中央光电池检测并由光度计指示。自动追踪光轴式前照灯检测仪的面板如图 4-41 所示。中间部分为投影屏，用于手动查看光束位置；左侧为光强指示仪表；右侧为上、下及左、右偏移量指示仪表。

图4-41 自动追踪光轴式前照灯检测仪面板

4.8 噪声的测量

1. 认识声音

普通人耳能够听到的声音频率大概是 16～20000Hz，通常感到声调高的频率是 2000～4000Hz，感到声调低的频率是20Hz 以下。普通男性声调的频率大概在160Hz 左右，女性声调的频率大概在300Hz 左右。

（1）声音的强弱

声音的强弱用物理量中的能量来表示，声音的强弱取决于声波的压力（声压），能量越大声音越强，能量越小声音越弱。声压级虽然可以用 Pa（帕斯卡）表示，但是由于声音的强弱是人们的一种感觉现象，人对声音的感觉特性是与声音能量的对数成一定的比例，因而把人耳能否听到的声压分界线 2×10^{-5}Pa 作为基准声压，以实际声压与基准声压比值的对数 dB（分贝）作为表示声音强弱的单位，与频率无关。

（2）声音的响度

声音的响度取决于听到声音时的主观感觉量，表示响度级时，用方作单位，以便和物理量声压级（dB）进行区别。方是 1000Hz 纯音的声压级数值。对于 1000Hz 以外的声音，是把和它一样响的 1000Hz 纯音的声压级数值作为它的响度级数值。正常人耳，由于不能听到比零方（2×10^{-5}Pa）小的声音，因此把它称为"闻阈"（最低可听界限）；反之，比 130 方大的声音会使人感到痛苦，因为是听不见的，所以把它称为"痛阈"。

（3）音色

因为音色是由声波形状所决定的，所以，它是根据声源的不同而有所区别的。例如：用大鼓和金属板即使能敲出同样大小的声音，但是听起来却不一样。

（4）听觉修正网络

声音的响度取决于听到声音时的主观感觉量，因此，即使是同样声压级的声音，由于频率不同，听起来声音的响度也不一样。低音听起来感觉小，高音听起来感觉大。因此，必须使用具有和听觉一致的频率反应特性的测量仪器。所以，在测量仪内设有 A、B 和 C 三个听觉修正网络，能够测量出和听觉近似的声音响度。

2. 认识噪声

噪声是指使人感受不适、人们不希望听到的声音。它的强度通常用声压级表示，单位为分贝（dB）。在现代城市环境噪声中，交通运输产生的噪声最大，约占城市噪声的 70%，而其中机动车辆的噪声占交通运输噪声的 80%左右。汽车噪声主要由发动机噪声、传动机构噪声、轮胎噪声、车身与空气的摩擦声、喇叭声等构成。

3. 汽车噪声检测标准

（1）行驶时车外噪声控制标准

汽车加速行驶时，车外最大允许噪声级应符合表 4-7 的规定。

表 4-7　　　　　　　　　　汽车车外最大允许噪声规定

车辆种类		加速最大声压级/dB（A）（7.5m）	
		1985 年 1 月 1 日以前生产的	1985 年 1 月 1 日以后生产的
载货汽车	8t≤载货质量＜15t	92	89
	3.5t≤载货质量＜8t	90	86
	载货质量＜3.5t	89	84
轻型越野车		89	84
公共汽车	4t≤总质量＜11t	89	86
	总质量＜4t	88	83
轿车		84	82

注：dB（A）表示用"A"计权进行测量。

（2）车内噪声控制标准

依据 GB7258—2012《机动车运行安全技术条件》的规定，客车车内噪声级应不大于 82dB（A），汽车驾驶员耳旁噪声级应不大于 90dB（A）。

国标对于驾驶员耳旁噪声的检测方法为：① 车辆应处于静止状态且变速器置于空挡，发动机应处于额定转速状态。② 测量位置应符合 GB 1496 的要求。③ 声级计应置于"A"计权、"快"挡。

（3）汽车喇叭声级标准

依据 GB 7258—2012《机动车运行安全技术条件》的规定，汽车喇叭声级在距车前 2m，离地高1.2m 处测量时，其值应为 90～115dB（A）。

4. 噪声检验仪（声级计）的结构和工作原理

声级计是用于测量汽车噪声级和喇叭声响的最常用的仪器，它由传声器、听觉修正线路（网络）、放大器、指示仪表和校准装置等组成。按声级计测量的精度不同分为普通声级计和精密声级计；按声级计所用电源类别，分为交流式声级计和直流式声级计两类。直流式声级计又称为便携式声级计。图 4-42 为 HY103A 型直流式声级计外形图。传声器也叫话筒，是将声压信号转变为电信号的传感器，是声级计中的关键元器件之一。电容式传声器具有动态范围大、频率响应特性好和灵敏度高等特点，因而广泛应用于噪声测量。

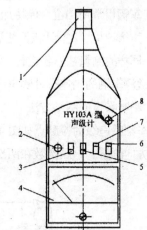

声级计上的保持按钮 2，在测量最大值时使用。当按下保持按钮时，仪表指示的数值只能升不能降，从而可测量某一段时间内声音的最大值。当松开按钮后，自动恢复即时显示。指示仪表可以有数字式或指针式等多种。图 4-42 为磁电式指针仪表。该声级计还有交流输出插孔，装有 3.5mm 耳机插座，供输出交流线性信号用（非对数信号，仪表满偏时输出交流电压 1.2V）。

图4-42　HY103A型声级计外形
1—传声器　2—保持按钮　3—电源开头
4—指示仪表　5—快慢挡开关　6—量程开关
7—计权选择开关　8—校准电位器

5.　车外噪声测量方法

①　为了避免风噪声干扰，应在无风天气进行。

②　测量场地应平坦空旷，在测试中心以 25m 为半径的范围内，不应有大的反射物，如建筑物、围墙。

③　周围环境噪声至少要比所测车辆噪声低 10dB。

④　被测车辆空载，测量时发动机应处于正常使用温度。

⑤　测量场地及测点位置示意图如图 4-43 所示。两个测试话筒位于 20m 跑道中心点 O 两侧，各距中心线 7.5m，距地面高度 1.2m，并用三角架固定，话筒平行于路面，其轴线垂直于车辆行驶方向。

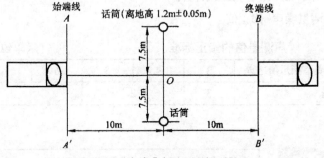

图4-43　车外噪声测量场地示意图

6.　加速行驶车外噪声测量方法

①　自动变速器车辆以发动机额定功率转速的 3/4 稳定到达始端线。

②　手动变速器的车辆：四挡和四挡以下的车辆使用二挡，四挡以上的车辆使用三挡。车辆到达始端线的速度为相当于发动机额定功率转速 3/4 的速度。如果此时车速超过了 50km/h，那么车辆应以 50km/h 的车速稳定地到达始端线。

③　从车辆前端到达始端线开始，立即将节气门踏板踩到底，直线加速行驶，当车辆后端到达终端线时，立即停止加速。

④　声级计用 "A"，计权网络、"快" 挡进行测量，读取车辆驶过时声级计最大读数。

⑤ 同样的测量往返各进行一次，车辆同侧两次测量结果之差不应大于 2dB。四次测量值的平均值作为被测车辆的最大噪声级。

7. 匀速行驶车外噪声测量方法

① 车辆用常用挡位，保持加速踏板稳定，以 50km/h 的车速匀速通过测量区域。

② 声级计用 "A" 计权网络、"快" 挡进行测量，读取车辆驶过时声级计的最大读数。

③ 同样的测量往返各进行一次，车辆同侧两次测量结果之差不得大于 2dB。四次测量值的平均值即为被测车辆的匀速车外噪声。

8. 喇叭噪声的测量方法

汽车喇叭声级的检测点如图 4-44 所示。测量点在距车前 2m，离地高 1.2m 处，声级计话筒正对着车头方向测量。检测次数在两次以上，并监听喇叭声是否悦耳。

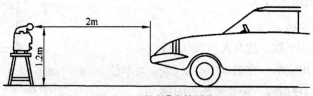

图4-44　喇叭噪声的测量

9. 噪声测量值的修正

噪声测量时，要求本底噪声（指测量对象不存在时，周围环境的噪声）应低于被测车辆噪声至少 10dB，否则，应对测量结果进行修正。修正标准参见表 4-8。根据测量对象噪声与本底噪声指示值之差的大小，测量对象噪声用下列公式计算：

测量对象噪声 = 测量噪声－修正值

表 4-8　　　　　　　噪声测量值的修正标准　　　　　　　　（单位：dB）

测量对象噪声与本底噪声指示值之差	3	4	5	6	7	8	9
修正值	3	2		1			

排气污染物检测

1. 汽车排气污染物

（1）汽车废气的烟色

汽车废气的烟色按颜色分类，可大致分为下列 3 类。

① 黑烟。黑烟也可称为热烟，它是一种因燃烧室内局部混合气过浓而产生的炭粒浮游物。

② 白烟。白烟也可称为冷烟,它是一种因发动机冷机工作或气缸断火而产生的未燃燃料颗粒的雾气或由水蒸气冷凝产生的雾气。

③ 蓝烟。发动机热起后运转时,在稍微离开排气管口一点儿的地方,可以看到略带黏性的液状物质,它是一种含有少量氧的碳氢化合物的混合物。上述三种颜色的烟中,柴油机全负荷时冒的黑烟最有典型性。

(2)汽油机排气污染物的种类

汽油机排气污染物主要有一氧化碳(CO)、碳氢(HC)、氮氧化物(NO_x)、光化学烟雾(主要成分是臭氧及醛类)。

(3)柴油机排气污染物的种类。柴油机的排气污染物主要是碳烟及其上夹附的 SO_2 和其他有害物质。

2. 汽车排气污染物的检测标准

(1)汽油车排气污染物的检测标准

汽油车排气污染物的检测,依据国家标准 GB 7258—2012《机动车运行安全技术条件》的规定,主要测量汽油机在怠速工况下排气中的 CO、HC 的含量。其排气检测值应符合 GB 18352.3—2005《汽油车怠速污染物排放标准》的规定,见表4-9。

表4-9　　　　　　　　　　汽油车怠速污染物排放标准

车型＼项目	CO 的体积分数(%)		HC 的体积分数($\times 10^{-6}$)			
			四冲程		二冲程	
	轻型车	重型车	轻型车	重型车	轻型车	重型车
1995 年 7 月 1 日以前的定型汽车	3.5	4.0	900	1200	6500	7000
1995 年 7 月 1 日以前的新生产汽车	4.0	4.5	1000	1500	7000	7800
1995 年 7 月 1 日以前生产的在用汽车	4.5	5.0	1200	2000	8000	9000
1995 年 7 月 1 日起的定型汽车	3.0	3.5	600	900	6000	6500
1995 年 7 月 1 日起的新生产汽车	3.5	4.0	700	1000	6500	7000
1995 年 7 月 1 日起生产的在用汽车	4.5	4.5	900	1200	7500	8000

(2)柴油机排气污染物的检测标准

柴油车尾气的检测,依据 GB 7258—2012《机动车运行安全技术条件》的规定,引用 GB 17691—2005《车用压燃式、气体燃料点燃式发动机与汽车排气污染物排放限值及测量方法》,测量柴油发动机在自由加速工况下烟度排放值,其排放限值见表4-10。

表4-10　　　　　　　　　　柴油发动机自由加速烟度排放限值

车 型	烟度/FSN
1995 年 7 月 1 日以前的定型汽车	4.0
1995 年 7 月 1 日以前的新生产汽车	4.5
1995 年 7 月 1 日以前生产的在用汽车	5.0
1995 年 7 月 1 日起的定型汽车	3.5
1995 年 7 月 1 日起的新生产汽车	4.0
1995 年 7 月 1 日起生产的在用汽车	4.5

3. 汽油车排气污染物的检测仪器

汽油车排气污染物的测量仪器可采用不分光红外线 CO 和 HC 气体分析仪。汽油车排放废气中的 CO、HC 气体，具有能吸收一定波长范围红外线的性质，且红外线被吸收程度与废气体积分数之间有一个正比的关系。不分光红外线 CO 和 HC 气体分析仪就是利用这一原理来检测废气中 CO 和 HC 的体积分数。在各种气体混合在一起的情况下，这种检测方法具有测量值不受影响的特点。分析仪的结构原理如图 4-45 所示。不分光红外线 CO 和 HC 气体分析仪能够从汽车排气管中采集气体进行连续测量，其组成如图 4-46 所示。它由废气取样装置、废气分析装置、废气体积分数指示装置和校准装置等组成。

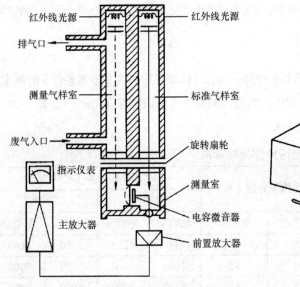

图4-45　不分光红外线CO和HC气体分析仪原理

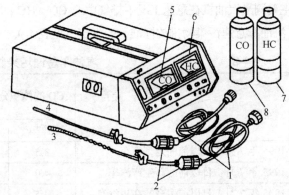

图4-46　CO和HC气体分析仪

1—导管　2—过滤器　3—低体积分数取样头　4—高体积分数取样头
5—CO指示仪表　6—HC指示仪表　7—标准HC气样瓶
8—标准CO气样瓶

使用尾气分析仪 ZFE-1 对汽车进行排放检验。

（1）面板显示与控制按钮使用说明

面板显示与控制按钮位置如图 4-47 所示。面板上部为数据显示部分，下部是控制键。左下侧为设置部分，右下侧为测试控制键。

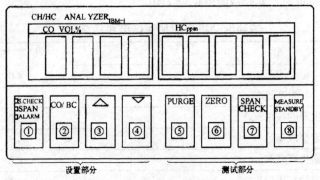

图4-47　面板显示与控制按钮位置

① 为功能选择键，用于选择设置功能。按顺序为校准标准检查 （S.CHECK）、校准标准设定（SPAN）和报警标准设定（ALARM）。

② 为 CO/HC 选择键，分别用于调节 CO 和 HC。

③ 为数据上升调节键（▲）。

④ 为数据下降调节键（▼）。

⑤ 为抽气泵开关（PURGE）。

⑥ 为调零开关（ZERO）。

⑦ 为气样校准值检查键（SPANCHECK）。

⑧ 为尾气测试键（MEASURE STANDBY）。

（2）受检车辆的准备

① 发动机调至规定的怠速和点火正时。

② 发动机完全预热，怠速运转，变速器放在空挡位置。

③ 发动机由怠速加速至中速，维持 5s 以上，再降至怠速状态。

（3）测量仪器的准备

① 检查取样探头和导管有无压坏、破裂、堵塞和脏污等。取样头、导管分为低含量用和高含量用两种，两种要分别使用。

② 按要求接好电源线和气样探测头。

③ 打开气泵开关，使气泵吸入新鲜空气。

④ 按下调零键，将数字调为零，关气泵开关。

⑤ 将标准气样从标准气样注入口注入。

⑥ 按下功能选择键 SPAN 键后，选择 CO 键，按标准气样所示的参数，利用上、下调节键将 CO 的数字调节至标准。

⑦ 选择 HC 键，按换算得到的标准气样值，利用上、下调节键将 HC 调至标准气样值。标准气样值换算方法为标准气罐所示 C_3H_8（丙烷）的浓度×分析仪标牌所示换算系数=标准气样值。

⑧ 设置报警设置。

a. 将设置部分的功能键调至 ALARM（旁边绿灯亮）。

b. 按气体选择键选择 CO，按上、下调节键，调节至所需报警标准。

c. 按气体选择键选择 HC，按上、下调节键，调节至所需报警标准。

（4）车辆检测

① 将取样探头插入汽车排气管，深度不小于 300mm。

② 观察分析仪显示数值，读取数字稳定后的数值。

③ 若为多气管时，应分别测量、读取数值，再取算术平均值。

④ 检测工作结束时，取出取样探头，在新鲜空气中继续工作 5min 后，待仪器指针回零后，再关掉电源。

⑤ 若进行多辆汽车连续检测时，一定要待仪表指针回到零点后，再进行下一辆汽车的测量。

⑥ 取样探头不用时要垂直吊挂，不要平放，以防管内积水腐蚀探头。

为贯彻《中华人民共和国环境保护法》和《中华人民共和国大气污染防治法》，近年来，很多省市都制定了自己新的控制机动车排气污染的地方法规。以北京市为例，为改善北京市大气环境质量，制定了北京市地方标准，名为《在用汽油车稳态加载污染物排放限值及测量方法》。本标准对排放限值、测量工况以及测量设备等多方面都进行了规定。

1. 试验工况

稳态加载试验工况由排放控制装置外观检查 BASM5024、BASM2540、怠速工况试验、久检测和 OBD 检查组成。工况具体要求参见表 4-11。

表 4-11　　　　　　　　　稳态加载试验工况要求

工况	运转次序	车速/（km/h）	测功机负荷/kw	操作时间/s
BASM5024	1	24 ± 5	车辆基准质量/150	20
	2	24 ± 1.6		5
	3	24 ± 1.6		90
BASM2540	1	40 ± 1.6	车辆基准质量/150	5
	2	40 ± 1.6		90
怠速	1	0	0	15
	2	0		10

注：车辆基准质量=车辆整备质量+100

汽油车稳态加载试验工况运转循环图如图 4-48 所示。

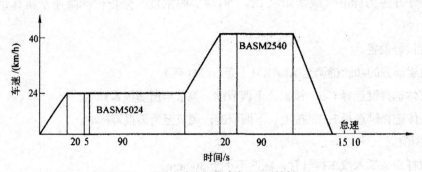

图4-48　汽油车稳态加载试验工况运转循环图

2. 在用汽油车稳态加载试验要求

在用汽油车稳态加载试验要求参见表 4-12。

表4-12 在用汽油车稳态加载试验要求

类别	最大总质量/kg	车辆基准质量 RM/kg	BASM5024 CO体积分数(%)	BASM5024 HC体积分数(×10⁻⁶)	BASM5024 NO体积分数(×10⁻⁶)	BASM5024 OBD	BASM5024 λ	BASM2540 CO体积分数(%)	BASM2540 HC体积分数(×10⁻⁶)	BASM2540 NO体积分数(×10⁻⁶)	BASM2540 OBD	BASM2540 λ	怠速 CO体积分数(%)	怠速 HC体积分数(×10⁻⁶)
I	≤3500	≤1250	1.5	290	2350	—	—	1.6	280	2300	—	—	4.5	900
I	≤3500	1250<RM≤1700	2.0	190	2300			2.1	180	2250				
I	≤3500	>1700	1.8	170	2350			1.9	165	2300				
I	>3500	全部	2.5	230	2400			2.4	225	2350				
II	≤3500	≤1250	1.1	125	1200	—	—	1.0	120	1100	—	—	4.5	1200
II	≤3500	1250<RM≤1700	1.0	120	1150			0.9	110	1100				
II	≤3500	>1700	0.9	105	1100			0.9	100	1050				
II	>3500	全部	1.3	140	1350			1.2	130	1250				
III	≤3500	≤1250	0.7	95	850	—	制造厂规定的范围 或1±0.03以内	0.6	90	800	—	制造厂规定的范围 或1±0.03以内	1.0	200
III	≤3500	1250<RM≤1700	0.6	90	800			0.5	85	750				
III	≤3500	>1700	0.5	75	700			0.4	70	690				
III	>3500	全部	0.7	110	1100			0.6	105	1000			1.5	250

3. 对气体分析仪的要求

气体分析系统应由至少能自动测量 HC、CO、CO_2、NO、O_2 等 5 种气体含量的分析仪器组成。气体分析仪器应采用下列原理。

一氧化碳、碳氢化合物和二氧化碳测量采用不分光红外法（NDIR）；一氧化碳测量采用不分光红外法（NDIR），或不分光紫外法（NDUV），或化学发光法（CLD），或电化学法；若采用其他等效方法，应取得主管部门的认可。

氧测量可以采用电化学法。

4. 五气体分析仪

由上面的介绍可知，为了满足一些地区的排放标准要求，必须使用五气体分析仪，下面我们以 FLA-501 为例介绍五气体汽车排气分析仪的基本测量方法。

（1）结构介绍

FLA-501 五气体汽车排气分析仪的结构如图 4-49 所示。

FLA-501 五气体汽车排气分析仪后视图如图 4-50 所示。

FLA-501 五气体汽车排气分析仪取气管及探头的结构图如图 4-51 所示。

图4-49 FLA-501五气体汽车排气分析仪

图4-50 FLA-501五气体汽车排气分析仪后视图

（2）日常操作说明

1）预热

① 打开电源开关。

② 仪器自动检测 155，即自动转入调零。

③ 仪器转入准备模式，如图 4-52 所示。

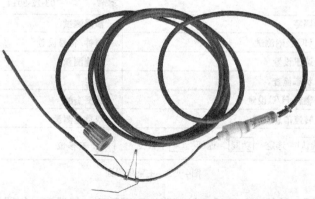

图4-51　FLA-501五气体汽车排气分析仪取汽管及探头的结构

PEF：0.533		准备	03-12-29 10：59	
	$\times 10^{-2}$			$\times 10^{-6}$
0.00		CO	0	HC
	$\times 10^{-2}$			$\times 10^{-2}$
0.00		CO_2	20.40	O_2
	$\times 10^{-6}$			
0		NO	0.00	λ
	rpm			℃
0		转速	0.0	油温

确认　测量　功能 菜单▼　界面一 ▶　APR

图4-52　仪器转入准备模式

　　每天首次开启仪器，进入"准备"状态 15min 后，仪器自动调零，以后调零时间则由操作者自行决定。

2）泄漏检查

为了保证测量时仪器没有泄漏，确保测量结果的准确，当仪器进入准备状态，按屏幕提示，操作方法如下。

① 按"功能"键，进入主菜单，如图 4-53 所示。

② 按"▶"键把光标移到"泄漏测试"，按"确认"键。

③ 堵住进气口，按"确认"键启动泄漏测试程序，如果不想进行泄漏测试，按"功能"键返回菜单选择其他项目测试。

说明：

若泄漏测试时已接上取样管、探头组件则用探头测试套管堵住进气口。

若泄漏测试时只接上除水器则用除水器泄漏测试帽堵住进气口。

菜单	03-12-3014：14
调零	泄漏测试
HC 吸附测试	时钟/符号设置
通讯设置	怠速测量
状态检查	标定
燃料 H/C 设置	数据查阅
转速信息设置	双怠速测量

确认　选定　功能　返回　▼下移位　▶　右移位

图4-53　主菜单界面

测试检查如有泄漏，请检查气路后，按"确认"键重测。无泄漏，仪器屏幕显示合格。按"功能"键返回选择菜单，进入下一项检查选择。

3）HC 吸附测试

按屏幕提示，从取样管中取出探头。

① 分别按"▶"键、"▼"键把光标移到"HC 吸附测试"。

② 按"确认"键开始吸附测试。如果不想进行吸附测试，按"功能"键返回主菜单。操纵流程图如图 4-54 所示。

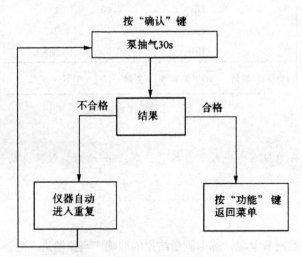

图4-54　HC吸附测试操纵流程图

测试结束，显示合格或不合格信息。$HC \geqslant 20 \times 10^{-6}$ 为不合格；$HC \leqslant 20 \times 10^{-6}$ 为合格。

自动抽气重复测试仍不合格，请清洗气路后再按 HC 吸附测试方法重测。

4）时钟/符号设置

① 按"▶"或"▶"键把光标移到"时钟/符号设置"。

② 按"确认"键进入时钟设置选择，如图 4-55 所示。

③ 按"▼"键移动光标，按"▶"键修改数字。（FLA -501 仪器对 HC 符号表示有 3 种可供选择）。

图4-55 时钟/符号设置界面

④ 按"▼"键选择，按"▶"键实施选择修改。

⑤ 按"确认"键执行修改并退出。

5）转速信息设置

① 按"▼"键把光标移到"转速信息设置"。

② 按"确认"键，进入转速信息设置。

③ 按"▼"键选择设置项目，按"▶"键修改，按"确认"键则执行选定的转速信息设置，如图 4-56 所示。

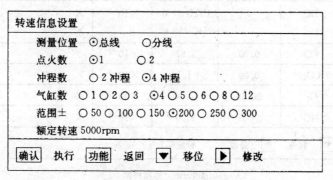

图4-56 转速信息设置界面

6）燃料 H/C 设置

由于发动机使用不同的燃料，因此，测量前要进行燃料类型的选择：

① 按"▼"或"▶"键把光标移到"燃料 H/C 设置"。

② 按"确认"键进入燃料选择。

③ 按"▼"键移动光标到正确的燃料处。

④ 可通过"▶"按键修改数字。

⑤ 然后按"确认"键退出。

7）标定

① 仪器在准备状态下按"功能"键进入功能表菜单。按" ▲ "键或"▼"把光标移到"标定"，如图 4-57 所示。按"确认"键。

菜单	03-12-30 14：14
调零	泄漏测试
HC 吸附测试	时钟/符号设置
通讯设置	怠速测量
状态检查	标定
燃料 H/C 设置	数据查阅
转速信息设置	双怠速测量

确认   选定   功能   返回   ▼ 下移位   ▶ 右移位

图4-57   功能表菜单界面

② 进入标定界面（见图 4-58 ）。

PEF 0.526		标定			03-12-30 14：14
	测量值	设定值	符号	
HC	0	C_3H_8 3140 HC 165 1	$\times 10^{-6}$	× ×
CO	0.00	3.67	$\times 10^{-2}$	√
CO_2	0.00	1 1.10	$\times 10^{-2}$	×
O_2	20.69	20.90	$\times 10^{-2}$	×
NO	−1	3500	$\times 10^{-6}$	×

▼ 移位   ▶ 修改   标定吗？   √×

图4-58   标定界面

按 "▼" 或 "▶" 键移动光标，选择标定通道及设定值的某一位。

利用 "▶" 键确定设定值的大小，设定值的大小依据标准气的实际含量而定。

一个通道设置好后，重复上述两个步骤，直到所有要标定的通道设置好为止。

按 "▼" 键直到屏幕出现一组新提示。

根据提示从仪器标准气入口通入标准气体，等测量值处的读数稳定后，再按 "确认" 键，稍等 10s 后，标定结束，如图 4-59 所示。

③ 导入标准气应注意的几点。将随仪器配套的小瓶标准气的瓶盖取下，将瓶嘴对准仪器的标准气入口，稍用力向下压，标准气就会进入仪器。随着标准气进入仪器的气室，测量值在屏幕中显示其读数。当所显示的读数基本稳定后，停止输入标准气。标准气的导入时间通常只需要 5～7s，但如果瓶内压力已很低，就要增加气体导入时间。

PEF 0.526		标定			03-12-30 14：14
	测量值	设定值	符号		
HC	0	C₃H₈ 3140	×10⁻⁶	×	
		HC 165 1		×	
CO	0.00	3.67	×10⁻²	√	
CO₂	0.00	11.10	×10⁻²	×	
O₂	20.69	20.90	×10⁻²	×	
NO	−1	3500	×10⁻⁶	×	

请通标准气，稳定后 确认 标定 功能 返回 √×

图4-59　选择标定后出现的界面

注：1. 如果有某个通道不想标定，只要将该通道设为"×"。如果设置有误，想重新修正，按"▼"键把光标移到需要修正的位置即可。

2. 氧通道利用空气自校准，氧的设定值一般设置为20.9%。

3. HC处输入C_3H_8（丙烷）值。

若是高压瓶装标准气，必须通过减压阀将输出压力降低到 0.1MPa 左右才能导入仪器。

导入标准气时，必须确保标准气体已经进入了仪器的工作气室。否则，校准会发生错误或者校准无效。

检查或校准 FLA-501 汽车排气分析仪时，我们建议使用如下浓度的气体。

C_3H_8（丙烷）：$2880 \times 10^{-6} \sim 3520 \times 10^{-6}$（体积分数）。

CO_2：9.9%～12.1%（体积分数）。

CO：3.15%～3.85%（体积分数）。

NO：$3000 + 20\%$（体积分数）。

 如果出现校准错误，请检查标准气压力是否足够，内部管路有无脱落，以及设定值是否和标准气体标称值一致。

5. 使用 FLA-501 汽车排气分析仪对待检车辆的尾气进行测量

① 检查每个过滤器元件，是否被弄脏，若被弄脏了，请更换。

② 按动位于前面板上的"确认"键，"调零"标记会闪烁 30s，同时自动调零，然后进入测量模式，如图 4-60 所示。

③ 把油温传感器接到后面板所示相应位置上，然后把探针插入被测车辆的机油箱内。

④ 把测速传感器接到后面板所示相应位置上，然后把测速传感器夹到被测车辆发动机任一点火线圈上。

⑤ 将探头插入被检测车辆的排气管内约 300mm 深，然后用夹子将探头稳固。

⑥ 待显示数值趋于稳定时，读取数据，如图 4-61 所示。

PEF: 0.533		**测量**		03-12-29 10: 59	
		$\times 10^{-2}$			$\times 10^{-6}$
0.00		CO	0		HC
		$\times 10^{-2}$			$\times 10^{-6}$
0.00		CO_2	20.40		O_2
		$\times 10^{-6}$			
0		NO	0.00		λ
0		rpm	0.0		℃
		转速			油温

确认　测量　功能　菜单 ▼ 界面一 ▶ APR

图4-60 测量界面

PEF: 0.533		**测量**		03-12-29 11: 00	
		$\times 10^{-2}$			$\times 10^{-6}$
0.04		CO	44		HC
		$\times 10^{-2}$			$\times 10^{-2}$
14.90		CO_2	0.30		O_2
		$\times 10^{-6}$			
51		NO	1.00		
662		rpm	84.5		℃
		转速			油温

确认　测量　功能　菜单 ▼ 界面一 ▶ APR

图4-61 测量界面

注: ▶ : 分别有3种显示界面模式可供选择。

　　 ▼ : 可选择用空燃比（APR），或过量空气系数（λ）值方式显示。

　　⑦ 或待显示值趋于稳定时，按"确认"键把瞬间示值锁定并存储在仪器内供稍后查询，然后按"功能"键，打印机开始打印数据。

　　⑧ 测试结果

打印出来的检测结果如下。

CO: 0.04×10^{-6}

CO_2: 14.90×10^{-2}

HC: 44×10^{-6}

NO: 51×10^{-6}

O_2: 0.30×10^{-2}

RPM: 662r/min

OIL—Temp：84.5℃

AFR：14.83

λ：1.00

广州福立仪器

2003-12-29 11：00

说明：按"确认"键把数据锁定，其锁定时间约 30s，30s 后仪器会自动解锁，或再按一下"确认"键即解除数据锁定。

① 测量期间，不要加速发动机。

② 不要大力拖动取样管，因为会损坏其连接端。

③ 测量后，从排气管内取出探头，其前端的温度非常高，故应特别小心，切勿触摸，以免烫伤。

6. 数据查询

数据查询是供查询历史检测结果（FLA-501 汽车排气分析仪提供存储空间 100 条记录，第 101 条以后的记录将刷新首条记录，以后依此类推），其从测量模式转入数据查询的操作方法如下：

① 按"功能"键仪器自动调零。

② 再按"功能"键返回菜单

③ 按"▲"或"▼"把光标移动到"数据查询"。

④ 按"确认"键进入"数据查询"模式，如图 4-62 所示。

序号：010	查询数据		03-12-20 09：30：32
	$\times 10^{-2}$		$\times 10^{-6}$
0.04	CO	44	HC
	$\times 10^{-2}$		$\times 10^{-2}$
14.90	CO_2	0.30	O_2
	$\times 10^{-6}$		
51	NO	1.00	
662	rpm	84.5	℃
	转速		油温
功能 菜单	▼ 上一组	▶ 下一组	

图4-62 查询数据界面

⑤ 依照提示按"▼"或"▲"键查询以往检测数据。

⑥ 按"功能"键返回菜单。

7. 怠速测量

怠速测量操作步骤如下。

① 按"功能"键进入主菜单，把光标移到"怠速测量"后按"确认"键，即进入怠速测量功能。

② 仪器自动调零，约 10s。

③ 将发动机由怠速工况加速到额定功率的 0.7 倍，"保持→怠速"状态（约 15s）。

④ 按照显示屏下方的提示，将仪器的取样探头插入被测车辆的排气管内，插入深度为400mm，插好取样探头后，仪器开始取样，显示屏下方有取样时间显示，并显示"测量中 ⋯ ⋯ "（倒计时 30s）。

⑤ 取样结束后显示屏显示测量结果（30s 内取样值的平均值）。按"确认"键打印数据。按一次"功能"键退出本次测量（此时应拔出取样探头，清洗气路），继续下一次测量。

⑥ 按两次"功能"键返回菜单。

　　　每次怠速测量完毕后进入清零时间的长短，由操作者自定，按"功能"键即可停止清零。

8. 双怠速测量

① 将油温传感器探头插入发动机的润滑油标尺孔中，一直插到探头接触到润滑油为止。

② 将转速传感器夹到气缸总线上。

③ 按"功能"键进入主菜单，把光标移到"双怠速测量"后按"确认"键，仪器首先开始调零（10s）并进入发动机预热阶段。

④ 按显示屏提示，驾驶员应把发动机速度"加速到 3500r/min"，并注意显示屏的转速值变化。

⑤ 当加速达到 3500r/min 时，按屏幕提示"保持 3500r/min"，注意倒计时提示，驾驶员应将3500r/min 转速保持到倒计时结束。

⑥ 发动机完成预热时间，进入高怠速下的排放测量阶段，显示屏提示"请减速到 2500 r/min"。见此提示，驾驶员应将发动机减速，注意转速值的变化，直到转速降到2500r/min 左右为止，并保持（2500±50）r/min 范围内。与此同时，操作者要把取样探头插入排气管内，插入深度应为 400mm。

　　　如果在保持转速期间的倒计时还没结束而转速值超过（2500±250）r/min 范围，仪器将停止取样，直到转速回到（2 500±250）r/min 范围内，仪器才重新取样。

⑦ 当显示屏出现"怠速→"提示时，驾驶员应将被测车辆减速。当转速下降到 1100r/min 以下

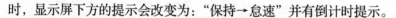

时，显示屏下方的提示会改变为："保持→怠速"并有倒计时提示。

⑧ 取样倒计时结束时，即表示怠速下的排放测量完毕。显示屏会显示测量结果，操作者只要按照显示屏下方提示操作即可实现"打印"测量数据、"返回"退出本次测量、再按一次"返回"退到主菜单。

⑨ 每次测量结束后，请将取样探头从排气管中拔出，从发动机上取下转速传感器夹并拔出油温传感器探头。

柴油机烟度的测量仪器采用滤纸式烟度计。滤纸式烟度计是用抽气泵从柴油车排气管中抽取一定容积的废气，通过一张一定面积的纯白色滤纸，废气中烟的炭粒使滤纸染黑，然后，通过检测装置中的光源发光照射在被染黑的滤纸上。由于滤纸的染黑度不同，其反射光线强度也不同，光电元件产生的电流强度也不同，从而指示出滤纸的染黑度，即代表柴油车的排放烟度。规定全白滤纸的染黑度为0FSN，全黑滤纸的染黑度为10FSN。

滤纸式烟度计由废气取样装置、染黑度检测装置、染黑度指示装置和校准装置等组成。滤纸式烟度计结构示意图如图 4-63 所示。

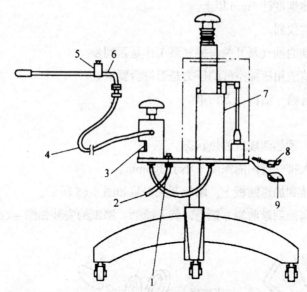

图4-63　滤纸式烟度计

1—吹洗空气阀　2—压缩空气入口　3—滤纸安装孔　4—导管　5—安装夹具
6—取样头　7—吸气泵　8—电源线　9—踏板开关

滤纸式烟度计控制面板如图 4-64 所示，按照上面的中文标识可方便地进行操作。

9. 使用滤纸式烟度计对柴油车自由加速烟度进行检测。

（1）仪器的准备

① 检查仪表指针是否在机械零点。

② 检查取样探头和导管有无压坏、破裂、堵塞等。取样软管的内径和长度对检测结果有影响，不得随意更换，测量时不要使软管弯折。

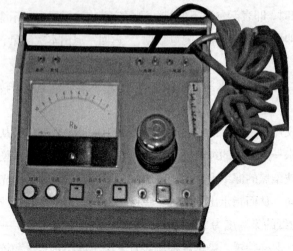

图4-64 滤纸式烟度计控制面板

③ 接通电源，预热烟度计 5min 以上。

④ 用标准烟样校准仪器。

⑤ 检查脚和手控制的抽气泵开关与抽气泵工作是否同步。

⑥ 检查控制用、清洗用压缩空气的压力是否符合要求。

⑦ 检查滤纸是否合格、洁白、无污染。

（2）检测步骤

① 受检车辆起动、预热到规定的热状态。

② 保证取样头插入排气管内的深度不小于 300mm。

③ 将踏板开关安装到加速踏板上。踏板开关安装如图 4-65 所示。

④ 将抽气泵的活塞推到最前端并锁上，装上滤纸。滤纸的安装如图 4-66 所示。

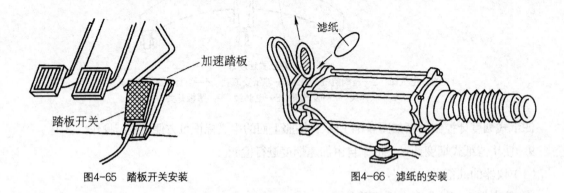

图4-65 踏板开关安装   图4-66 滤纸的安装

（3）自由加速烟度的检测过程

按图 4-67 所示的检测过程进行自由加速烟度的检测。先自怠速工况将加速踏板踩到底，约 4s 时迅速松开，如此重复 3 次以便将排气管内的炭渣吹掉。然后怠速运转 11s，在此期间用压缩空气吹清机构。对取样探头和软管吹清 3 次。用压缩空气吹清机构，如图 4-68 所示。

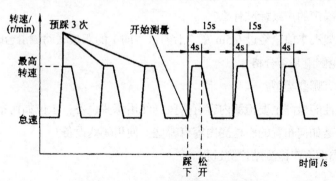

图4-67　自由加速烟度的检测工况

① 将加速踏板与踏板开关一并踩到底，维持 4s 后即松开加速踏板并维持 11s。

② 更换新滤纸，用压缩空气清洁取样探头及软管 3～4s，同时，将抽气泵的活塞推到抽气位置。

③ 如此重复 3 次，两次间隔 15s。

④ 将试验所得 3 张滤纸分别放在以 10 张为一叠的新滤纸上。用污染度检测装置对准其中心，读取仪表指针指示值。取 3 次读数的算术平均值为所测烟度值，如图 4-69 所示。

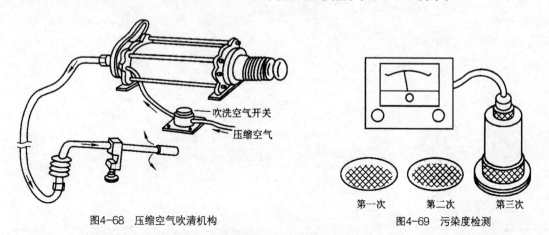

图4-68　压缩空气吹清机构　　　　　图4-69　污染度检测

⑤ 当汽车出现黑烟冒出排气管的时间和抽气泵开始的时间不同步现象时，取最大值。

1. 按测试方法和功能分类前照灯检测仪有哪几种类型？

2. 用手动或电动投影式灯光检测仪测量近光时调节遮光板，使明暗截止线到什么位置时才可以读取仪表刻度盘上的示值？用草图加以说明。

3. 汽车的噪声源主要有哪些？

4. 客车车内噪声的声级标准什么？

5. 驾驶员耳旁噪声的声级标准什么？

6. 某非独立悬架汽车前轮经过 0.5m 宽（沿前进方向）的双板联动侧滑台时，滑板向外移动了 3mm。问：该车前轮侧滑是否合格？

7. 汽车检测站有哪些类型？

8. 安全与环保性能检测主要检测内容有哪些？使用哪些设备？工位如何布置？

9. 综合检测站是如何布置的？检测内容有哪些？使用哪些设备？

10. 叙述任一类型汽车检测站检测过程。

附　录

GB 7258—2012
《机动车通行安全技术条件》

前言

本标准的附录 A 和附录 B 为推荐性的，其余为强制性的。

本标准按照 GB/T 1.1—2009 给出的规则起草。

本标准代替 GB 7258—2004《机动车运行安全技术条件》。与 GB 7258—2004 相比，除编辑性修改外主要技术变化如下：

——修改了第 1 章的适用范围（见第 1 章）；

——修改了第 3 章的机动车、汽车、乘用车、客车、公共汽车（城市客车）、货车、半挂牵引车、专项作业车、两用燃料汽车、双燃料汽车、挂车、牵引杆挂车、中置轴挂车、半挂车、汽车列车、铰接列车、摩托车、轻便摩托车、轮式专用机械车的定义，增加了载客汽车、公路客车（长途客车）、旅游客车、校车、幼儿校车、小学生校车、中小学生校车、专用校车、低速汽车、危险货物运输车、纯电动汽车、插电式混合动力汽车、燃料电池汽车、教练车、残疾人专用汽车、普通摩托车、两轮普通摩托车、边三轮摩托车、正三轮摩托车、两轮轻便摩托车、正三轮轻便摩托车、特型机动车的定义，删除了卧铺客车（2004 年版的 3.2.2.1）、电动汽车（2004 年版的 3.2.9）的定义；将汽车分为载客汽车、载货汽车和专项作业车 3 大类，将 2004 年版中的摩托车（2004 年版的 3.5）及轻便摩托车（2004 年版的 3.6）合称为摩托车（见 3.5），将 2004 年版中的摩托车（2004 年版的 3.5）改称为普通摩托车（见 3.5.1）；

——修改了第 4 章的部分机动车产品标牌需标识的内容（见 4.1.2）和车辆识别代号的打刻要求（见 4.1.3），增加了纯电动汽车、插电式混合动力汽车、燃料电池汽车和电动摩托车应打刻电动机型号、编号的要求及标识的视认性和永久保持性的要求（见 4.1.4）；

——增加了乘用车和总质量小于等于 3500kg 的货车（低速汽车除外）应在靠近风窗立柱的位置设置能永久保持的车辆识别代号标识的要求，以及乘用车应具有能读取车辆识别代号的电子数据接口、在后备箱（或行李区）的合适位置标示车辆识别代号，且应在至少 5 个主要部件上标示车辆识别代号或零部件编号的要求（见 4.1.5 和 4.1.6），修改了危险货物运输车的标志要求（见 4.1.7），增

加了对机动车进行改装或修理时不得对车辆识别代号等整车标志进行遮盖（遮挡）、打磨、挖补、垫片等处理及凿孔、钻孔等破坏性操作的要求（见4.1.8）；

——修改了车长小于16m的发动机后置的铰接客车的后悬要求（见4.3），增加了铰接列车的半挂车的总质量不得大于半挂牵引车的最大允许牵引质量的要求（见4.5.1.5），修改了载客汽车乘员数的核定要求（见4.5.2和4.5.3），增加了乘员数核定的特殊规定（见4.5.6）；

——修改了客车、罐式汽车和罐式挂车的侧倾稳定角要求（见4.7.1），增加了旅居车和旅居挂车旅居室内的专用装备设施应明示安全使用规定（见4.8.4）、所有货车和专项作业车应喷涂总质量、栏板货车和自卸车应喷涂栏板高度、罐式车辆应喷涂灌体容积及允许装运货物的种类、部分货车及所有挂车应标识放大号、部分客车应喷涂座位数、专用校车车身外观标识和校车标牌（见4.8.6~4.8.9）及教练车应喷涂"教练车"字样和机动车外部喷涂标志图案和安装灯具的原则规定（见4.8.11、4.8.12），删除了专门用于运输易燃和易爆物品的危险货物运输车应在车身两侧喷涂"禁止烟火"的要求（2004年版的4.8.5）；

——增加了机动车环保要求的原则规定（见4.15）和机动车产品使用说明书的相关规定（见4.16）；

——增加了轮式专用机械车的外廓尺寸、轴荷及质量参数、转向系、制动系、外部照明和信号装置等要求按土方机械相关强制性标准实施的规定（见4.17.2）；

——增加了有驾驶室的正三轮摩托车使用方向盘转向时的相关规定（见6.1），修改了机动车方向盘的最大自由转动量要求（见6.4）和转向力测试的要求（见6.8），增加了专用校车应采用转向助力装置（见6.9）及前轴采用双转向轴时转向轮的横向侧滑量不作要求的规定（见6.11）；

——修改了三轴及三轴以上汽车的制动完全释放时间要求（见7.1.6）和应安装防抱死制动装置的机动车类型（见7.2.11），增加了部分汽车的前轮应装备盘式制动器（见7.2.6）、教练车（三轮汽车除外）应装备有副制动踏板（见7.2.12）、部分汽车应装备辅助制动装置（见7.5）及气压制动系应安装保持压缩空气干燥、油水分离的装置的要求（见7.7.4）；

——修改了路试检验时的列车的行车制动距离要求（见7.10.2.1）和充分发出的平均减速度要求（见7.10.2.2）、驻车制动性能检验要求（见7.10.4）及台试检验时的制动力要求和制动力平衡要求（见7.11.1.1和7.11.1.2），增加了台试检验汽车、汽车列车行车制动性能的合格判定要求（见7.11.1.5），修改了检验结果的复核要求（见7.11.3）；

——增加了机动车不得安装遮挡外部照明和信号装置透光面的装置、用户不得对外部照明和信号装置进行改装或加装强制性标准以外的外部照明和信号装置的要求（见8.1.2和8.1.3），修改了外部灯具闪烁的相关规定（见8.1.2），增加了部分货车、专项作业车和挂车后部照明和信号装置的透光面面积要求（见8.2.1）、校车应配备统一的校车标志灯和停车指示标志的要求（见8.2.7）、某一转向灯发生故障（短路除外）时的要求（见8.3.8）和部分货车和挂车、低速车辆应设置车辆尾部标志板的要求（见8.4.1），修改了车身反光标识设置及车身反光标识材料的相关规定（见8.4.1~8.4.5），增加了柔性车身反光标识的相关规定（见8.4.6），删除了附加的灯具、反射器或附属装置不允许影响本标准规定安装的灯具和信号装置的性能且不应对其他的道路使用者造成不利影响的要求（2004

年版的 8.2.10);

——增加了打开所有前照灯(远光)时总的远光发光强度要求及两灯制轻便摩托车的远光光束发光强度最小值要求(见 8.5.2),修改了前照灯远光照射位置的检验要求(见 8.5.3.3),删除了前照灯远、近光布置的要求(2004 年版的 8.4.3);

——增加了教练车(三轮汽车除外)应设置辅助喇叭开关的要求(见 8.6.1)、客车电器导线的阻燃要求和乘员舱外部接插件的防水要求(见 8.6.2),修改了机动车应装备仪表或显示信息的相关规定(见 8.6.3),增加了专用校车应设置电源总开关和车长大于等于 6m 的客车应设置电磁式电源总开关的相关规定(见 8.6.4),修改了应安装行驶记录仪的汽车车型要求,增加了显示、数据接口布置的规定、行驶记录功能符合要求的卫星定位装置视同行驶记录仪的规定及专用校车和卧铺客车还应安装车内外录像监控系统的规定(见 8.6.5)及汽车装备、加装电气设备的原则性要求(见 8.6.6),修改了无轨电车的特殊要求(见 8.6.7);

——修改了不得装用翻新的轮胎的车轮范围(见 9.1.2),增加了机动车使用的翻新胎应符合相关标准的规定(见 9.1.2)、专用校车和卧铺客车应装用无内胎子午线轮胎、危险货物运输车和车长大于 9m 的其他客车应装用子午线轮胎(见 9.1.5)、空气弹簧应无裂损、变形及漏气、控制系统应齐全有效(见 9.3.3)和三轴公路客车的随动轴应具有随动转向或主动转向功能的要求(见 9.4.4);

——增加了自动变速器的相关规定(见 10.2.1)及部分车型应具有超速报警和限速功能(或装备限速装置)的要求(见 10.5);

——增加了车身外部不应产生明显的镜面反光(见 11.1.1)、客车上部结构强度要求的相关规定、专用校车车身结构的特殊要求及车长大于11m的公路客车和旅游客车和所有卧铺客车应采用全承载整体式框架结构车身的要求(见 11.2.1)、幼儿专用校车乘客区应采用平地板结构的要求(见 11.2.3)、专用校车的踏步高要求(见 11.2.4)和行李架(舱)设置要求(见 11.2.5)、专用校车前部应设置碰撞安全结构的要求(见 11.2.6)及校车侧窗下边缘的高度要求(见 11.2.7);

——增加了集装箱运输车和集装箱运输半挂车的构造应保证集装箱运输过程中始终安全、稳妥地固定在车辆上的要求(见 11.3.2)、货车和挂车的载货部分不得设置乘客座椅且不得设计成可伸缩的结构(见 11.3.3、11.3.4)及货车驾驶区座椅布置的相关规定(见 11.3.5),增加了摩托车外部凸出物和扶手的相关规定(见 11.4.2、11.4.3);

——增加了乘用车车门的相关规定(见 11.5.2),修改了客车乘客门的相关规定(见 11.5.3~11.5.5),增加了击碎玻璃式应急窗的安全玻璃类型和厚度要求(见 11.5.6),公路客车、旅游客车、校车所有车窗玻璃的可见光透射比均应大于等于 50%的要求(见 11.5.7)及厢式货车和封闭式货车的货箱部位不得设置车窗的要求(见 11.5.8);

——修改了载客汽车座椅布置的规定(见 11.6.2~11.6.6)和卧铺布置的规定(见 11.6.7),增加了校车照管人员座位的设置及专用校车座椅及其固定件的强度要求(见 11.6.8)、专用校车靠近通道的学生座椅的扶手要求(见 11.6.9)及正三轮摩托车乘客座椅的布置要求(见 11.6.10);

——修改了客车内饰材料的阻燃要求,增加了发动机舱隔热防火的相关规定(见 11.7.1、11.7.2),增加了号牌板(架)应有号牌安装孔的要求(见 11.8.2)、乘用车(三厢车除外)行李区的纵向长度

要求（见 11.9.2）及自卸车液压举升装置的相关规定（见 11.9.6）；

——修改了应装备汽车安全带的座椅范围（见 12.1.1），增加了安全带的型式要求（见 12.1.2 和 12.1.3）、乘用车驾驶人座位应装备汽车安全带佩戴提示装置（见 12.1.5）及乘用车儿童座椅固定的要求（见 12.1.6）；

——增加了总质量大于 7500kg 的货车和货车底盘改装的专项作业车应在右侧设置广角后视镜和补盲后视镜的要求（见 12.2.1），修改了外后视镜的视野要求（见 12.2.2），增加了专用校车驾驶人视野、汽车列车必要时应加装后视镜加长架（见 12.2.2）及教练车应加装辅助后视镜的要求（见 12.2.7）；

——增加了应设置应急门的情形（见 12.4.1.2），修改了应急门的尺寸和开启要求、应急门引道要求（见 12.4.2.1、12.4.2.3、12.4.2.5）及应急锤的相关规定（见 12.4.3.2），增加了设有乘客站立区的公共汽车的应急窗均应为推拉式应急窗或外推式应急窗的要求（见 12.4.3.2）；

——增加了不准许用户改动燃料管路（见 12.5.1）、发动机后置的公路客车和旅游客车燃料箱的前端面应位于前轴之后（见 12.5.5）、每一个钢瓶阀出口端都应安装高压过流保护装置（见 12.6.1）、不准许用户改动或加装钢瓶（见 12.6.3）、钢瓶安装在车上后钢瓶编号应易见（见 12.6.4）及气体燃料车辆应安装泄露报警装置的要求（见 12.6.15），修改了气体燃料专用装置通气接口的相关规定（见 12.6.9）；

——修改了客车灭火器布置的相关规定（见 12.9.2），增加了所有专用校车和发动机后置的其他客车应装备发动机舱自动灭火装置（见 12.9.3）和危险货物运输车的特殊安全防护要求（见 12.11），删除了专门用于运送易燃和易爆物品的危险货物运输车应在驾驶室上方安装红色标志灯的要求（2004 年版的 12.10）；

——修改了应装备三角警告牌、保险杠和前风窗玻璃除雾除霜装置的汽车范围（见 12.13.2、12.13.3、12.13.4）和机动车发动机的排气管口布置要求（见 12.13.7），增加了校车应配备急救箱的要求及汽车安全气囊系统的原则性规定（见 12.13.5 和 12.13.6）；

——增加了残疾人专用汽车的附加要求（见第 14 章）；

——删除了车速表指示误差检验方法、转向轮横向侧滑量检验方法、制动性能检验方法、前照灯光束照射位置检验方法、气密性检验方法（2004 年版的附录 A～附录 E）及四种类型机动车技术条件要求对应一览表（2004 年版的附录 G），增加了典型车型车身反光标识粘贴示例及要求的相关说明（见附录 B）。

本标准由公安部道路交通管理标准化技术委员会归口。

本标准负责起草单位：公安部交通管理科学研究所、交通运输部公路科学研究院、中国汽车技术研究中心。

本标准参加起草单位：成都市公安局交通管理局车辆管理所、上海浦江出入境检验检疫局、中国公路学会客车分会、天津摩托车技术中心、中国农业机械化科学研究院、洛阳拖拉机研究所。

本标准主要起草人：应朝阳、周天佑、耿磊、罗跃、王凡、刘雪梅、孟秋、龚标、何勇、王学平、王冬梅、吴云强、刘欣、张炳荣、张咸胜、尚项绳、秦煜麟、孙巍、裴志浩。

GB 7258—2004 的历次版本发布情况为 GB 7258—1987、GB 7258—1997。

引言

国家标准《机动车运行安全技术条件》（以下简称"GB 7258"）是我国机动车运行安全管理最基本的技术标准，是进行注册登记检验和在用机动车检验、机动车查验、事故车检验的主要技术依据，同时也是我国机动车新车定型强制性检验、新车出厂检验及进口机动车检验的重要技术依据之一。

GB 7258—2004 自 2004 年 10 月 1 日起实施以来，在加强机动车运行安全管理、提高机动车运行安全水平等方面起到了积极的作用。但是，随着我国经济社会的持续快速发展和机动化步伐的不断加快，广大人民群众对安全出行的期待越来越高，机动车运行安全管理不断遇到新情况、新问题。特别是当前我国大型客货车辆的安全技术要求仍较低，与车辆安全性能相关的重特大道路交通事故比例较高。为此，根据我国道路交通实际情况修订 GB 7258—2004，提高机动车（特别是大型客货车辆）运行安全技术要求，严密机动车运行安全管理技术依据，已十分必要。

本次 GB 7258 修订工作的修订原则主要有：

a. 从 GB 7258 是我国机动车运行安全管理最基本的技术标准这一属性出发，根据道路交通发展实际情况，进一步明确 GB7258 的适用范围，提出特型机动车、教练车、残疾人专用汽车等各类机动车的定义和运行安全管理的技术依据，严密机动车运行安全管理主要环节。

b. 根据 GB 7258—2004 执行过程中暴露出来的问题，采用与管理要求相适应的机动车分类标准，提高标准的可操作性。

c. 提高重点车辆的安全装置配备要求和结构安全要求，加严卧铺客车的安全技术要求，提高道路运行机动车的整体安全技术性能。

d. 进一步明确公共汽车运行安全技术要求，为加强公共汽车运行安全管理提供技术依据。

需要说明的是：

a. 鉴于轮式专用机械车的种类繁多、功能各异，本标准未对其外廓尺寸、轴荷及质量参数、转向性能、制动性能、外部照明和信号装置及电气设备、车身、安全防护装置等参数和要求作出具体规定。

b. 叉车不属于道路车辆，鉴于其外形和结构的特殊性，不适于在道路上行驶和使用。

机动车运行安全技术条件

1 范围

本标准规定了机动车的整车及主要总成、安全防护装置等有关运行安全的基本技术要求，以及消防车、救护车、工程救险车和警车及残疾人专用汽车的附加要求。

本标准适用于在我国道路上行驶的所有机动车，但不适用于有轨电车及并非为在道路上行驶和使用而设计和制造、主要用于封闭道路和场所作业施工的轮式专用机械车。

注：有轨电车是指以电动机驱动，架线供电，有轨道承载的道路车辆。

2 规范性引用文件

下列文件对于本文件的应用是必不可少的。凡是注日期的引用文件，仅注日期的版本适用于本文件。凡是不注日期的引用文件，其最新版本（包括所有的修改单）适用于本文件。

GB 1589　　　道路车辆外廓尺寸、轴荷及质量限值

GB/T 2408—2008　塑料 燃烧性能的测定 水平法和垂直法

GB/T 3181　　　漆膜颜色标准

GB 4094　　　汽车操纵件、指示器及信号装置的标志

GB 4599　　　汽车用灯丝灯泡前照灯

GB 4785　　　汽车及挂车外部照明和光信号装置的安装规定

GB 5948　　　摩托车白炽丝光源前照灯配光性能

GB 8108　　　车用电子警报器

GB/T 8196　　机械安全 固定式和活动式防护装置设计与制造一般要求

GB 8410—2006　汽车内饰材料的燃烧特性

GB 9656　　　汽车安全玻璃

GB 10396　　农林拖拉机和机械、草坪和园艺动力机械 安全标志和危险图形 总则

GB 11567.1　　汽车和挂车侧面防护要求

GB 11567.2　　汽车和挂车后下部防护要求

GB/T 12428　客车装载质量计算方法

GB 12268　　危险货物品名表

GB 12676　　汽车制动系统 结构、性能和试验方法

GB 13057　　客车座椅及其车辆固定件的强度

GB 13365　　机动车排气火花熄灭器

GB 13392　　道路运输危险货物车辆标志

GB/T 13594　机动车和挂车防抱制动性能和试验方法

GB 13954　　警车、消防车、救护车、工程救险车标志灯具

GB/T 14172　汽车静侧翻稳定性台架试验方法

GB 15084　　机动车辆后视镜的性能和安装要求

GB 15365　　摩托车和轻便摩托车操纵件、指示器及信号装置的图形符号

GB 16735　　道路车辆 车辆识别代号（VIN）

GB 17352　　摩托车和轻便摩托车后视镜的性能和安装要求

GB/T 17578　客车上部结构强度的规定

GB/T 17676　天然气汽车和液化石油气汽车 标志

GB 18100.1　　摩托车照明和光信号装置的安装规定 第 1 部分：两轮摩托车

GB 18100.2　　摩托车照明和光信号装置的安装规定 第 2 部分：两轮轻便摩托车

GB 18100.3 摩托车照明和光信号装置的安装规定 第 3 部分：三轮摩托车

GB/T 18411 道路车辆 产品标牌

GB 18447.1 拖拉机 安全要求 第 1 部分：轮式拖拉机

GB 18564.1 道路运输液体危险货物罐式车辆 第 1 部分：金属常压罐体技术要求

GB 18564.2 道路运输液体危险货物罐式车辆 第 2 部分：非金属常压罐体技术要求

GB 18565 营运车辆综合性能要求和检验方法

GB/T 18697—2002 声学 汽车车内噪声测量方法

GB/T 19056 汽车行驶记录仪

GB 19151 机动车用三角警告牌

GB 19152 轻便摩托车前照灯配光性能

GB 20074 摩托车和轻便摩托车外部凸出物

GB 20075 摩托车乘员扶手

GB 20300 道路运输爆炸品和剧毒化学品车辆安全技术条件

GB 21259 汽车用气体放电光源前照灯

GB 23254 货车及挂车 车身反光标识

GB 24315 校车标识

GB 24406 专用校车学生座椅系统及其车辆固定件的强度

GB 24407 专用校车安全技术条件

GB/T 24545 车辆车速限制系统技术要求

GB/T 25978 道路车辆 标牌和标签

GB 25990 车辆尾部标志板

GB 25991 汽车用 LED 前照灯

GA 524 2004 式警车汽车类外观制式涂装规范

GA 525 2004 式警车摩托车类外观制式涂装规范

3 术语和定义

下列术语和定义适用于本文件。

3.1

机动车 power-driven vehicle

由动力装置驱动或牵引，上道路行驶的供人员乘用或用于运送物品以及进行工程专项作业的轮式车辆，包括汽车及汽车列车、摩托车、拖拉机运输机组、轮式专用机械车、挂车。

3.2

汽车 motor vehicle

由动力驱动，具有四个或四个以上车轮的非轨道承载的车辆，主要用于：

——载运人员和/或货物（物品）；

——牵引载运货物（物品）的车辆或特殊用途的车辆；

——专项作业。

本术语还包括：

a. 与电力线相连的车辆，如无轨电车；

b. 整车整备质量超过 400kg 的不带驾驶室的三轮车辆；

c. 整车整备质量超过 600kg 的带驾驶室的三轮车辆。

3.2.1

载客汽车　passenger vehicle

设计和制造上主要用于载运人员的汽车，包括装置有专用设备或器具但以载运人员为主要目的的汽车。

3.2.1.1

乘用车　passenger car

设计和制造上主要用于载运乘客及其随身行李和/或临时物品的汽车，包括驾驶人座位在内最多不超过 9 个座位。它也可以牵引一辆中置轴挂车。

3.2.1.2

客车　bus

设计和制造上主要用于载运乘客及其随身行李的汽车，包括驾驶人座位在内座位数超过 9 个。

3.2.1.2.1

公路客车　interurban bus

长途客车　interurban bus

为城间（城乡）运输乘客设计和制造、专门从事旅客运输的客车，包括卧铺客车，即设计和制造供全体乘客卧睡的客车。

3.2.1.2.2

旅游客车　touring bus

为旅游设计和制造、专门用于运载游客的客车。

3.2.1.2.3

公共汽车　public bus

城市客车　public bus

为城市内运输乘客设计和制造的客车，根据是否设有乘客站立区可分为：

a. 设有乘客站立区的公共汽车，即最大设计车速小于 70 km/h、设有座椅及乘客站立区，并有足够的空间供频繁停站时乘客上下车走动，有固定的线路和车站，主要在城市建成区运营的客车；也包括无轨电车，即以电动机驱动，与电力线相连的客车。

b. 未设置乘客站立区的公共汽车，即未设置乘客站立区，有固定的线路和车站，主要在城市道路运营的客车。

3.2.1.3

校车　school bus

用于有组织地接送3周岁以上学龄前幼儿或接受义务教育的学生上下学的7座以上的载客汽车。

3.2.1.3.1

幼儿校车　school bus for infants

接送3周岁以上学龄前幼儿上下学的校车。

3.2.1.3.2

小学生校车　school bus for primary student

接送小学生上下学的校车。

3.2.1.3.3

中小学生校车　school bus for junior middle school student

接送九年制义务教育阶段学生（小学生和初中生）上下学的校车。

3.2.1.3.4

专用校车　special school bus

设计和制造上专门用于运送3周岁以上学龄前幼儿或义务教育阶段学生的校车。

3.2.2

载货汽车　goods vehicle

货车　　　goods vehicle

设计和制造上主要用于载运货物或牵引挂车的汽车，包括装置有专用设备或器具但以载运货物为主要目的的汽车。

3.2.2.1

半挂牵引车　semi-trailer towing vehicle

装备有特殊装置用于牵引半挂车的汽车。

3.2.2.2

低速汽车　low-speed vehicle

三轮汽车和低速货车的总称。

3.2.2.2.1

三轮汽车　tri-wheel vehicle

最大设计车速小于等于50km/h的，具有3个车轮的货车。

3.2.2.2.2

低速货车　　　low-speed goods vehicle

低速载货汽车　low-speed goods vehicle

最大设计车速小于70km/h的，具有4个车轮的货车。

3.2.2.3

危险货物运输车　road transportation vehicle of dangerous goods

专门用于运输符合 GB 12268 等相关标准规定的危险货物的货车。

3.2.3

专项作业车　special motor vehicle

专用作业车　special motor vehicle

装置有专用设备或器具，在设计和制造上用于专项作业的汽车，如汽车起重机、消防车、混凝土泵车、清障车、高空作业车、扫路车、吸污车、钻机车、仪器车、检测车、监测车、电源车、通信车、电视车、采血车、医疗车、体检医疗车等，但不包括以载运人员或货物为主要目的的汽车。

3.2.4

气体燃料汽车　gaseous fuel vehicle

装备以石油气、天然气或煤气等气体为燃料的发动机的汽车。

3.2.5

两用燃料汽车　bi-fuel vehicle

具有两套相互独立的燃料供给系统，一套供给天然气或液化石油气，另一套供给其他燃料，两套燃料供给系统可分别但不可同时向燃烧室供给燃料的汽车，如汽油/压缩天然气两用燃料汽车、汽油/液化石油气两用燃料汽车等。

3.2.6

双燃料汽车　dual-fuel vehicle

具有两套燃料供给系统，一套供给天然气或液化石油气，另一套供给其他燃料，两套燃料供给系统按预定的配比向燃烧室供给燃料，在缸内混合燃烧的汽车，如柴油—压缩天然气双燃料汽车、柴油—液化石油气双燃料汽车等。

3.2.7

纯电动汽车　battery electric vehicle

由电动机驱动，且驱动电能来源于车载可充电蓄电池或其他能量储存装置的汽车。

[GB/T 19596—2004 的 3.1.1.1.1]

3.2.8

插电式混合动力汽车　plug-in hybrid electric vehicle

具有一定的纯电驱动行驶里程，且在正常使用情况下可从非车载装置中获取电能量的混合动力汽车。

3.2.9

燃料电池汽车　fuel cell electric vehicle

以燃料电池作为动力电源的汽车。

[GB/T 19596—2004 的 3.1.1.1.3]

3.2.10

教练车　driving school training vehicle

专门从事驾驶技能培训的汽车。

3.2.11

残疾人专用汽车　vehicle for handicapped driving

在采用自动变速器的乘用车上加装符合标准和规定的驾驶辅助装置，专门供特定类型的肢体残疾人驾驶的汽车。

3.3

挂车　trailer

设计和制造上需由汽车或拖拉机牵引，才能在道路上正常使用的无动力道路车辆，包括牵引杆挂车、中置轴挂车和半挂车，用于：

——载运货物；

——专项作业。

3.3.1

牵引杆挂车　draw-bar-trailer

全挂车　　　　draw-bar-trailer

至少有两根轴的挂车，具有：

——一轴可转向；

——通过角向移动的牵引杆与牵引车联结；

——牵引杆可垂直移动，联结到底盘上，因此不能承受任何垂直力。

3.3.2

中置轴挂车　centre axle trailer

均匀受载时挂车质心紧靠车轴位置，牵引装置相对于挂车不能垂直移动、与牵引车连接时只有较小的垂直载荷作用于牵引车的挂车。

3.3.3

半挂车　semi-trailer

均匀受载时挂车质心位于车轴前面，装有可将垂直力和/或水平力传递到牵引车的联结装置的挂车。

3.4

汽车列车　combination vehicles

由汽车（低速汽车除外）牵引挂车组成的机动车，包括乘用车列车、货车列车和铰接列车。

3.4.1

乘用车列车　passenger/car trailer combination

乘用车和中置轴挂车的组合。

3.4.2

货车列车　goods road train

货车和牵引杆挂车或中置轴挂车的组合。

3.4.2.1

牵引杆挂车列车　**draw-bar trailer combination**

全挂拖斗车　**draw-bar trailer combination**

全挂汽车列车　**draw-bar trailer combination**

货车和牵引杆挂车的组合。

3.4.2.2

中置轴挂车列车　**centre axle trailer combination**

货车和中置轴挂车的组合。

3.4.3

铰接列车　**articulated vehicle**

半挂汽车列车　**articulated vehicle**

半挂牵引车和半挂车的组合。

3.5

摩托车　**motorcycle and moped**

由动力装置驱动的，具有两个或三个车轮的道路车辆，但不包括：

a. 整车整备质量超过 400kg 的不带驾驶室的三轮车辆；

b. 整车整备质量超过 600kg 的带驾驶室的三轮车辆；

c. 最大设计车速、整车整备质量、外廓尺寸等指标符合相关国家标准和规定的，专供残疾人驾驶的机动轮椅车；

d. 电驱动的，最大设计车速不大于 20km/h，具有人力骑行功能，整车整备质量、外廓尺寸、电动机额定功率等指标符合相关国家标准规定的两轮车辆。

3.5.1

普通摩托车　**motorcycle**

无论采用何种驱动方式，其最大设计车速大于 50km/h，或如使用内燃机，其排量大于 50mL，或如使用电驱动，其电动机最大输出功率总和大于 4kW 的摩托车，包括两轮普通摩托车、边三轮摩托车和正三轮摩托车。

3.5.1.1

两轮普通摩托车　**motorcycle with two wheels**

装有一个从动轮和一个驱动轮的普通摩托车。

3.5.1.2

边三轮摩托车　**motorcycle with sidecar**

在两轮普通摩托车的右侧装有边车的摩托车。

3.5.1.3

正三轮摩托车　**right three-wheeled motorcycle**

装有与前轮对称分布的两个后轮的普通摩托车，且如设计和制造上允许装载货物或载运乘员，其最大设计车速小于 70 km/h。

3.5.2

轻便摩托车　moped

无论采用何种驱动方式，其最大设计车速不大于 50km/h 的摩托车，且：

——如使用内燃机，其排量不大于 50mL；

——如使用电驱动，其电动机最大输出功率总和不大于 4kW。

3.5.2.1

两轮轻便摩托车　moped with two wheels

装有一个从动轮和一个驱动轮的轻便摩托车。

3.5.2.2

正三轮轻便摩托车　right three-wheeled moped

装有与前轮对称分布的两个后轮的轻便摩托车。

3.6

拖拉机运输机组　tractor towing trailer for transportation

由拖拉机牵引一辆挂车组成的用于载运货物的机动车，包括轮式拖拉机运输机组和手扶拖拉机运输机组。

注 1：本标准所指的拖拉机是指最高设计车速不大于 20km/h、牵引挂车方可从事道路货物运输作业的手扶拖拉机，和最高设计车速不大于 40km/h、牵引挂车方可从事道路货物运输作业的轮式拖拉机。

注 2：手扶拖拉机运输机组还包含手扶变型运输机，即发动机 12 小时标定功率不大于 14.7 kW，采用手扶拖拉机底盘，将扶手把改成方向盘，与挂车连在一起组成的折腰转向式运输机组。

3.7

轮式专用机械车　wheeled mobile machinery for special purpose

有特殊结构和专门功能，装有橡胶车轮可以自行行驶，最大设计车速大于 20km/h 的轮式机械，如装载机、平地机、挖掘机、推土机等，但不包括叉车。

3.8

特型机动车　special size vehicle

质量参数和/或尺寸参数超出 GB 1589 规定的汽车、挂车、汽车列车。

4　整车

4.1　整车标志

4.1.1　机动车在车身前部外表面的易见部位上应至少装置一个能永久保持的商标或厂标。

4.1.2　机动车应至少装置一个能永久保持的产品标牌，该标牌的固定、位置及形式应符合 GB/T 18411 的规定；如采用标签标示，则标签应符合 GB/T 25978 规定的标签一般性能、防篡改性能及防伪性能要求。改装车应同时具有改装后的整车产品标牌及改装前的整车（或底盘）产品

标牌。

机动车均应在产品标牌上标明品牌、整车型号、制造年月、生产厂名及制造国，各类机动车产品标牌应标明的其他项目见表 1。产品标牌上标明的内容应规范、清晰耐久且易于识别，项目名称均应有中文名称。

表 1　　　　　　　　　各类机动车产品标牌应补充标明的项目

机动车类型		应补充标明的项目
汽车 [a]	载客汽车 [b]	车辆识别代号、发动机型号、发动机最大净功率、最大允许总质量（以下简称为"总质量"）、乘坐人数（乘员数）
	载货汽车 [c]	车辆识别代号、发动机型号、发动机最大净功率、总质量（半挂牵引车除外）、整车整备质量（以下简称为"整备质量"）、最大允许牵引质量（无牵引功能的货车除外）
	专项作业车	车辆识别代号、发动机型号、发动机最大净功率、总质量、专用功能主要技术参数
挂车		车辆识别代号 [d]、总质量、整备质量
摩托车 [e]		车辆识别代号、发动机型号、发动机实际排量或最大净功率、整备质量
轮式专用机械车		车架号（或产品识别代码、车辆识别代号）、发动机型号、发动机标定功率、整备质量、最大设计车速
组成拖拉机运输机组的拖拉机		出厂编号、发动机标定功率、使用质量
特型机动车		车辆识别代号（或车架号）、发动机型号、发动机最大净功率、总质量、整备质量、外廓尺寸

[a] 非插电式混合动力汽车还应标明电动动力系统最大输出功率；纯电动汽车、插电式混合动力汽车、燃料电池汽车还应标明主驱动电机型号和功率，动力电池工作电压和容量（安时数），储氢容器形式、容积、工作压力（燃料电池汽车）；纯电动汽车不标发动机相关信息。

[b] 乘用车还应标明发动机排量，具备牵引功能时还应标明最大允许牵引质量。

[c] 半挂牵引车还应标明牵引座最大设计静载荷。

[d] 牵引杆挂车在未采用统一的车辆识别代号之前应标明车架号。

[e] 电动摩托车应标明车辆识别代号、电动机型号、电动机最大输出功率、额定电压、整备质量；正三轮摩托车还应标明装载质量或乘坐人数，两轮普通摩托车及两轮轻便摩托车可不标车辆识别代号。

4.1.3　汽车、摩托车、半挂车和中置轴挂车应具有唯一的车辆识别代号，其内容和构成应符合 GB 16735 的规定；应至少有一个车辆识别代号打刻在车架（无车架的机动车为车身主要承载且不能拆卸的部件）能防止锈蚀、磨损的部位上。

乘用车的车辆识别代号应打刻在发动机舱内能防止替换的车辆结构件上，或打刻在车门立柱上，如受结构限制没有打刻空间时也可打刻在右侧除后备箱（后行李区）外的车辆其他结构件上；其他汽车、半挂车和中置轴挂车的车辆识别代号应打刻在前部右侧，如受结构限制也可打刻在右侧其他车辆结构件上。其他机动车应在相应的易见位置打刻整车型号和出厂编号，型号在前，出厂编号在后，在出厂编号的两端应打刻起止标记。

打刻车辆识别代号（或整车型号和出厂编号）的部件不得采用打磨、挖补、垫片等方式处理，从上（前）方观察时打刻区域周边足够大面积的表面不应有任何覆盖物；如有覆盖物，该覆盖物的表面应明确标示"车辆识别代号"或"VIN"字样，且覆盖物在不使用任何专用工具的情况下能直接取下（或揭开）及复原，以方便地观察到足够大的包括打刻区域的表面。

打刻的车辆识别代号（或整车型号和出厂编号）从上（前）方应易拓印。打刻的车辆识别代号的字母和数字的字高应大于等于 7.0mm、深度应大于等于 0.3mm（乘用车深度应大于等于 0.2mm），但摩托车字高应大于等于 5.0mm、深度应大于等于 0.2mm。打刻的整车型号和出厂编号字高应为 10.0 mm，深度应大于等于 0.3mm。

车辆识别代号（或整车型号和出厂编号）一经打刻不得更改、变动，并符合 GB 16735 的规定。同一辆机动车的车架（无车架的机动车为车身主要承载且不能拆卸的部件）上，不得既打刻车辆识别代号，又打刻整车型号和出厂编号。同一辆车上标识的所有车辆识别代号内容应相同。

注：打刻区域周边足够大面积的表面（足够大的包括打刻区域的表面）是指打刻车辆识别代号的部件的全部表面；但所暴露表面能满足查看打刻车辆识别代号的部件有无挖补、重新焊接、粘贴等痕迹的需要时，也应视为满足要求。

4.1.4 发动机型号和出厂编号应打刻（或铸出）在气缸体上且应能永久保持，在出厂编号的两端应打刻起止标记（没有打刻起止标记的空间时不打刻）；摩托车应在发动机的易见部位铸出商标或厂标，发动机出厂编号应打刻在曲轴箱易见部位，在出厂编号的两端应打刻起止标记（没有打刻起止标记的空间时不打刻）；如打刻（或铸出）的发动机型号和出厂编号不易见，则应在发动机易见部位增加能永久保持的发动机型号和出厂编号的标识。

纯电动汽车、插电式混合动力汽车、燃料电池汽车和电动摩托车应在主驱动电动机壳体上打刻电动机型号和编号；如打刻的电动机型号和编号被覆盖，应留出观察口，或在覆盖件上增加能永久保持的电动机型号和编号的标识。

增加的标识应易见，且非经破坏性操作不能被完整取下。

4.1.5 乘用车和总质量小于等于 3500kg 的货车（低速汽车除外）应在靠近风窗立柱的位置设置能永久保持的车辆识别代号标识；该标识从车外应能清晰地识读，且非经破坏性操作不能被完整取下。对具有发动机电子控制单元（ECU）的乘用车，其 ECU 应记载有车辆识别代号等特征信息，且记载的特征信息应能被读取；但如乘用车至少有一处电子数据接口，且通过读取工具能够获得车辆识别代号等特征信息的，应视为满足要求。

4.1.6 除按照本标准 4.1.2、4.1.3、4.1.5 标示车辆识别代号之外，乘用车还应在后备箱（或行李区）从车外无法观察但打开后能直接观察的合适位置标示车辆识别代号，并至少在 5 个主要部件上标示车辆识别代号；但如制造厂家使用了能从零部件编号涉及车辆识别代号等车辆唯一性信息的生产管理系统，主要部件上可标示零部件编号。

车辆识别代号或零部件编号应直接打刻或采用能永久保持的标签粘贴在制造厂家规定主要部件

的目标区域内，其字码高度应保证内容能清晰确认。

4.1.7　危险货物运输车的标志应符合 GB 13392 的规定；其中，罐式危险货物运输车还应按照 GB 18564.1 或 GB 18564.2 在罐体上喷涂装运货物的名称，道路运输爆炸品和剧毒化学品车辆还应符合 GB 20300 的规定。

4.1.8　对机动车进行改装或修理时，不得对车辆识别代号（或整车型号和出厂编号）、发动机型号和出厂编号、零部件编号、产品标牌、发动机标识等整车标志进行遮盖（遮挡）、打磨、挖补、垫片等处理及凿孔、钻孔等破坏性操作。

4.2　外廓尺寸

汽车及汽车列车、挂车的外廓尺寸应符合 GB 1589 的规定，摩托车、拖拉机运输机组的外廓尺寸限值见表 2。

表 2　　　　　　　　　摩托车、拖拉机运输机组外廓尺寸限值　　　　　　单位为米

机动车类型		长	宽	高
摩托车	两轮普通摩托车	≤2.50	≤1.00	≤1.40
	边三轮摩托车	≤2.70	≤1.75	≤1.40
	正三轮摩托车	≤3.50	≤1.50	≤2.00
	两轮轻便摩托车	≤2.00	≤0.80	≤1.10
	正三轮轻便摩托车	≤2.00	≤1.00	≤1.10
拖拉机运输机组	轮式拖拉机运输机组	≤10.00 [a]	≤2.50	≤3.00 [a]
	手扶拖拉机运输机组	≤5.00	≤1.70	≤2.20

[a]　对标定功率大于 58 kW 的轮式拖拉机运输机组长度限值为 12.00m，高度限值为 3.50m。

4.3　后悬

客车及封闭式车厢（或罐体）的机动车后悬应小于等于轴距的 65%。专项作业车和轮式专用机械车，在保证安全的情况下，后悬可按客车后悬要求核算，其他机动车后悬应小于等于轴距的 55%。车长小于 16m 的发动机后置的铰接客车，在保证安全的情况下，后悬可不超过轴距的 70%。机动车的后悬均应小于等于 3.5m。

> 注：多轴机动车的轴距按第一轴至最后轴的距离计算（对铰接客车按第一轴至第二轴的距离计算），后悬从最后一轴的中心线往后计算。客车的后悬以车身外蒙皮尺寸计算，如后保险杠突出于后背外蒙皮，则以后保险杠尺寸计算，不计后尾梯。

4.4　轴荷和质量参数

4.4.1　汽车及汽车列车、挂车的轴荷和质量参数应符合 GB 1589 的规定。

4.4.2　机动车在空载和满载状态下，整备质量和总质量应在各轴之间合理分配，轴荷应在左右车轮之间均衡分配。

4.4.3　边三轮摩托车处于空载及满载状态时，边车车轮轮荷应分别为整备质量及总质量的 35% 以下。

4.5 核载

4.5.1 质量参数核定

4.5.1.1 机动车最大允许总质量依据发动机功率、最大设计轴荷、轮胎的承载能力及正式批准的技术文件进行核算后，从中取最小值核定。

4.5.1.2 机动车在空载和满载状态下，转向轴轴荷（或转向轮轮荷）分别与该车整备质量和总质量的比值应大于等于：

——乘用车，30%；

——三轮汽车、正三轮摩托车，18%；

——其他机动车，20%。

铰接列车应在空载和满载状态下对牵引车部分进行核算，铰接客车和铰接式无轨电车应在空载和满载状态下对前车进行核算。

4.5.1.3 清障车在托举状态下，转向轴轴荷应大于等于总质量的15%。

4.5.1.4 汽车或汽车列车驱动轴的轴荷应大于等于汽车或汽车列车总质量的25%。

4.5.1.5 货车列车的挂车的最大允许装载质量应小于等于货车的最大允许装载质量。

4.5.1.6 铰接列车的半挂车的总质量应小于等于半挂牵引车的最大允许牵引质量。

4.5.1.7 轮式拖拉机运输机组的挂拖质量比（挂车最大允许总质量与拖拉机使用质量之比）应小于等于3。

4.5.2 乘用车乘坐人数核定

4.5.2.1 前排座位按乘客舱内部宽度（系指驾驶人两侧门窗下缘，并在车门后支柱内侧量取）大于等于1200mm时核定2人，大于等于1650mm时核定3人，但每名前排乘员的座垫宽和座垫深均应大于等于400mm，且不得作为学生座位核定乘坐人数。

4.5.2.2 除前排座位外的其他排座位，在能保证与前一排座位的间距大于等于600mm且座垫深度大于等于400mm（对第二排以后的可折叠座椅座间距大于等于570mm且座垫深度大于等于350mm）时，按座垫宽每400mm核定1人；但作为学生座位使用时，对幼儿校车按每280mm核定1人，对小学生校车按每350mm核定1人，对中小学生校车按380mm核定1人。单人座椅座垫宽大于等于400mm时核定1人。

注1：学生座位（椅）是指幼儿校车上专门供幼儿乘坐的座位（椅）、小学生校车上专门供小学生乘坐的座位（椅）及中小学生校车上专门供义务教育阶段学生使用的座位（椅）。

注2：可折叠座椅是指靠背、座垫铰接且折叠在一起后能完全收起的座椅。

注3：座间距是指座椅座垫和靠背均未被压陷、驾驶人座椅和前排乘员座椅处于滑轨中间位置、靠背角度可调式座椅的靠背角度及座椅其他调整量处于制造厂规定的正常使用位置时，在通过（单人）座椅中心线的垂直平面内，在座垫上表面最高点所处平面与地板上方620mm高度范围内水平测量所得的座椅间距数值。

4.5.2.3 旅居车的核定乘员数应小于等于9人。

4.5.2.4 车长大于等于6m的乘用车设置的侧向座椅不核定乘坐人数。

4.5.3　客车乘员数核定

4.5.3.1　按乘员质量核定：按 GB/T 12428 确定。

4.5.3.2　按座垫宽和站立乘客有效面积核定：长条座椅（指座垫靠背均为条形的供两人或多人乘坐的座椅）按座垫宽每 400mm 核定 1 人，但作为学生座位使用时，对幼儿校车按每 280 mm（对幼儿专用校车按每 330mm）核定 1 人，对小学生校车按每 350 mm 核定 1 人，对中小学生校车按 380mm 核定 1 人；单人座椅座垫宽大于等于 400mm（对学生座椅为 380mm）时核定 1 人。设有乘客站立区的公共汽车，按 GB/T 12428 确定的站立乘客有效面积计算，每 0.125m^2 核定站立乘客 1 人；双层客车的上层及其他客车不核定站立人数。

4.5.3.3　按卧铺铺位核定：卧铺客车的每个铺位核定 1 人，驾驶人座椅核定 1 人，乘客座椅（包括车组人员座椅）不核定乘坐人数。

4.5.3.4　可折叠的单人座椅及驾驶人座椅 R 点所处的横向垂直平面之前的座椅不得作为学生座位（椅）核定人数。

4.5.3.5　幼儿校车、小学生校车和中小学生校车按 4.5.3.2 和 4.5.3.4 核定乘员数，其他客车以 4.5.3.1、4.5.3.2 及 4.5.3.3 计算的乘员数取最小值核定乘员数。幼儿校车的核定乘员数应小于等于 45 人，其他校车的核定乘员数应小于等于 56 人。二轴卧铺客车的核定乘员数应小于等于 36 人，三轴卧铺客车的核定乘员数应小于等于 40 人。

4.5.4　有驾驶室机动车的驾驶室乘坐人数核定（摩托车除外）

4.5.4.1　驾驶室的前排座位，按驾驶室内部宽度（系指驾驶室门窗下缘，并在车门后支柱内侧量取）大于等于 1200mm 时核定 2 人，大于等于 1650mm 时核定 3 人，但每名前排乘员的座垫宽和座垫深均应大于等于 400mm。

4.5.4.2　双排座位驾驶室的后排座位，按座垫中间位置测量的车身内部宽度，在能保证与前排座位的间距大于等于 650mm 且座垫深度大于等于 400mm 时，每 400mm 核定 1 人。

4.5.4.3　带卧铺的货车，卧铺铺位不核定乘坐人数。

4.5.4.4　有驾驶室的拖拉机运输机组和使用方向盘转向的三轮汽车，除驾驶人外可再核定一名乘员，但其座垫宽应大于等于 350 mm，座椅深应大于等于 300 mm，且座椅不应增加拖拉机运输机组或三轮汽车的外廓尺寸；不具备上述条件时，只准许乘坐驾驶人 1 人。

4.5.4.5　货车核定乘坐人数应小于等于 6 人。

4.5.5　摩托车乘坐人数核定

4.5.5.1　两轮普通摩托车除驾驶人外，有固定座位的可再核定乘坐 1 人。

4.5.5.2　边三轮摩托车除驾驶人外，主车和边车有固定座位的各核定乘坐 1 人。

4.5.5.3　正三轮摩托车驾驶室核定乘坐驾驶人 1 人；车厢在有纵向布置（与机动车前进方向相同）的固定座椅（该固定座椅的座垫深度大于等于 400mm 且与驾驶人座椅的间距大于等于 650mm）时，按座垫宽度每 400mm 核定 1 人，但最多为 2 人；不具备上述条件时，车厢不核定乘坐人数。

4.5.5.4　轻便摩托车核定乘坐驾驶人 1 人。

4.5.6　特殊规定

4.5.6.1　装备有残疾人轮椅固定装置的残疾人汽车、装备有担架的救护车等用于载运特定乘客的载客汽车的乘坐人数，以及医疗车、体检医疗车等专项作业车的乘坐人数，参照 4.5.2、4.5.3 和 4.5.4 核定。

4.5.6.2　旅居半挂车不核定乘坐人数。

4.5.6.3　货车驾驶室（区）以外部位设置的座椅和卧铺不核定乘坐人数。

4.6　比功率

低速汽车及拖拉机运输机组的比功率应大于等于 4.0 kW/t，除无轨电车外的其他机动车的比功率应大于等于 5.0 kW/t。

> 注：比功率为发动机最大净功率（或 0.9 倍的发动机额定功率或 0.9 倍的发动机标定功率）与机动车最大允许总质量之比。

4.7　侧倾稳定角及驻车稳定角

4.7.1　按 GB/T 14172 规定的方法，客车在乘客区满载、行李舱空载的情况下测试时，向左侧和右侧倾斜最大侧倾稳定角均应大于等于 28°（对专用校车均应大于等于 32°）；且除定线行驶的双层(公共)汽车外，在空载、静态条件下，向左侧和右侧倾斜最大侧倾稳定角均应大于等于 35°。

> 注：铰接客车和铰接式无轨电车按前车考核。

4.7.2　罐式汽车和罐式挂车在满载、静态状态下，向左侧和右侧倾斜最大侧倾稳定角应大于等于 23°。

4.7.3　其他机动车在空载、静态状态下，向左侧和右侧倾斜最大侧倾稳定角应大于等于：

——三轮机动车（包括三轮汽车和三轮摩托车，下同）　25°；
——总质量为整备质量的 1.2 倍以下的机动车　30°；
——总质量不小于整备质量的 1.2 倍的专项作业车和轮式专用机械车　32°；
——其他机动车（特型机动车、两轮普通摩托车及轻便摩托车除外）　35°。

4.7.4　两轮普通摩托车和两轮轻便摩托车在用撑杆支撑时，向左、向右、向前的驻车稳定角分别应大于等于 9°、5°、6°；在用停车架支撑时，向左、向右、向前的驻车稳定角均应大于等于 8°。

4.8　图形和文字标志

4.8.1　汽车(三轮汽车和装用单缸柴油机的低速货车除外)、摩托车应分别按照 GB 4094 和 GB 15365 的规定设置操纵件、指示器及信号装置的图形标志。

4.8.2　三轮汽车和装用单缸柴油机的低速货车的变速杆、手柄和开关等操纵机构，除作用非常明确的外，应在操纵机构上或其附近用耐久性标志明确标明其功能、操作方向等。标志用操作符号应与背景有明显的色差。

4.8.3　机动车标注的警告性文字应有中文。

4.8.4　旅居车和旅居挂车旅居室内的专用装备设施应明示相应的安全使用规定。

4.8.5　低速汽车和拖拉机运输机组应对需要提醒人们注意的安全事项设置相应的安全标志。安全标志应符合 GB 10396 的规定。

4.8.6　所有货车和专项作业车均应在驾驶室（区）两侧喷涂总质量（半挂牵引车为最大允许牵引质量）；其中，栏板货车和自卸车还应在驾驶室两侧喷涂栏板高度，罐式汽车和罐式挂车还应在罐体上喷涂罐体容积及允许装运货物的种类。栏板挂车应在车厢两侧喷涂栏板高度。喷涂的中文及阿拉伯数字应清晰，高度应大于等于80mm。

4.8.7　总质量大于等于4500kg的货车（半挂牵引车除外）、所有挂车均应在车厢后部喷涂或粘贴放大的号牌号码，放大的号牌号码字样应清晰。

4.8.8　所有客车（专用校车和设有乘客站立区的公共汽车除外）应在乘客门附近车身外部易见位置，用高度大于等于100mm的中文及阿拉伯数字标明该车提供给乘员（包括驾驶人）的座位数。

4.8.9　专用校车车身外观标识应符合GB 24315规定。校车运送学生时，应在前风窗玻璃右下角和后风窗玻璃适当位置各放置一块可以从车外清楚识别的校车标牌；但专门用于接送学生上下学的非专用校车，车身外观标识还应符合专用校车相关规定。

　　注：非专用校车是指除专用校车外的其他校车。

4.8.10　气体燃料汽车、两用燃料汽车和双燃料汽车应按GB/T 17676的规定标注其使用的气体燃料类型。

4.8.11　教练车应在车身两侧及后部喷涂高度大于等于100mm的"教练车"等字样。

4.8.12　警车、消防车、救护车和工程救险车以外的机动车，不得喷涂和安装与警车、消防车、救护车和工程救险车相同或相类似的标志图案和灯具。

4.9　外观

4.9.1　机动车外观应整洁，各零部件应完好，连接牢固，无缺损。

4.9.2　车体应周正，车体外缘左右对称部位高度差应小于等于40 mm。

4.9.3　两轮普通摩托车和轻便摩托车的方向把和导流板等左右对称的零部件离地面高度差应小于等于10 mm；正三轮摩托车的驾驶室和车厢等左右对称的零部件离地面高度差应小于等于20 mm。

4.10　漏水检查

　　在发动机运转及停车时，散热器、水泵、缸体、缸盖、暖风装置及所有连接部位均不得有明显渗漏现象。

4.11　漏油检查

　　机动车连续行驶距离不小于10 km，停车5 min后观察，不得有明显渗漏现象。

4.12　车速表指示误差（最大设计车速不大于40 km/h的机动车除外）

　　车速表指示车速 V_1（单位：km/h）与实际车速 V_2（单位：km/h）之间应符合下列关系式

$$0 \leqslant V_1 - V_2 \leqslant (V_2/10) + 4$$

4.13　行驶轨迹

　　汽车列车和轮式拖拉机运输机组在平坦、干燥的路面上直线行驶时，挂车后轴中心相对于牵引车前轴中心的最大摆动幅度，铰接列车、乘用车列车和中置轴挂车列车应小于等于110mm，牵引杆挂车列车和轮式拖拉机运输机组应小于等于220mm。

4.14 驾驶人耳旁噪声要求

汽车（低速汽车除外）驾驶人耳旁噪声声级应小于等于 90dB(A)，其检验方法见附录 A。

4.15 环保要求

机动车的排气污染物排放及噪声控制应符合国家环保标准的规定。

4.16 产品使用说明书

4.16.1 机动车的产品使用说明书应用文字标明与车型（整车型号）相一致的以下结构参数和技术特征，必要时还应用图案辅助说明：

——整车产品标牌、按 4.1.3 规定打刻的车辆识别代号（或整车型号和出厂编号）、打刻（或铸出的）发动机型号和出厂编号（或电动机型号和编号）、标有发动机型号和出厂编号（或电动机型号和编号）的标识等标志的具体位置；

——长、宽、高等整车外廓尺寸参数；

——轴荷、整备质量、最大允许总质量等质量参数；

——发动机主要技术参数（如发动机最大净功率、额定功率/转速、额定扭矩/转速）；

——罐体容积及允许装运货物的种类；

——燃料种类及标号；

——机动车整车出厂时所达到的排放水平；

——指定试验条件下的整车燃料消耗量；

——最大设计车速、最大爬坡度等动力性能参数；

——起步气压的具体数值；

——可以使用的轮胎规格、备胎规格，以及轮胎气压等使用注意事项；

——钢板弹簧的形式和规格；

——侧面及后下部防护装置的材质、结构、尺寸、连接部位和形式、外形；

——封闭式货车隔离装置的承受能力及装载货物注意事项；

——电动转向助力装置等电气设备的安全使用要求及注意事项；

——最大设计车速大于 100km/h 的机动车的车轮动平衡要求；

——车轮定位值；

——制动踏板自由行程的合理范围；

——制动摩擦副的合理使用范围；

——涉及安全使用车辆的其他事项。

注：对发动机最大净功率、额定功率/转速等发动机主要技术参数，以及车轮动平衡要求、车轮定位值、制动踏板自由行程的合理范围、制动摩擦副的合理使用范围等主要用于车辆维修的技术参数，在其他随车正式文件上有说明的，也视为满足要求。

4.16.2 汽车的产品使用说明书应对其装备的安全气囊、电子稳定控制系统、防抱死制动装置等安全装置的功能、用法和注意事项等加以说明；装备有安全气囊的汽车，还应在产品使用说明书中明确安全气囊展开的条件和情形。

4.16.3 乘用车的产品使用说明书应对适合安装的儿童座椅的类型及固定方法加以说明。

4.16.4 旅居挂车的产品使用说明书应明示车辆行驶过程中旅居室内不得载人。

4.16.5 三轮汽车和装用单缸柴油机的低速货车的产品使用说明书应明示所有操纵机构的操作说明。

4.16.6 轮式专用机械车、特型机动车的产品使用说明书应明示其制造时所执行的相关国家标准和/或行业标准的标准顺序号和年号。

4.16.7 机动车的产品使用说明书的所有文字性内容均应有中文。

4.17 其他要求

4.17.1 专项作业车和轮式专用机械车的特殊结构和专用装置不得影响机动车的安全运行。

4.17.2 轮式专用机械车的外廓尺寸、轴荷及质量参数、转向系、制动系、外部照明和信号装置及电气设备、车身、安全防护装置等要求按土方机械相关强制性标准实施。

5 发动机

5.1 发动机应动力性能良好，运转平稳，怠速稳定，无异响，机油压力和温度正常。发动机功率应大于等于标牌（或产品使用说明书）标明的发动机功率的75%。

5.2 发动机应有良好的启动性能。汽车（三轮汽车和装用单缸柴油机的低速货车除外）发动机应能由驾驶人在座位上启动。

5.3 柴油机停机装置应灵活有效。

5.4 发动机点火、燃料供给、润滑、冷却和进排气等系统的机件应齐全，性能良好。

6 转向系

6.1 汽车（三轮汽车除外）的转向盘应设置于左侧，其他机动车的转向盘不得设置于右侧；专项作业车、教练车按需要可设置左右两个转向盘。有驾驶室的正三轮摩托车如使用转向盘转向，则转向盘中心立柱距车辆纵向中心平面的水平距离应小于等于200mm；其他摩托车不得使用转向盘转向。

6.2 机动车的转向盘（或方向把）应转动灵活，操纵方便，无卡滞现象。机动车应设置转向限位装置。转向系统在任何操作位置上，不得与其他部件有干涉现象。

6.3 机动车（摩托车、三轮汽车、手扶拖拉机运输机组除外）正常行驶时，转向轮转向后应有一定的回正能力（允许有残余角），以使机动车具有稳定的直线行驶能力。

6.4 机动车方向盘的最大自由转动量应小于等于：

    a. 最大设计车速大于等于100km/h的机动车15°；

    b. 三轮汽车35°；

    c. 其他机动车25°。

6.5 汽车（三轮汽车除外）应具有适度的不足转向特性。

6.6 三轮汽车、摩托车的转向轮向左或向右转角应小于等于：

    a. 三轮汽车、三轮摩托车、正三轮轻便摩托车45°；

    b. 两轮普通摩托车、两轮轻便摩托车48°。

6.7 机动车在平坦、硬实、干燥和清洁的道路上行驶不应跑偏，其方向盘（或方向把）不应有摆振、路感不灵或其他异常现象。

6.8 机动车在平坦、硬实、干燥和清洁的水泥或沥青道路上行驶，以 10 km/h 的速度在 5 s 之内沿螺旋线从直线行驶过渡到外圆直径为 25m 的车辆通道圆行驶，施加于方向盘外缘的最大切向力应小于等于 245N。

6.9 专用校车应采用转向助力装置；其他机动车转向轴最大设计轴荷大于 4000 kg 时，也应采用转向助力装置。装有转向助力装置的机动车，转向时其转向助力功能不得出现时有时无的现象，且转向助力装置失效时仍应具有用方向盘控制机动车的能力。装有电动转向助力装置的汽车，在产品使用说明书规定的正常使用状态下，应保证转向助力装置的电能供应。

6.10 汽车和汽车列车（不计具有作业功能的专用装置的突出部分）、轮式拖拉机运输机组应能在同一个车辆通道圆内通过，车辆通道圆的外圆直径 D_1 为 25.00m，车辆通道圆的内圆直径 D_2 为 10.60m。汽车和汽车列车、轮式拖拉机运输机组由直线行驶过渡到上述圆周运动时，任何部分超出直线行驶时的车辆外侧面垂直面的值（外摆值）应小于等于 0.80m（对铰接客车和铰接式无轨电车外摆值应小于等于 1.20m），其试验方法见 GB 1589。

6.11 汽车（三轮汽车除外）的车轮定位应与该车型的技术要求一致。对前轴采用非独立悬架的汽车（前轴采用双转向轴时除外），其转向轮的横向侧滑量，用侧滑台检验时侧滑量值应在 ±5m/km 之间。

6.12 转向节及臂，转向横、直拉杆及球销不得有裂纹和损伤，并且转向球销不应松旷。对机动车进行改装或修理时横、直拉杆不得拼焊。

6.13 三轮汽车、摩托车的前减振器、上下联板和方向把不应有变形和裂损。

7 制动系

7.1 基本要求

7.1.1 机动车应设置足以使其减速、停车和驻车的制动系统或装置，且行车制动的控制装置与驻车制动的控制装置应相互独立。

7.1.2 制动系统的机构和装置应经久耐用，不得因振动或冲击而损坏。

7.1.3 制动踏板（包括教练车的副制动踏板）及其支架、制动主缸及其活塞、制动总阀、制动气室、轮缸及其活塞、制动臂及凸轮轴总成之间的连接杆件等零部件应易于维修。

7.1.4 制动系统的各种杆件不得与其他部件在相对位移中发生干涉、摩擦，以防杆件变形、损坏。

7.1.5 制动管路应为专用的耐腐蚀的高压管路，安装应保证具有良好的连续功能、足够的长度和柔性，以适应与之相连接的零件所需要的正常运动，而不致造成损坏；制动管路应有适当的安全防护，以避免擦伤、缠绕或其他机械损伤，同时应避免安装在可能与机动车排气管或任何高温源接触的地方。制动软管不得与其他部件干涉且不应有老化、开裂、被压扁等现象。其他气动装置在出现故障时不得影响制动系统的正常工作。

7.1.6 汽车制动完全释放时间（从松开制动踏板到制动消除所需要的时间）对两轴汽车应小于等于 0.80 s，对三轴及三轴以上汽车应小于等于 1.2 s。

7.1.7 机动车在运行过程中不得有自行制动现象，但属于设计和制造上为保证车辆安全运行的除外。

当挂车（由轮式拖拉机牵引的装载质量 3 000kg 以下的挂车除外）与牵引车意外脱离后，挂车应能自行制动，牵引车的制动仍应有效。

7.2　行车制动

7.2.1　机动车（总质量小于等于 750kg 的挂车除外）应具有完好的行车制动系，其中汽车（三轮汽车除外）的行车制动应采用双回路或多回路。

7.2.2　行车制动应保证驾驶人在行车过程中能控制机动车安全、有效地减速和停车。行车制动应是可控制的，且除残疾人专用汽车外，应保证驾驶人在其座位上双手无须离开转向盘（或转向把）就能实现制动。

7.2.3　行车制动应作用在机动车（三轮汽车、拖拉机运输机组及总质量不大于 750kg 的挂车除外）的所有车轮上。

7.2.4　行车制动的制动力应在各轴之间合理分配。

7.2.5　机动车（边三轮摩托车除外）行车制动的制动力应在同一车轴左右轮之间相对机动车纵向中心平面合理分配。

7.2.6　汽车（三轮汽车除外）、摩托车（边三轮摩托车除外）、挂车（总质量不大于 750kg 的挂车除外）的所有车轮应装备制动器。其中，所有专用校车和危险货物运输车的前轮及车长大于 9m 的其他客车的前轮应装备盘式制动器。

7.2.7　制动器应有磨损补偿装置。制动器磨损后，制动间隙应易于通过手动或自动调节装置来补偿。制动控制装置及其部件以及制动器总成应具备一定的储备行程，当制动器发热或制动衬片的磨损达到一定程度时，在不必立即作调整的情况下，仍应保持有效的制动。

7.2.8　制动踏板的自由行程应与该车型的技术要求一致。

7.2.9　行车制动在产生最大制动效能时的踏板力或手握力应小于等于：

　　——乘用车和正三轮摩托车 500N；

　　——摩托车（正三轮摩托车除外）350N（踏板力）或 250N（手握力）；

　　——其他机动车，700N。

7.2.10　汽车列车行车制动系的设计和制造应保证挂车最后轴制动动作滞后于牵引车前轴制动动作的时间小于等于 0.2s。

7.2.11　车长大于 9m 的公路客车、旅游客车和未设置乘客站立区的公共汽车，所有专用校车、危险货物运输车和半挂牵引车，总质量大于等于 12000kg 的货车和专项作业车及总质量大于 10000kg 的挂车应安装符合 GB/T 13594 规定的防抱死制动装置。

　　注：本条中半挂车的总质量是指半挂车在满载并且和牵引车相连的情况下，通过半挂车的所有车轴垂直作用于地面的静载荷，不包括转移到牵引车牵引座的静载荷。

7.2.12　教练车（三轮汽车除外）的行车制动应装备有副制动踏板。副制动踏板应安装牢固、动作可靠，保证教练员在行车过程中能有效地控制机动车减速和停车。

7.3　应急制动

7.3.1　汽车（三轮汽车除外）应具有应急制动功能。

7.3.2　应急制动应保证在行车制动只有一处失效的情况下，在规定的距离内将汽车停住。

7.3.3　应急制动可以是行车制动系统具有应急特性或是与行车制动分开的系统。

7.3.4　应急制动应是可控制的，其布置应使驾驶人容易操作，驾驶人在座位上至少用一只手握住转向盘的情况下（对乘用车为双手不离开转向盘的情况下），就可以实现制动。它的控制装置可以与行车制动的控制装置结合，也可以与驻车制动的控制装置结合。

7.3.5　采用助力制动系的行车制动系，当助力装置失效后，仍应能保持规定的应急制动性能。

7.4　驻车制动

7.4.1　机动车（两轮普通摩托车、边三轮摩托车和两轮轻便摩托车除外）应具有驻车制动装置。

7.4.2　驻车制动应能使机动车即使在没有驾驶人的情况下，也能停在上、下坡道上。驾驶人应在座位上就可以实现驻车制动。对于汽车列车和轮式拖拉机运输机组，如挂车与牵引车脱离，挂车（由轮式拖拉机牵引的装载质量 3000kg 以下的挂车除外）应能产生驻车制动。挂车的驻车制动装置应能由站在地面上的人实施操纵。

7.4.3　驻车制动应通过纯机械装置把工作部件锁止，并且驾驶人施加于操纵装置上的力：

　　——手操纵时，乘用车应小于等于 400N，其他机动车应小于等于 600N；

　　——脚操纵时，乘用车应小于等于 500N，其他机动车应小于等于 700N。

7.4.4　驻车制动控制装置的安装位置应适当，操纵装置应有足够的储备行程（开关类操作装置除外），一般应在操纵装置全行程的三分之二以内产生规定的制动效能；驻车制动机构装有自动调节装置时允许在全行程的四分之三以内达到规定的制动效能。驻车制动使用电子控制装置时，锁止装置应为纯机械装置，发生断电情况锁止装置仍应保持持续有效。棘轮式制动操纵装置应保证在达到规定的驻车制动效能时，操纵杆往复拉动的次数不得超过三次。

7.4.5　采用弹簧储能制动装置做驻车制动时，应保证在失效状态下能方便地解除驻车状态；如需使用专用工具，应随车配备。

7.5　辅助制动

车长大于 9m 的客车（对专用校车为车长大于 8m）、总质量大于等于 12000kg 的货车和专项作业车、所有危险货物运输车，应装备缓速器或其他辅助制动装置。辅助制动装置的性能要求应使汽车能通过 GB 12676 规定的Ⅱ型或ⅡA 型试验。

7.6　液压制动的特殊要求

7.6.1　采用液压制动的机动车，制动管路不应存在渗漏（包括外泄和内泄）现象，在保持踏板力为 700N（摩托车为 350N）达到 1min 时，踏板不得有缓慢向前移动的现象。

7.6.2　液压行车制动在达到规定的制动效能时，踏板行程应小于等于踏板全行程的四分之三，制动器装有自动调整间隙装置的机动车踏板行程应小于等于踏板全行程的五分之四，且乘用车应小于等于 120mm，其他机动车应小于等于 150mm。

　注：踏板全行程是指在无制动液状态下制动踏板从完全释放状态到不能踩动的行程。

7.6.3　液压行车制动系不得因制动液对制动管路的腐蚀或由于发动机及其他热源的作用形成气阻而影响行车制动系的功能。

7.7　气压制动的特殊要求

7.7.1　采用气压制动的机动车，在气压升至 600kPa 且不使用制动的情况下，停止空气压缩机工作 3min 后，其气压的降低值应小于等于 10kPa。在气压为 600kPa 的情况下，停止空气压缩机工作，将制动踏板踩到底，待气压稳定后观察 3min，气压降低值对汽车应小于等于 20kPa，对汽车列车、铰接客车及铰接式无轨电车、轮式拖拉机运输机组应小于等于 30kPa。

7.7.2　采用气压制动的机动车，发动机在 75%的额定转速下，4min（汽车列车为 6min，铰接客车和铰接式无轨电车为 8min）内气压表的指示气压应从零开始升至起步气压。

> 注：起步气压是指车辆制造厂家标明的车辆（起步后）能够满足正常（制动）工作要求的储气筒最小压力。

7.7.3　气压制动系统应装有限压装置，以确保贮气筒内气压不超过允许的最高气压。

7.7.4　气压制动系应安装保持压缩空气干燥、油水分离的装置。

7.8　储气筒

7.8.1　装备储气筒或真空罐的机动车应采用单向阀或相应的保护装置，以保证在筒（罐）与压缩空气（真空源）连接失效或漏损的情况下，筒（罐）内的压缩空气（真空度）不致全部丧失。

7.8.2　储气筒的容量应保证在调压阀调定的最高气压下，且在不继续充气的情况下，机动车在连续五次踩到底的全行程制动后，气压不低于起步气压。

7.8.3　储气筒应有排污阀。

7.9　制动报警装置

7.9.1　采用液压制动的机动车，其储液器的加注口应易于接近，从结构设计上应保证在不打开容器的条件下就能很容易地检查液面。如不能满足此条件，则应安装制动液面过低报警装置。

7.9.2　采用液压制动的汽车（三轮汽车和装用单缸柴油机的低速货车除外），如液压传能装置任一部件失效，应通过红色报警信号灯警示驾驶人。只要失效继续存在且点火开关处在开（运行）的位置，该信号灯应保持发亮。报警信号灯即使在白天也应很醒目，驾驶人在其座位上应能很容易地观察报警信号灯工作是否正常。报警装置的失效不应导致制动系统完全丧失制动效能。

7.9.3　采用气压制动的机动车，当制动系统的气压低于起步气压时，报警装置应能连续向驾驶人发出容易听到或看到的报警信号。

7.9.4　安装具有防抱死制动装置的汽车，当防抱死制动装置失效时，报警装置应能连续向驾驶人发出容易听到或看到的报警信号。

7.10　路试检验制动性能

7.10.1　基本要求

7.10.1.1　机动车行车制动性能和应急制动性能检验应在平坦、硬实、清洁、干燥且轮胎与地面间的附着系数大于等于 0.7 的混凝土或沥青路面上进行。

7.10.1.2　检验时发动机应与传动系统脱开，但对于采用自动变速器的机动车，其变速器换挡装置应位于驱动挡（"D"挡）。

7.10.2　行车制动性能检验

7.10.2.1　用制动距离检验行车制动性能

机动车在规定的初速度下的制动距离和制动稳定性要求应符合表 3 的规定。对空载检验的制动距离有质疑时，可用表 3 规定的满载检验制动距离要求进行。

表3　　　　　　　　　　　制动距离和制动稳定性要求

机动车类型	制动初速度 km/h	空载检验制动距离要求 M	满载检验制动距离要求 M	试验通道宽度 m
三轮汽车	20	≤5.0		2.5
乘用车	50	≤19.0	≤20.0	2.5
总质量不大于3500kg的低速货车	30	≤8.0	≤9.0	2.5
其他总质量不大于3500kg的汽车	50	≤21.0	≤22.0	2.5
铰接客车、铰接式无轨电车、汽车列车	30	≤9.5	≤10.5	3.0
其他汽车	30	≤9.0	≤10.0	3.0
两轮普通摩托车	30	≤7.0		—
边三轮摩托车	30	≤8.0		2.5
正三轮摩托车	30	≤7.5		2.3
轻便摩托车	20	≤4.0		—
轮式拖拉机运输机组	20	≤6.0	≤6.5	3.0
手扶变型运输机	20	≤6.5		2.3

制动距离：是指机动车在规定的初速度下急踩制动时，从脚接触制动踏板（或手触动制动手柄）时起至机动车停住时止机动车驶过的距离。

制动稳定性要求：是指制动过程中机动车的任何部位（不计入车宽的部位除外）不超出规定宽度的试验通道的边缘线。

7.10.2.2 用充分发出的平均减速度检验行车制动性能

汽车、汽车列车在规定的初速度下急踩制动时充分发出的平均减速度及制动稳定性要求应符合表 4 的规定，且制动协调时间对液压制动的汽车应小于等于 0.35s，对气压制动的汽车应小于等于 0.60s，对汽车列车、铰接客车和铰接式无轨电车应小于等于 0.80s。对空载检验的充分发出的平均减速度有质疑时，可用表 4 规定的满载检验充分发出的平均减速度进行。

充分发出的平均减速度 MFDD：

$$MFDD = \frac{V_b^2 - V_e^2}{25.92(S_e - S_b)}$$

式中：MFDD——充分发出的平均减速度，单位为米每平方秒（m/s²）；

V_o——试验车制动初速度，单位为千米每小时（km/h）；

238 汽车检测技术与设备

V_b——0.8V_o，试验车速，单位为千米每小时（km/h）；

V_e——0.1V_o，试验车速，单位为千米每小时（km/h）；

S_b——试验车速从V_o到V_b之间车辆行驶的距离，单位为米（m）；

S_e——试验车速从V_o到V_e之间车辆行驶的距离，单位为米（m）。

制动协调时间：是指在急踩制动时，从脚接触制动踏板（或手触动制动手柄）时起至机动车减速度（或制动力）达到表4规定的机动车充分发出的平均减速度（或表6所规定的制动力）的75%时所需的时间。

表4   制动减速度和制动稳定性要求

机动车类型	制动初速度 km/h	空载检验充分发出的平均减速度 m/s²	满载检验充分发出的平均减速度 m/s²	试验通道宽度 m
三轮汽车	20	≥3.8		2.5
乘用车	50	≥6.2	≥5.9	2.5
总质量不大于3500kg的低速货车	30	≥5.6	≥5.2	2.5
其他总质量不大于3500kg的汽车	50	≥5.8	≥5.4	2.5
铰接客车、铰接式无轨电车、汽车列车	30	≥5.0	≥4.5	3.0
其他汽车	30	≥5.4	≥5.0	3.0

7.10.2.3 制动踏板力或制动气压要求

进行制动性能检验时的制动踏板力或制动气压应符合以下要求：

a. 满载检验时

气压制动系：气压表的指示气压   ≤额定工作气压；

液压制动系：踏板力，乘用车   ≤500N；

其他机动车   ≤700N。

b. 空载检验时

气压制动系：气压表的指示气压   ≤600kPa；

液压制动系：踏板力，乘用车   ≤400N；

其他机动车   ≤450N。

摩托车（正三轮摩托车除外）检验时，踏板力应小于等于350N，手握力应小于等于250N。

正三轮摩托车检验时，踏板力应小于等于500N。

三轮汽车和拖拉机运输机组检验时，踏板力应小于等于600N。

7.10.2.4 合格判定要求

汽车、汽车列车在符合 7.10.2.规定的制动踏板力或制动气压下的路试行车制动性能如符合7.10.2.1或7.10.2.2，即为合格。

7.10.3 应急制动性能检验

汽车（三轮汽车除外）在空载和满载状态下，按表5所列初速度进行应急制动性能检验，应急制动性能应符合表5的要求。

表 5　　　　　　　　　　　　应急制动性能要求

机动车类型	制动初速度 km/h	制动距离 M	充分发出的平均减速度 m/s²	允许操纵力应 小于等于 N	
				手操纵	脚操纵
乘用车	50	≤38.0	≥2.9	400	500
客车	30	≤18.0	≥2.5	600	700
其他汽车（三轮汽车除外）	30	≤20.0	≥2.2	600	700

7.10.4 驻车制动性能检验

在空载状态下，驻车制动装置应能保证机动车在坡度为 20%（对总质量为整备质量的 1.2 倍以下的机动车为 15%）、轮胎与路面间的附着系数大于等于 0.7 的坡道上正、反两个方向保持固定不动，时间应大于等于 5min。检验汽车列车时，应使牵引车和挂车的驻车制动装置均起作用。检验时操纵力按 7.4.3 规定。

> 注 1：在规定的测试状态下，机动车使用驻车制动装置能停在坡度值更大且附着系数符合要求的试验坡道上时，应视为达到了驻车制动性能检验规定的要求。

> 注 2：在不具备试验坡道的情况下，在用车可参照相关标准使用符合规定的仪器测试驻车制动性能。

7.11 台试检验制动性能

7.11.1 行车制动性能检验

7.11.1.1 制动力百分比要求

汽车、汽车列车在制动检验台上测出的制动力应符合表6的要求。对空载检验制动力有质疑时，可用表6规定的满载检验制动力要求进行检验。使用转鼓试验台检测时，可通过测得制动减速度值计算得到最大制动力。

摩托车的前、后轴制动力应符合表6的要求，测试时只准许乘坐一名驾驶人。

表 6　　　　　　　　　　　　台试检验制动力要求

机动车类型	制动力总和与整车重量的百分比		轴制动力与轴荷 [a] 的百分比	
	空载	满载	前轴 [b]	后轴 [b]
三轮汽车	—		—	≥60 [c]
乘用车、其他总质量不大于 3500kg 的汽车	≥60	≥50	≥60 [c]	≥20 [c]

续表

机动车类型	制动力总和与整车重量的百分比		轴制动力与轴荷[a]的百分比	
	空载	满载	前轴[b]	后轴[b]
铰接客车、铰接式无轨电车、汽车列车	≥55	≥45	—	—
其他汽车	≥60	≥50	≥60[c]	≥50[d]
普通摩托车	—	—	≥60	≥55
轻便摩托车	—	—	≥60	≥50

[b] 用平板制动检验台检验乘用车时应按左右轮制动力最大时刻所分别对应的左右轮动态轮荷之和计算。

[c] 机动车（单车）纵向中心线中心位置以前的轴为前轴，其他轴为后轴；挂车的所有车轴均按后轴计算；用平板制动试验台测试并装轴制动力时，并装轴可视为一轴。

[d] 空载和满载状态下测试均应满足此要求。

[e] 满载测试时后轴制动力百分比不做要求；空载用平板制动检验台检验时应大于等于35%；总质量大于3500kg的客车，空载用反力滚筒式制动试验台测试时应大于等于40%，用平板制动检验台检验时应大于等于30%。

检验时制动踏板力或制动气压按 7.10.2.3 的规定。

7.11.1.2　制动力平衡要求（两轮、边三轮摩托车和轻便摩托车除外）

在制动力增长全过程中同时测得的左右轮制动力差的最大值，与全过程中测得的该轴左右轮最大制动力中大者（当后轴及其他轴，制动力小于该轴轴荷的 60% 时为与该轴轴荷）之比，对新注册车和在用车应分别符合表 7 的要求。

表 7　　　　　　　　台试检验制动力平衡要求

	前轴	后轴（及其他轴）	
		轴制动力大于等于该轴轴荷 60% 时	制动力小于该轴轴荷 60% 时
新注册车	≤20%	≤24%	≤8%
在用车	≤24%	≤30%	≤10%

7.11.1.3　制动协调时间要求

汽车的制动协调时间，对液压制动的汽车应小于等于 0.35s，对气压制动的汽车应小于等于 0.60s；汽车列车和铰接客车、铰接式无轨电车的制动协调时间应小于等于 0.80s。

7.11.1.4　车轮阻滞率要求

进行制动力检验时，汽车、汽车列车各车轮的阻滞力均应小于等于轮荷的 10%。

7.11.1.5　合格判定要求

台试检验汽车、汽车列车行车制动性能时，检验结果同时满足 7.11.1.1～7.11.1.4 的，方为合格。

7.11.2　驻车制动性能检验

当采用制动检验台检验汽车和正三轮摩托车驻车制动装置的制动力时，机动车空载，乘坐一名驾驶人，使用驻车制动装置，驻车制动力的总和应大于等于该车在测试状态下整车重量的 20%，但总质量为整备质量 1.2 倍以下的机动车应大于等于 15%。

7.11.3 检验结果的复核

对机动车台架检验制动性能结果有异议的，在空载状态下按 7.10 复检。对空载状态复检结果有异议的，以满载路试复检结果为准。

8 照明、信号装置和其他电气设备

8.1 基本要求

8.1.1 机动车的灯具应安装牢靠、完好有效，不得因机动车振动而松脱、损坏、失去作用或改变光照方向；所有灯光的开关应安装牢固、开关自如，不得因机动车振动而自行开关。开关的位置应便于驾驶人操纵。

8.1.2 机动车不得安装遮挡外部照明和信号装置透光面的装置。除转向信号灯、危险警告信号、紧急制动信号、校车标志灯及消防车、救护车、工程救险车和警车安装使用的标志灯具外，其他外部灯具不得闪烁。

8.1.3 用户不得对外部照明和信号装置进行改装，也不得加装强制性标准以外的外部照明和信号装置。

8.2 照明和信号装置的数量、位置、光色和最小几何可见度

8.2.1 汽车（三轮汽车和装用单缸柴油机的低速货车除外）及挂车的外部照明和信号装置的数量、位置、光色、最小几何可见度应符合 GB 4785 的规定。总质量大于等于 4500kg 的货车、专项作业车和挂车的每一个后位灯、后转向信号灯和制动灯，透光面面积应大于等于一个 80mm 直径圆的面积；如属非圆形的，透光面的形状还应能将一个 40mm 直径的圆包含在内。

8.2.2 摩托车的照明和信号装置及其安装应分别符合 GB 18100.1、GB 18100.2 和 GB 18100.3 的规定。

8.2.3 三轮汽车、装用单缸柴油机的低速货车及拖拉机运输机组应设置前照灯、前位灯（手扶拖拉机运输机组除外）、后位灯、制动灯、后牌照灯、后反射器和前、后转向信号灯，其光色应符合 GB 4785 相关规定。

8.2.4 机动车应装置后反射器。挂车及车长大于等于 6 m 的机动车应安装侧反射器和侧标志灯。反射器应与机动车牢固连接，且后反射器应能保证夜间在机动车正后方 150m 处，用符合本标准规定的汽车前照灯照射时，在照射位置就能确认其反射光。

8.2.5 宽度大于 2100mm 的机动车均应安装示廓灯。

8.2.6 牵引杆挂车应在挂车前部的左右各装一只前白后红的标志灯，其高度应比牵引杆挂车的前栏板高出 300mm～400mm，距车厢外侧应小于 150mm。

8.2.7 校车应配备统一的校车标志灯和停车指示标志。

8.3 照明和信号装置的一般要求

8.3.1 机动车（手扶拖拉机运输机组除外）的前位灯、后位灯、示廓灯、侧标志灯、挂车标志灯、牌照灯和仪表灯应能同时启闭，当前照灯关闭和发动机熄火时仍应能点亮。汽车和挂车的电路连接

应保证前位灯、后位灯、示廓灯、侧标志灯和牌照灯只能同时打开或关闭，但前位灯、后位灯、侧标志灯作为驻车灯使用（复合或混合）的除外。

8.3.2 机动车的前、后转向信号灯、危险警告信号及制动灯白天在距其 100m 处应能观察到其工作状况，侧转向信号灯白天在距 30m 处应能观察到其工作状况；前、后位置灯、示廓灯、挂车标志灯夜间能见度良好时在距其 300m 处应能观察到其工作状况；后牌照灯夜间能见度良好时在距其 20m 处应能看清号牌号码。制动灯的发光强度应明显大于后位灯。

8.3.3 对称设置、功能相同的灯具的光色和亮度不应有明显差异。

8.3.4 机动车照明和信号装置的任一条线路出现故障，不得干扰其他线路的正常工作。

8.3.5 驾驶区的仪表板应采用不反光的面板或护板，车内照明装置及其在风窗玻璃、视镜、仪表盘等处的反射光线不应使驾驶人眩目。

8.3.6 仪表板上应设置仪表灯。仪表灯点亮时，应能照清仪表板上所有的仪表且不应眩目。

8.3.7 汽车（三轮汽车和装用单缸柴油机的低速货车除外）仪表板上应设置蓝色远光指示信号和与行驶方向相适应的转向指示信号。

8.3.8 汽车（三轮汽车除外）和轮式拖拉机运输机组均应具有危险警告信号装置，其操纵装置不应受灯光总开关的控制。对于牵引挂车的汽车，危险警告信号控制开关也应能打开挂车上的所有转向信号灯，即使在发动机不工作的情况下，仍应能发出危险警告信号。危险警告信号和转向信号灯的闪光频率应为 1.5Hz±0.5Hz，启动时间应小于等于 1.5s。如某一转向灯发生故障（短路除外）时，其他转向灯应继续工作，但闪光频率可以不同于上述规定的频率。

8.3.9 客车应设置车厢灯和门灯。车长大于 6m 的客车应至少有两条车厢照明电路，仅用于进出口处的照明电路可作为其中之一。当一条电路失效时，另一条仍应能正常工作，以保证车内照明。车厢灯和门灯不应影响本车驾驶人的视线和其他机动车的正常行驶。

8.4   车身反光标识和车辆尾部标志板

8.4.1 总质量大于等于 12000kg 的货车（半挂牵引车除外）和货车底盘改装的专业作业车、车长大于 8.0m 的挂车及所有最大设计车速小于等于 40km/h 的汽车和挂车，应设置符合 GB 25990 规定的车辆尾部标志板；半挂牵引车应在驾驶室后部上方设置能体现驾驶室的宽度和高度的车身反光标识，其他货车、货车底盘改装的专项作业车和挂车（设置有符合规定的车辆尾部标志板的除外）应在后部设置车身反光标识。后部的车身反光标识应能体现机动车后部的高度和宽度，对厢式货车和挂车应能体现货厢轮廓。

8.4.2 所有货车（半挂牵引车除外）、货车底盘改装的专项作业车和挂车应在侧面设置车身反光标识。侧面的车身反光标识长度应大于等于车长的 50%，对三轮汽车应大于等于 1.2m，对侧面车身结构无连续平面的专项作业车应大于等于车长的 30%，对货厢长度不足车长 50% 的货车应为货厢长度。

8.4.3 道路运输爆炸品和剧毒化学品车辆，除应按 8.4.1、8.4.2 设置车身反光标识外，还应在后部和两侧粘贴能标示出车辆轮廓、宽度为 150mm±20mm 的橙色反光带。

8.4.4 拖拉机运输机组应按照相关标准的规定在车身上粘贴反光标识。

8.4.5 货车、专项作业车和挂车（组成拖拉机运输机组的挂车除外）的车身反光标识材料应符合 GB 23254 的规定，其中厢式货车和厢式挂车应装备反射器型车身反光标识。典型车型车身反光标识粘贴式样见附录 B，但对使用反射器型车身反光标识材料的，车身反光标识设置符合 GB 23254 相关规定时，应视为满足要求。

8.4.6 货车和挂车（组成拖拉机运输机组的挂车除外）设置的车身反光标识被遮挡的，应在被遮挡的车身后部和侧面至少水平固定一块 2000mm×150mm 的柔性反光标识。

8.5　前照灯

8.5.1　基本要求

8.5.1.1 机动车装备的前照灯应有远、近光变换功能；当远光变为近光时，所有远光应能同时熄灭。同一辆机动车上的前照灯不得左、右的远、近光灯交叉开亮。

8.5.1.2 所有前照灯的近光均不应眩目，汽车（三轮汽车和装用单缸柴油机的低速货车除外）、摩托车装用的前照灯应分别符合 GB 4599、GB 21259、GB 25991、GB 5948 及 GB 19152 的规定。

8.5.1.3 机动车前照灯光束照射位置在正常使用条件下应保持稳定。

8.5.2　远光光束发光强度要求

机动车每只前照灯的远光光束发光强度应达到表 8 的要求；并且，同时打开所有前照灯（远光）时，其总的远光光束发光强度应符合 GB 4785 的规定。测试时，电源系统应处于充电状态。

表 8　　　　　　　　　　前照灯远光光束发光强度最小值要求　　　　　　单位为坎德拉

机动车类型		检查项目					
		新注册车			在用车		
		一灯制	二灯制	四灯制 [a]	一灯制	二灯制	四灯制 [a]
三轮汽车		8 000	6 000	—	6 000	5 000	—
最大设计车速小于 70km/h 的汽车		—	10 000	8 000	—	8 000	6 000
其他汽车		—	18 000	15 000	—	15 000	12 000
普通摩托车		10 000	8 000	—	8 000	6 000	—
轻便摩托车		4 000	3 000	—	3 000	2 500	—
拖拉机运输机组	标定功率 > 18 kW	—	8 000	—	—	6 000	—
	标定功率 ≤ 18 kW	6 000 [b]	6 000	—	5 000 [b]	5 000	—

[a]　四灯制是指前照灯具有四个远光光束；采用四灯制的机动车其中两只对称的灯达到两灯制的要求时视为合格。

[b]　允许手扶拖拉机运输机组只装用一只前照灯。

8.5.3　光束照射位置要求

8.5.3.1 检验前照灯近光光束照射位置时，前照灯照射在距离 10m 的屏幕上，乘用车前照灯近光光束明暗截止线转角或中点的高度应为 0.7H～0.9H（H 为前照灯基准中心高度），其他机动车（拖拉机运输机组除外）应为 0.6H～0.8H。机动车（装用一只前照灯的机动车除外）前照灯近光光束水平

方向位置向左偏应小于等于170mm，向右偏应小于等于350mm。

8.5.3.2 轮式拖拉机运输机组装用的前照灯近光光束的照射位置，按照上述方法检验时，要求在屏幕上光束中点的离地高度应小于等于 0.7H；水平位置要求，向右偏移应小于等于 350mm，不得向左偏移。

8.5.3.3 检验前照灯远光照射位置时，对于能单独调整远光光束的前照灯，前照灯照射在距离 10m 的屏幕上时，要求在屏幕光束中心离地高度，对乘用车为 0.85H～0.95H（但不得低于前前照灯近光光束明暗截止线转角或中点的高度），对其他机动车为 0.8H～0.95H；机动车（装用一只前照灯的机动车除外）前照灯远光光束水平位置要求，左灯向左偏应小于等于170mm，向右偏应小于等于350mm，右灯向左或向右偏均应小于等于350mm。

8.6 其他电气设备和仪表

8.6.1 机动车（手扶拖拉机运输机组除外）应设置具有连续发声功能的喇叭，喇叭声级在距车前 2m、离地高 1.2m 处测量时，发动机最大净功率（或电动机最大输出功率总和）为 7 kW 以下的摩托车为 80 dB(A)～112 dB(A)，其他机动车为 90 dB(A)～115 dB(A)。教练车（三轮汽车除外）还应设置辅助喇叭开关，其工作应可靠。

8.6.2 发电机技术性能应良好。蓄电池应能保持常态电压。电器导线应具有阻燃性能；客车发动机舱内和其他热源附近的线束应采用耐温不低于 125℃的阻燃电线，其他部位的线束应采用耐温不低于 105℃的阻燃电线，波纹管应达到 GB/T 2408-2008 的表 1 规定的 V-o 级。所有电器导线均应捆扎成束、布置整齐、固定卡紧、接头牢固并在接头处装设绝缘套，在导线穿越孔洞时应装设阻燃耐磨绝缘套管。电子元件应连接可靠，乘员舱外部的接插件应有防水要求。

8.6.3 摩托车应装有车速里程表。三轮汽车、装用单缸柴油机的低速货车和轮式拖拉机运输机组应装有水温表（蒸发式水冷却系统除外）、机油压力表或机油压力指示器、电流表或充电指示器；其他汽车应装有燃料表（气体燃料汽车为气量显示装置，纯电动汽车、插电式混合动力汽车和燃料电池汽车为可充电储能系统[RESS]低电量显示装置），并能显示水温或水温报警信息、机油压力或油压报警信息、电流或电压或充电指示信息、车速、里程等信息；采用气压制动的机动车，还应能显示气压。机动车装备的仪表应完好，规定信息的显示功能应有效、内容应准确。

8.6.4 专用校车应设置电源总开关，车长大于等于 6m 的客车应设置电磁式电源总开关；但如在蓄电池端对所有供电线路均设置了保险装置，或车辆用电设备由电子控制单元直接驱动且具有负载监控功能、电子控制单元供电线路和个别直接供电的线路均设置有保险装置时，可不设电磁式电源总开关。车长大于等于 6m 的客车，还应设置能切断蓄电池和所有电路连接的手动机械断电开关。

8.6.5 所有校车、公路客车和旅游客车、未设置乘客站立区的公共汽车、危险货物运输车、半挂牵引车和总质量大于等于 12000kg 的货车应安装具备记录、存储、显示、打印或输出车辆行驶速度、时间、里程等车辆行驶状态信息的行驶记录仪；行驶记录仪的显示部分应易于观察，数据接口应便于移动存储介质的插拔；安装数字式电子记录装置，其技术要求应符合 GB/T 19056 相关规定。安装具有行驶记录功能的卫星定位装置，如行驶记录功能的技术要求符合本标准及 GB/T 19056 相关规定，应视为满足要求。专用校车和卧铺客车还应安装车内外录像监控系统。

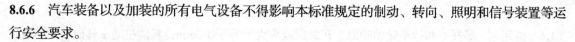

8.6.6 汽车装备以及加装的所有电气设备不得影响本标准规定的制动、转向、照明和信号装置等运行安全要求。

8.6.7 无轨电车的特殊要求

8.6.7.1 周围空气相对湿度在 75%～90%时，无轨电车的总绝缘电阻值应大于等于 3MΩ；相对湿度在 90%以上时应大于等于 1MΩ。

8.6.7.2 集电头自由升起的最大高度，距地面应小于等于 7m，且在最高点应有弹性限位。当集电头距地面高度在 4.2m～6.0m 范围内时,集电器应能正常工作。

8.6.7.3 线网在标准高度时，集电头对触线网的压力应能在 80 N～130 N 范围内调节，行驶中集电头在触线上滑行不应产生火花；经分、并线器及交叉器等时，不应产生严重火花。

8.6.7.4 车门踏步和车门扶手以及人站在地面上能接触到的车门口周边的扶手，应和车体金属结构绝缘或用绝缘材料制成，使用 1000V 兆欧表测量时绝缘电阻应大于等于 0.6 MΩ，或在车门打开操作时实现整车高压电路系统与供电线网的断路互锁。

8.6.7.5 各车门均应设有与车身导电良好的接地链。车门处于开启状态时，接地链应与地面可靠接触。

8.6.7.6 高压电气总成应具备过流保护、短路保护、过压保护、欠压保护等功能。

8.6.7.7 集电头应具备防挂线网防护或挂线后的防护装置。

8.6.7.8 集电杆与集电头之间的电气绝缘应具备耐水性。自集电头沿集电杆向下至 2.5m 处的集电杆表面，应具有绝缘防护层。集电杆与集电头之间应有带绝缘结构的安全绳，安全绳的牵引断裂负荷不低于 10 kN。

8.6.7.9 无轨电车在允许的偏线距离内行驶时，当集电杆拉紧弹簧断裂后，集电杆在车辆左右偏线位置自由下降，在其最低高度距地面 2.5 m 的位置应有限位装置。

8.6.7.10 无轨电车上的电源接通程序，至少应经过两次有意识的不同的连续动作，才能完成从"电源切断"状态到"可行驶"状态。

8.6.7.11 无轨电车应装备漏电检测报警器，车辆一旦到达漏电临界值，报警器能发出明显的光或声的报警信号。

9 行驶系

9.1 轮胎

9.1.1 机动车所装用轮胎的速度级别不应低于该车最大设计车速的要求，但装用雪地轮胎时除外。

9.1.2 公路客车、旅游客车和校车的所有车轮及其他机动车的转向轮不得装用翻新的轮胎；其他车轮如使用翻新的轮胎，应符合相关标准的规定。

9.1.3 同一轴上的轮胎规格和花纹应相同，轮胎规格应符合整车制造厂的出厂规定。

9.1.4 乘用车用轮胎应有胎面磨耗标志。乘用车备胎规格与该车其他轮胎不同时，应在备胎附近明显位置（或其他适当位置）装置能永久保持的标识，以提醒驾驶人正确使用备胎。

9.1.5 专用校车和卧铺客车应装用无内胎子午线轮胎，危险货物运输车及车长大于 9m 的其他客车应装用子午线轮胎。

9.1.6　乘用车、摩托车和挂车轮胎胎冠上花纹深度应大于等于 1.6mm，其他机动车转向轮的胎冠花纹深度应大于等于 3.2mm；其余轮胎胎冠花纹深度应大于等于 1.6mm。

9.1.7　轮胎胎面不得因局部磨损而暴露出轮胎帘布层。轮胎不得有影响使用的缺损、异常磨损和变形。

9.1.8　轮胎的胎面和胎壁上不得有长度超过 25mm 或深度足以暴露出轮胎帘布层的破裂和割伤。

9.1.9　轮胎负荷不应大于该轮胎的额定负荷，轮胎气压应符合该轮胎承受负荷时规定的压力。具有轮胎气压自动充气装置的汽车，其自动充气装置应能确保轮胎气压符合出厂规定。

9.1.10　双式车轮的轮胎的安装应便于轮胎充气，双式车轮的轮胎之间应无夹杂的异物。

9.2　车轮总成

9.2.1　轮胎螺母和半轴螺母应完整齐全，并应按规定力矩紧固。

9.2.2　车轮总成的横向摆动量和径向跳动量，总质量小于等于 3500kg 的汽车应小于等于 5mm，摩托车应小于等于 3mm，其他机动车应小于等于 8mm。

9.2.3　最大设计车速大于 100 km/h 的机动车，车轮的动平衡要求应与该车型的技术要求一致。

9.3　悬架系统

9.3.1　悬架系统各球关节的密封件不得有切口或裂纹，稳定杆应连接可靠，结构件不得有变形或残损。

9.3.2　钢板弹簧不得有裂纹和断片现象，同一轴上的弹簧形式和规格应相同，其弹簧形式和规格应符合产品使用说明书中的规定。中心螺栓和 U 形螺栓应紧固、无裂纹且不得拼焊。钢板弹簧卡箍不得拼焊或残损。

9.3.3　空气弹簧应无裂损、变形及漏气，控制系统应齐全有效。

9.3.4　减振器应齐全有效，减振器不得有明显渗漏油现象。

9.3.5　最大设计车速大于等于 100km/h 且轴荷小于等于 1500kg 的乘用车，悬架特性应符合 GB 18565 相关规定。

9.4　其他要求

9.4.1　车架不应有变形、锈蚀和裂纹，螺栓和铆钉不应缺少或松动。

9.4.2　前、后桥不应有变形和裂纹。

9.4.3　车桥与悬架之间的各种拉杆和导杆不应变形，各接头和衬套不应松旷或移位。

9.4.4　三轴公路客车的随动轴应具有随动转向或主动转向的功能。

10　传动系

10.1　离合器

10.1.1　机动车的离合器应接合平稳，分离彻底，工作时不应有异响、抖动或不正常打滑等现象。

10.1.2　踏板自由行程应与该车型的技术要求一致。

10.1.3　离合器彻底分离时，踏板力应小于等于 300N（拖拉机运输机组应小于等于 350N），手握力应小于等于 200N。

10.2 变速器和分动器

10.2.1 换挡时齿轮应啮合灵便，互锁、自锁和倒挡锁装置应有效，不得有乱挡和自行跳挡现象；运行中应无异响；换挡杆及其传动杆件不应与其他部件干涉。采用自动变速器的机动车，应通过设计保证只有当变速器换挡装置处于驻车挡（"P"挡）或空挡（"N"挡）时方可启动发动机（具有自动起停功能时在驱动挡["D"挡]也可启动发动机）；变速器换挡装置换入或经过倒车挡（"R"挡），以及由驻车挡（"P"挡）位置换入其他挡位时，应通过驾驶人的不同方向的两个动作完成。

10.2.2 在换挡装置上应有驾驶人在驾驶座位上即可容易识别变速器和分动器挡位位置的标志。如换挡装置上难以布置，则应布置在换挡杆附近易见部位或仪表板上。

10.2.3 有分动器的机动车，应在挡位位置标牌或产品使用说明书上说明连通分动器的操作步骤。

10.2.4 如果电动汽车是通过改变电机旋转方向来实现倒车行驶，且前进和倒车两个行驶方向的转换仅通过驾驶人的一个操作动作来完成，应通过设计保证只有在车辆静止或低速时才能够实现转换。

10.3 传动轴

传动轴在运转时不得发生振抖和异响，中间轴承和万向节不得有裂纹和/或松旷现象。发动机前置后驱动的客车的传动轴在车厢地板的下面沿纵向布置时，应有防止传动轴滑动连接（花键或其他类似装置）脱落或断裂等故障而引起危险的防护装置。

10.4 驱动桥

驱动桥壳、桥管不得有变形和裂纹，驱动桥工作应正常且不得有异响。

10.5 超速报警和限速功能

车长大于等于 6m 的客车应具有超速报警功能，当行驶速度超过允许的最大行驶速度（允许的最大行驶速度应小于等于 100km/h）时，能通过视觉或声觉信号报警。公路客车、旅游客车和危险货物运输车及车长大于 9m 的未设置乘客站立区的公共汽车应具有限速功能，否则应配备限速装置。限速功能或限速装置应符合 GB/T 24545 的要求，且限速功能或限速装置调定的最大车速对公路客车、旅游客车和未设置乘客站立区的公共汽车不得大于 100km/h，对危险货物运输车不得大于 80km/h。专用校车应安装符合 GB/T 24545 要求的限速装置，且调定的最大车速不得大于 80km/h。

10.6 车速受限车辆的特殊要求

低速汽车、轻便摩托车、正三轮摩托车、拖拉机运输机组等车速受限车辆应在设计及技术特性上确保其实际最大行驶速度在满载状态下不会超过其最大设计车速，在空载状态下不会超过其最大设计车速的 110%。

注：实际最大行驶速度是指车辆在平坦良好路面行驶时能达到的最大速度。

11 车身

11.1 基本要求

11.1.1 车身的技术状况应能保证驾驶人有正常的工作条件和客货安全,其外部不应产生明显的镜面

反光。

11.1.2   机动车驾驶室应保证驾驶人的前方视野和侧方视野。

11.1.3   车身和驾驶室应坚固耐用，覆盖件无开裂和锈蚀。车身和驾驶室在车架上的安装应牢固，不得因机动车振动而引起松动。

11.1.4   车身外部和内部乘员可能触及的任何部件、构件都不应有任何可能使人致伤的尖锐凸起物（如尖角、锐边等）。

11.2   客车的特殊要求

11.2.1   客车的上部结构应具有足够的强度和刚度，专用校车、公路客车、旅游客车和未设置乘客站立区的公共汽车的上部结构强度应符合 GB/T 17578 的规定。车长大于 6m 的专用校车必须为车身骨架结构，同一横截面上的顶梁、立柱和底架主横梁应形成封闭环（轮罩与顶风窗处除外），从侧窗上纵梁到底横梁之间的车身立柱应采用整体结构，中间不得通过拼焊连接；车长小于等于 6m 的专用校车未采用上述结构的，应采用覆盖件与加强梁共同承载。车长大于 11m 的公路客车和旅游客车及所有卧铺客车，车身应为全承载整体式框架结构。

11.2.2   客车车身及地板应密合并有足够强度，座椅及其车辆固定件的强度应符合 GB 13057 的规定。

11.2.3   客车应设置乘客通道或无障碍通路，并保证在不拆卸或手动翻转任何部件的情况下，符合规定的通道测量装置能顺利通过。幼儿专用校车乘客区应采用平地板结构。

11.2.4   车长大于等于 6m 的公共汽车的乘客门的一级踏步高应小于等于 400mm；如采用钢板悬架，则后乘客门的一级踏步高应小于等于 430mm。车长大于等于 6m 的其他客车乘客门的一级踏步高应小于等于 430mm。对专用校车，在空载状态下，第一级踏步离地高应小于等于 350mm（允许使用伸缩踏步达到要求），其他各级踏步的高度应小于等于 250mm。

11.2.5   车长大于 7.5m 的客车和所有校车不得设置车外顶行李架。其他客车需设置车外顶行李架时，行李架高度应小于等于 300mm、长度不得超过车长的三分之一。专用校车如有行李舱体，则行李舱体顶部离地面高度应小于 1000mm。

11.2.6   专用校车前部应设置碰撞安全结构。若为前横置发动机，则发动机曲轴中心线应位于前风窗玻璃最前点以前；若为前纵置发动机，则发动机第一缸和第二缸的中心线应位于前风窗玻璃最前点以前；对车长大于 6m 的专用校车，若其前部碰撞性能不低于前两种结构，可以不限定发动机布置形式。

11.2.7   幼儿校车、小学生校车的侧窗下边缘距其下方座椅上表面的高度应大于等于 250mm，否则应加装防护装置。

11.3   货运机动车的特殊要求

11.3.1   货箱应安装牢固可靠，货箱的栏板和底板应规整且具有足够的强度。

11.3.2   货箱或其他载货装置，其构造应保证安全、稳妥地装载货物。集装箱运输车和集装箱运输半挂车的构造应保证集装箱运输过程中始终安全、稳妥地固定在车辆上。

11.3.3   货车和挂车的载货部分不得设置乘客座椅。

11.3.4   货车和挂车的载货部分不得设计成可伸缩的结构。

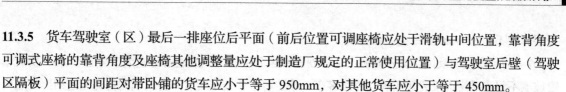

11.3.5 货车驾驶室（区）最后一排座位后平面（前后位置可调座椅应处于滑轨中间位置，靠背角度可调式座椅的靠背角度及座椅其他调整量应处于制造厂规定的正常使用位置）与驾驶室后壁（驾驶区隔板）平面的间距对带卧铺的货车应小于等于 950mm，对其他货车应小于等于 450mm。

11.4 摩托车的特殊要求

11.4.1 两轮普通摩托车、两轮轻便摩托车的前后轮和边三轮摩托车的主车前后轮中心平面允许偏差应小于等于 10mm。

11.4.2 摩托车外部不应有朝外的尖锐零件，车身上其他道路使用者有可能接触到的外部零部件布置应符合 GB 20074 的规定。

11.4.3 两轮普通摩托车和边三轮摩托车主车的客座应设座垫、扶手（或拉带）和脚蹬。两轮普通摩托车扶手应符合 GB 20075 的规定。

11.5 车门和车窗

11.5.1 车门和车窗应启闭轻便，不得有自行开启现象，门锁应牢固可靠。门窗应密封良好，无漏水现象。

11.5.2 除设计上专门用于运送特定类型的人员且使用上有特殊需求的乘用车外，乘用车应保证每个乘员至少能从两个不同的车门上下车；并且，当乘用车静止时，所有供乘员上下车的车门（安装的儿童锁锁止时除外）均应能从车内开启。

11.5.3 客车除驾驶人门和应急门外，不得在车身左侧开设车门。但对只在沿道路中央车道设置的公共汽车专用道上运营使用的公共汽车，由于公交站台位置的原因须在车身左侧上下乘客时，允许在车身左侧开设乘客门；此类公共汽车不得在车身右侧开设乘客门。对既在沿道路中央车道设置的公共汽车专用道上运营，同时又在普通道路上运营使用的公共汽车，允许在车身左右两侧均开设乘客门，但在设计和制造上应保证车身的强度和刚度达到使用要求，并且一侧乘客门开启时，另一侧乘客门应同时可靠锁止。

11.5.4 当客车静止时，乘客门应易于从车内开启。在正常使用情况下，乘客门向车内开启时，其结构应保证开启运动不致伤害乘客，必要时应装有适当的防护装置；紧急情况下，乘客门还应能从车外开启。车外开门装置离地高度应小于等于 1800 mm。车长大于 9m 的公路客车、旅游客车和未设置乘客站立区的公共汽车，应设置两个乘客门；但如其车身两侧所有应急窗均为外推式应急窗，也可只设一个乘客门。

11.5.5 客车采用动力开启的乘客门，在有故障或意外的情况下，仍应能通过车门应急控制器简便地从车内打开；车门应急控制器应能让临近车门的乘客容易看见并清楚识别，并应有醒目的标志和使用方法。公共汽车及车长大于等于 6m 的其他客车，还应在驾驶人座位附近驾驶人易于操作部位设置乘客门应急开关。

11.5.6 机动车的门窗应使用符合 GB 9656 规定的安全玻璃。汽车和有驾驶室的正三轮摩托车的前风窗玻璃应采用夹层玻璃或塑料复合材料，不以载人为目的的机动车（如货车）可使用区域钢化玻璃，最大设计车速小于 40 km/h 时可使用钢化玻璃；其他车窗可采用夹层玻璃、钢化玻璃、中空安全玻璃或塑料复合材料，但作为击碎玻璃式应急窗的车窗应使用厚度小于等于 5mm 的钢化玻璃或

每层厚度不超过 5mm 的中空钢化玻璃。

11.5.7　前风窗玻璃及风窗以外玻璃用于驾驶人视区部位的可见光透射比应大于等于 70%。所有车窗玻璃不得张贴镜面反光遮阳膜。公路客车、旅游客车和校车所有车窗玻璃的可见光透射比均应大于等于 50%，且不得张贴有不透明和带任何镜面反光材料的色纸或隔热纸。

注：风窗以外玻璃驾驶人视区部位是指驾驶人驾驶时用于观察后视镜的部位。

11.5.8　对于厢式货车和封闭式货车，驾驶室（区）两旁应设置车窗，货厢部位不得设置车窗（但驾驶室[区]内用于观察货物状态的观察窗除外）。

11.5.9　装有电动窗的机动车，其控制装置应确保车窗玻璃在上升过程中能在任意位置可靠停住或遇障碍可自动下降。

11.6　座椅（卧铺）

11.6.1　驾驶人座椅应具有足够的强度和刚度，固定可靠，汽车（三轮汽车除外）驾驶人座椅的前后位置应可以调整。驾驶区各操作机件应布置合理，操作方便。

11.6.2　载客汽车的乘员座椅应符合相关规定，布置合理，无特殊要求时应尽量均匀分布，不得因座椅的集中布置而形成与车辆设计功能不相适应的、明显过大的行李区（但行李区与乘客区用隔板或隔栅有效隔离的除外）。

11.6.3　车长小于 6m 的乘用车不得设置侧向座椅和后向座椅。

11.6.4　除设有乘客站立区的公共汽车及设计和制造上有特殊使用需求的专用客车外，其他客车的座椅均应纵向布置（与车辆前进的方向相同）。

11.6.5　客车的车组人员座椅如为折叠座椅，应固定可靠并用适当方式清晰标示该座椅仅供车组人员使用，且座垫深度和座垫宽均应大于等于 400mm；如位于踏步区域，车组人员离开座垫时座椅应能自动回到折叠位置，并确保此时座椅毗邻的通道（或引道）宽度符合规定。

11.6.6　幼儿专用校车和小学生专用校车学生座椅的座间距应分别大于等于 500 mm 和 550mm；其他客车同方向座椅的座间距应大于等于 650 mm，相向座椅的座间距应大于等于 1200 mm。专用校车的学生座椅在车辆横向上最多采用"2+3"布置。

11.6.7　卧铺客车的卧铺应纵向布置（与机动车前进方向相同），卧铺宽度应大于等于 450mm，卧铺纵向间距应大于等于 1600mm，相邻卧铺的横向间距应大于等于 350mm；卧铺不得布置为三层或三层以上，双层布置时上铺高应大于等于 780mm、铺间高应大于等于 750mm。

11.6.8　校车应至少设置一个照管人员座位。对小学生校车和中小学生校车，当学生座位数大于等于 40 个时，应设置两个或三个照管人员座位。对幼儿校车，当学生座位数大于等于 20 且小于 40 个时，应设置两个或三个照管人员座位；当学生座位数大于等于 40 个时，应设置三个或四个照管人员座位。对专用校车及专门用于接送学生上下学的非专用校车，照管人员座位应有永久性标识。专用校车座椅及其车辆固定件的强度应符合 GB 24406 的要求。

11.6.9　专用校车靠近通道的学生座椅应在通道一侧设置座椅扶手；扶手和把手应有足够的强度，其扶手应使乘客易于抓紧，每个扶手的表面应防滑。

11.6.10　正三轮摩托车的乘客座椅应纵向布置（与车辆前进的方向相同），且与前方驾驶人座椅后表面（或客厢前表面）的间距应小于等于 1000mm。

11.7 内饰材料和隔音、隔热材料

11.7.1 汽车驾驶室和乘员舱所用的内饰材料应采用阻燃性符合 GB 8410—2006 规定的阻燃材料，其中客车内饰材料的燃烧速度应小于等于 70mm/min。

11.7.2 发动机舱或其他热源（如缓速器或车内采暖装置，但不包括热水循环装置）与车辆其他部分之间应安装隔热材料，用于连接隔热材料的固定夹、垫圈等也应防火。对公共汽车和发动机后置的公路客车、旅游客车，其发动机舱使用的隔音、隔热材料应达到 GB 8410—2006 的 4.6 规定的 A 级的要求。

11.8 号牌板（架）

11.8.1 机动车应设置能满足号牌安装要求的号牌板（架）。前号牌板（架）（摩托车除外）应设于前面的中部或右侧（按机动车前进方向），后号牌板（架）应设于后面的中部或左侧。

11.8.2 每面号牌板（架）上应设有 4 个号牌安装孔（三轮汽车前号牌板[架]、摩托车后号牌板[架]应设有 2 个号牌安装孔），以保证能用 M6 规格的螺栓将号牌直接牢固可靠地安装在车辆上。

11.9 其他要求

11.9.1 乘用车应装有护轮板，挂车后轮应有挡泥板，其他机动车的所有车轮均应有挡泥板。

11.9.2 乘用车（三厢车除外）行李区的纵向长度应小于等于车长的 30%。

11.9.3 客车车内行李架应能防止物件跌落，其承载能力应大于等于 40 kg/m²。

11.9.4 客车台阶踏板（包括伸缩踏板）应有防滑功能，前缘应清晰可辨，有效深度（从该台阶前缘到下一个台阶前缘的水平距离）应大于等于 200mm。

11.9.5 对于可翻转驾驶室，应有驾驶室锁止附加安全装置（如安全钩），并且在翻转操纵机构附近易见部位应有提醒驾驶人如何正确使用该操纵机构的文字。

11.9.6 自卸车等装有液压举升装置的机动车，应装备有车厢举升的声响报警装置和（车厢举升状态下）防止车厢自降保险装置；并且，在设计和制造上应保证机动车在行驶过程中不会出现车厢自动举升现象。

12 安全防护装置

12.1 汽车安全带

12.1.1 乘用车、公路客车、旅游客车、未设置乘客站立区的公共汽车、专用校车和旅居车的所有座椅、其他汽车（低速汽车除外）的驾驶人座椅和前排乘员座椅均应装置汽车安全带。

12.1.2 所有驾驶人座椅、前排乘员座椅（货车前排乘员座椅的中间位置及设有乘客站立区的公共汽车除外）、客车位于踏步区的车组人员座椅以及乘用车除第二排及第二排以后的中间位置座椅外的所有座椅，装置的汽车安全带均应为三点式（或四点式）汽车安全带。

12.1.3 专用校车和专门用于接送学生上下学的非专用校车的每个学生座位（椅）及卧铺客车的每个铺位均应安装两点式汽车安全带。

12.1.4 汽车安全带应可靠有效，安装位置应合理，固定点应有足够的强度。

12.1.5 乘用车应装备驾驶人汽车安全带佩戴提醒装置。当驾驶人未按规定佩戴汽车安全带时，应能通过视觉或声觉信号报警。

12.1.6 乘用车（单排座的乘用车除外）应至少有一个座椅配置符合规定的 ISOFIX 儿童座椅固定装置，或至少有一个后排座椅能使用汽车安全带有效固定儿童座椅。

12.2 车外后视镜和前下视镜

12.2.1 机动车（挂车除外）应在左右至少各设置一面后视镜，总质量大于 7500kg 的货车和货车底盘改装的专项作业车还应在右侧至少设置广角后视镜和补盲后视镜各一面。

12.2.2 机动车（不带驾驶室的摩托车除外）外后视镜的安装位置和角度，应保证驾驶人能在水平路面上看见车身左侧宽度为 2.5m、车后 10m 以外区域及车身右侧宽度为 4.0m、车后 20m 以外区域的交通情况；专用校车应保证驾驶人能看清乘客门关闭后乘客门车外附近的情况及后窗玻璃后下方地面上长 3.6m、宽 2.5m 范围内的情况，并且在正常驾驶状态下能通过内视镜观察到车内所有乘客区。对于汽车列车，当所牵引挂车的宽度超过牵引车宽度时，牵引车应加装后视镜加长架（延长支架）以保证其后视镜的视野仍满足要求。

12.2.3 汽车及车身部分或全部封闭驾驶人的摩托车的后视镜的性能和安装要求应符合 GB 15084 的规定，摩托车（车身部分或全部封闭驾驶人的摩托车除外）后视镜的性能和安装要求应符合 GB 17352 的规定，轮式拖拉机运输机组后视镜的性能和安装要求应符合 GB 18447.1 的规定。

12.2.4 车长大于等于 6m 的平头汽车车前应至少设置一面前下视镜或相应的监视装置，以保证驾驶人能看清风窗玻璃前下方长 1.5m、宽 3m 范围内的情况。

12.2.5 车外后视镜和前下视镜应易于调节，并能有效保持其位置。

12.2.6 安装在外侧距地面 1.8m 以下的后视镜，当行人等接触该镜时，应具有能缓和冲击的功能。

12.2.7 教练车（三轮汽车除外）应安装有符合规定的辅助后视镜，以使教练员能有效观察到车辆周围的交通状态。

12.3 前风窗玻璃刮水器

12.3.1 机动车的前风窗玻璃应装备刮水器，其刮刷面积应确保驾驶人具有良好的前方视野。

12.3.2 刮水器应能正常工作。

12.3.3 刮水器关闭时，刮片应能自动返回至初始位置。

12.4 应急出口

12.4.1 基本要求

12.4.1.1 车长小于 6m 的客车，在乘坐区的两侧应具有紧急时乘客易于逃生或救援的侧窗。

12.4.1.2 车长大于等于 6m 的客车，如车身右侧仅有一个乘客门且在车身左侧未设置驾驶人门，应在车身左侧设置应急门。车长大于 7m 的客车应设置撤离舱口。卧铺客车的卧铺布置为上、下双层时，侧窗洞口应为上下两层。

12.4.2 应急门

12.4.2.1 应急门的净高应大于等于 1250mm，净宽应大于等于 550mm；但车长小于等于 7m 的客车，应急门的净高应大于等于 1100mm，如自门洞最低处向上 400mm 以内有轮罩凸出，则在轮罩凸出处应急门净宽可减至 300mm。

12.4.2.2　车辆侧面的铰接式应急门应铰链于前端，向外开启角度应大于等于 100°，并能在此角度下保持开启。如在应急门打开时能提供大于等于 550 mm 的自由通道，则开度大于等于 100°的要求可不满足。

12.4.2.3　通向应急门的引道宽度应大于等于 300mm，不足 300mm 时允许采用迅速翻转座椅的方法加宽引道。专用校车沿引道侧面设有折叠座椅时，在折叠座椅打开的情况下（对在不使用时能自动折叠的座椅，在座椅处于折叠位置时），引道宽度仍应大于等于 300mm。

12.4.2.4　应急门应有锁止机构且锁止可靠。应急门关闭时应能锁止，且在车辆正常行驶情况下不会因车辆振动、颠簸、冲撞而自行开启。

12.4.2.5　当车辆停止时，应急门不用工具应能从车内外很方便打开，并设有车门开启声响报警装置。允许从车外将门锁住，但应保证始终能用正常开启装置从车内将其打开，门外手柄应设保护套，且离地面高度（空载时）应小于等于 1800mm。

12.4.3　应急窗和撤离舱口

12.4.3.1　应急窗和撤离舱口的面积应大于等于 (3×10^5) mm²，且能内接一个 400mm×600mm（对车长小于等于 7m 的客车为 330mm×500mm）的椭圆；如应急窗位于客车后端面，则能内接一个 350mm×1550 mm、四角曲率半径小于等于 250mm 的矩形时也视为满足要求。

12.4.3.2　应急窗应采用易于迅速从车内、外开启的装置；或在钢化玻璃上标明易击碎的位置，并在每个应急窗的邻近处提供一个应急锤以方便地击碎车窗玻璃，且应急锤取下时应能通过声响信号实现报警。设有乘客站立区的公共汽车车身两侧的车窗如面积能达到设置为应急窗的要求，均应设置为推拉式应急窗或外推式应急窗。

12.4.3.3　安全顶窗应易于从车内、外开启或移开或用应急锤击碎。安全顶窗开启后，应保证从车内外进出的畅通。弹射式安全顶窗应能防止误操作。

12.4.4　标志

12.4.4.1　每个应急出口应在其附近设有"应急出口"字样。

12.4.4.2　乘客门和应急出口的应急控制器（包括用于击碎应急窗车窗玻璃的工具）应在其附近标有清晰的符号或字样，并注明其操作方法，字体高度应大于等于 10mm。

12.5　燃料系统的安全保护

12.5.1　燃料箱及燃料管路应坚固并固定牢靠，不会因振动和冲击而发生损坏和漏油现象。不准许用户改动或加装燃料箱，不准许用户改动燃料管路。

12.5.2　燃料箱的加注口及通气口应保证在机动车晃动时不泄漏。

12.5.3　机动车（摩托车及装用单缸柴油机的汽车除外）的燃料系统不得用重力或虹吸方法直接向化油器或喷油器供油。

12.5.4　燃料箱的加注口和通气口不得对着排气管的开口方向，且应距排气管的出气口端 300mm 以上，否则应设置有效的隔热装置。燃料箱的加注口和通气口应距裸露的电气接头及外部可能产生火

花的电气开关 200mm 以上。车长大于 6m 的客车的燃料箱的加注口和通气口应距排气管的任一部位 300mm 以上。

12.5.5 汽车燃料箱各部分不得前伸至前置汽油发动机的前端面。车长大于 6m 的客车燃料箱距客车前端面应大于等于 600mm，距客车后端面应大于等于 300mm。发动机后置的公路客车和旅游客车，其燃料箱的前端面应位于前轴之后。

12.5.6 机动车燃料箱的通气口和加注口不得设置在有乘员的车厢内。

12.6　气体燃料专用装置的安全防护

12.6.1 气体燃料的供给系统应有有效的安全保护结构措施，以防止气体泄漏，每一个钢瓶阀出口端都应安装高压过流保护装置。

12.6.2 对于两用燃料汽车，应设置燃料转换系统并安装燃料转换开关。在燃料控制上，应具有当发动机突然停止运转时，即使点火开关打开也能自动切断气体燃料供给的功能。燃料转换开关的安装位置应便于驾驶人操作，其挡位标记应明显，能分别控制供油、供气两种状态。气体燃料和汽油电磁阀的操作均应由燃料转换开关统一控制；当电流被切断时，电磁阀应处于"关闭"位置。

12.6.3 压缩天然气管路应采用不锈钢管或其他车用高压天然气专用管路，高压液化石油气管路应采用专用管路。不准许用户改动或加装钢瓶。

12.6.4 钢瓶应被可靠地固定在车上，安装钢瓶的固定座应具有阻止钢瓶旋转、移动的能力，固定座应便于拆装工作。钢瓶安装在车上后，钢瓶编号应易见，钢瓶的强度和刚度不得下降，车架（车身）结构强度也不应受影响。

12.6.5 钢瓶安装位置应远离热源，必要时应采取隔热措施。在任何情况下，钢瓶及其所有高压管路和高压接头与发动机排气管和传动轴的任何部位之间的距离应大于等于 100 mm；当钢瓶及其所有高压管路和高压接头与发动机排气管的距离在 100 mm～200 mm 之间时，应设置固定可靠的隔热装置。

12.6.6 钢瓶应安装在通风位置或采取有效的通风措施，阀门渗漏的气体不应进入驾驶室或载人车厢。

12.6.7 钢瓶与汽车后轮廓边缘的距离应大于等于 200mm。钢瓶安装在汽车车架下时，钢瓶下方和后方应采取有效防护措施且钢瓶及其附件不得布置在汽车前轴之前。

12.6.8 钢瓶不得直接安装在驾驶室、载人车厢和货箱内。当不得不安装在上述位置时，应用密封盒、波纹管及通气接口将瓶口阀及连接的高压接头与驾驶室、载人车厢或货箱安全隔离。密封盒等隔离装置应有很强的防护功能，当车辆受到冲撞时应能有效地防止钢瓶冲入驾驶室、载人车厢或货箱内。

12.6.9 通气接口排气方向应指向车尾方向并与地面成 45°圆锥的范围内，能将泄漏气体排出车外，通气接口至排气管和其他热源距离应大于等于 250mm，通气总面积应大于等于 $450mm^2$。

12.6.10 钢瓶的安装和保护罩的设置，应能保证钢瓶集成阀的正常操作和检查。

12.6.11 手动截止阀应安装在钢瓶到调压器之间易于操作的位置，阀体不得直接安装在驾驶室内。

12.6.12　钢瓶至调压器之间应安装滤清装置，并易于检查、清洗和更换。

12.6.13　高压管路的特殊部位（如相对移动的部件之间）应采用柔性管线，其余部位应采用刚性管线。

12.6.14　刚性高压管路应排列整齐、布置合理、固定有效，不得与相邻部件碰撞和摩擦，所有高压管路和高压管接头应得到有效的保护，高压管接头应安装在能看得见且操作者易于接近的位置。

12.6.15　气体燃料车辆应安装泄漏报警装置，所有管路接头处均不应出现漏气现象。

12.7　牵引车与被牵引车的连接装置

12.7.1　连接装置应坚固耐用。

12.7.2　牵引车和被牵引车连接装置的结构应能确保相互牢固的连接。

12.7.3　牵引车和被牵引车的连接装置上应装有防止机动车在行驶中因振动和撞击而使连接脱开的安全装置。

12.8　货车、专项作业车和挂车侧面及后下部防护装置

12.8.1　总质量大于 3500kg 的货车（半挂牵引车除外）、货车底盘改装的专项作业车和挂车应提供防止人员卷入的侧面防护，其技术条件应符合 GB 11567.1 的规定。

12.8.2　货车列车的货车和挂车之间应提供防止人员卷入的侧面防护。

12.8.3　总质量大于 3500kg 的货车（半挂牵引车除外）、货车底盘改装的专项作业车和挂车（长货挂车除外）的后下部应装备符合 GB11567.2 规定的后下部防护装置，该装置对追尾碰撞的机动车应具有足够的阻挡能力，以防止发生钻入碰撞。

　　注：长货挂车是指为搬运无法分段的长货物而专门设计和制造的特殊用途车，如运输木材、钢材棒料等货物的车辆。

12.9　客车的特殊要求

12.9.1　客车在设计和制造上应保证发动机排气不会进入客厢。

12.9.2　客车应装备灭火器，灭火器在车上应安装牢靠并便于取用。仅有一个灭火器时，应设置在驾驶人附近；当有多个灭火器时，应在客厢内按前、后，或前、中、后分布，其中一个应靠近驾驶人座椅。

12.9.3　所有专用校车和发动机后置的其他客车应装备发动机舱自动灭火装置，其灭火剂喷射范围应包括发动机舱至少两处具有着火隐患的热源(如增压器、排气管等)，启动工作时应能通过声觉信号向驾驶人报警。

12.10　货车的特殊要求

12.10.1　货车货箱（自卸车、装载质量 1000kg 以下的货车除外）前部应安装比驾驶室高至少 70mm 的安全架。

12.10.2　无驾驶室的三轮汽车货箱前部应安装具有足够强度的安全架，其高度应高出驾驶人座垫平面至少 800mm。

12.10.3　封闭式货车在最后排座位的后方应安装具有足够强度的隔离装置。

12.11   危险货物运输车的特殊要求

12.11.1   专门用于运送易燃和易爆物品的危险货物运输车，车上应备有消防器材并具有相应的安全措施，排气管应装在罐体/箱体前端面之前、不高于车辆纵梁上平面的区域，并安装符合 GB 13365 规定的机动车排气火花熄灭器，机动车尾部应安装接地装置。

12.11.2   罐式危险货物运输车的罐体顶部应设置具有足够强度的倾覆保护装置，且该装置应装备有能将积聚在其内部的液体排出的排放阀；罐体顶部的管接头、阀门及其他附件的最高点应低于倾覆保护装置的最高点至少 20mm。

12.11.3   罐式危险货物运输车的罐体及罐体上的管路和管路附件不得超出车辆的侧面及后下部防护装置，罐体后封头及罐体后封头上的管路和管路附件与后下部防护装置的纵向距离应大于等于 150mm。

12.12   三轮汽车和拖拉机运输机组的特殊要求

12.12.1   三轮汽车正常启动和运行过程中可能触及的，且在环境温度为（23±3）℃下测定温度大于 80℃ 的热表面应有永久性联结或固定（不使用工具无法拆卸）的防护装置或挡板。

12.12.2   三轮汽车和拖拉机运输机组的传动皮带、风扇、启动爪和动力输出轴等外露旋转件应加防护罩，并应符合 GB/T 8196 的规定。

12.12.3   三轮汽车的踏板、脚踏板必要时应采取防滑措施。

12.13   其他要求

12.13.1   汽车驾驶室内应设置防止阳光直射而使驾驶人产生眩目的装置，且该装置在汽车碰撞时，不应对驾驶人造成伤害。

12.13.2   汽车（无驾驶室的三轮汽车除外）应装备符合 GB 19151 规定的三角警告牌，三角警告牌在车上应妥善放置。

12.13.3   乘用车、专用校车和车长小于 6m 的其他客车前后部应设置保险杠，货车（三轮汽车除外）和货车底盘改装的专项作业车应设置前保险杠。

12.13.4   乘用车、专用校车的前风窗玻璃应装有除雾、除霜装置。

12.13.5   校车应配备急救箱，急救箱应放置在便于取用的位置并确保有效适用。

12.13.6   对装备有辅助正面和/或侧面防撞安全气囊系统的汽车，驾乘人员如已按照制造厂家规定正确使用了安全带等安全装置，在发生正面或侧面碰撞时不应由于安全气囊系统未正常展开而遭受不合理伤害。

12.13.7   机动车发动机的排气管口不得指向车身右侧（如受结构限制排气管口必须偏向右侧时，排气管口中心线与机动车纵向中心线的夹角应小于等于 15°）和正下方；客车的排气尾管如为直式的，排气管口应伸出车身外蒙皮。

13   消防车、救护车、工程救险车和警车的附加要求

13.1   消防车的车身颜色应符合相关标准的规定。

13.2   救护车的车身颜色应为白色，左、右侧及车后正中应喷涂符合规定的图案。

13.3   工程救险车的车身颜色应为符合 GB/T 3181 规定的 Y07 中黄色，其车身两侧应喷"工程救险"

字样。

13.4 警车的外观制式应分别符合 GA 524 和 GA 525 的规定。

13.5 消防车、救护车、工程救险车和警车应装备与其功能相适应的装置，各装置应布局合理、固定可靠、便于使用。

13.6 消防车、救护车、工程救险车和警车安装使用的警报器应符合 GB 8108 的规定，安装使用的标志灯具应符合 GB 13954 的规定，警报器和标志灯具应固定可靠。

14 残疾人专用汽车的附加要求

14.1 应根据驾驶人的残疾类型，在采用自动变速器的乘用车上，加装相应类型的、符合相关规定的驾驶辅助装置。加装的驾驶辅助装置安装应牢固可靠，位置应适宜操纵，且不应与车辆的其他操纵指示系统冲突或妨碍车辆其他操纵指示系统的操作。

14.2 驾驶辅助装置加装后，不应改变原车结构的完整性和安全性及影响原车操纵件的电器功能、机械性能，且不应使驾驶人驾驶时受到视野内产品部件的反光眩目。

14.3 加装的方向盘控制辅助手柄应间隙适当，操纵灵活、方便，无阻滞现象。

14.4 加装的制动和加速辅助装置应具有制动、加速互锁功能并保证制动灵活、方便，不会发生失效现象。制动和加速迁延控制手柄传动到制动踏板表面的正压力达到 500N 时，控制手柄表面的正压力应小于等于 300N。

14.5 加装的转向信号迁延开关及驻车制动辅助手柄应刚性固定。转向信号迁延开关应开关自如，功能可靠，不会因振动和其他外力条件而自行开关；驻车制动辅助手柄应操纵轻便、锁止可靠，操纵力应小于等于 200 N。

14.6 加装的驾驶辅助装置的各部件应完好有效，表面不应有影响使用的凹凸、划伤、返锈等，在接触人体的表面部位不得有毛刺、刃口、棱角或其他有害使用者的缺陷。

14.7 残疾人专用汽车应设置符合规定的残疾人机动车专用标志。

15 标准实施的过渡期要求

15.1 8.4.1 关于车辆尾部标志板的要求，自 2014 年 1 月 1 日起对新生产的总质量大于等于 12000kg 的货车底盘改装的专项作业车，最大设计车速小于等于 40km/h 的汽车和车长小于等于 8m 的挂车实施。

15.2 8.6.5 关于部分汽车应安装行驶记录仪的要求，对于未设置乘客站立区的公共汽车、半挂牵引车、总质量大于等于 12000kg 的货车，自本标准实施之日起第 7 个月开始对新注册车实施。

15.3 4.16.7 关于机动车的产品使用说明书的所有文字性内容均应有中文的要求，自本标准实施之日起第 7 个月开始对新进口车实施。

15.4 以下要求自本标准实施之日起第 7 个月开始对新生产车实施：

——4.1.2 关于机动车产品标牌应标明项目的要求对于纯电动汽车、混合动力汽车、燃料电池汽车、电动摩托车、专项作业车和特型机动车；

——4.1.4 关于纯电动汽车、插电式混合动力汽车、燃料电池汽车和电动摩托车应在（主驱动）电动机壳体上打刻电动机型号、编号的要求；

——4.1.5 关于乘用车和总质量小于等于 3500kg 的货车（低速汽车除外）应在靠近风窗立柱的位置永久地标识车辆识别代号的要求；

——4.16 关于机动车的产品使用说明书的要求；

——6.1 关于摩托车使用方向盘转向时的特殊要求；

——8.6.4 关于车长大于等于 6m 的客车应设置手动机械断电开关的要求；

——11.5.5 关于应在驾驶人座位附近设置乘客门应急开关的要求，对于车长大于等于 6m 的客车（公共汽车除外）；

——11.8.2 关于机动车每面号牌板（架）上应设有至少 2 个号牌安装孔的要求；

——12.9.3 关于发动机后置的客车应装备发动机舱自动灭火装置的要求。

15.5　以下要求自本标准实施之日起第 13 个月开始对新生产车实施：

——4.1.6 关于乘用车还应在后备箱（或行李区）及 5 个主要部件上标示车辆识别代号或零部件编号的要求；

——7.2.6 关于部分汽车的前轮应装备盘式制动器的要求，对于车长大于 9m 的未设置乘客站立区的公共汽车；

——7.2.11 关于部分汽车应安装防抱制动装置的要求，对于车长大于 9m 的未设置乘客站立区的公共汽车；

——7.7.4 关于气压制动系应安装保持压缩空气干燥、油水分离的装置的要求；

——9.4.4 关于三轴公路客车的随动轴应具有随动转向或主动转向的功能的要求；

——12.1.5 关于乘用车应装备驾驶人汽车安全带佩戴提醒装置的要求，对于 5 座及 5 座以下乘用车；

——12.4.3.2　关于应急锤取下时应能通过声响信号实现报警的要求及设有乘客站立区的公共汽车设置的应急窗均应为推拉式应急窗或外推式应急窗的要求；

——12.6.15 关于气体燃料车辆应安装泄露报警装置的要求。

15.6　以下要求自本标准实施之日起第 13 个月开始对新定型车实施：

——8.2.1 关于部分货车、专项作业车和挂车的后部照明和信号装置透光面面积的要求。

15.7　以下要求自本标准实施之日起第 19 个月开始对新生产车实施：

——4.1.5 关于应能从乘用车的 ECU 或电子数据接口读取车辆识别代号等特征信息的要求；

——12.1.5 关于乘用车应装备驾驶人汽车安全带佩戴提醒装置的要求，对于 5 座以上乘用车；

——12.5.5 关于发动机后置的公路客车和旅游客车燃料箱的前端面应位于前轴之后的要求。

15.8　以下要求自本标准实施之日起第 25 个月开始对新生产车实施：

——4.1.3 关于车辆识别代号打刻位置及打刻的车辆识别代号可见性的要求；

——7.2.11 关于部分汽车应安装防抱制动装置的要求，对于总质量大于等于 12000kg 的货车和专项作业车；

——7.5 关于部分汽车应装备缓速器或其他辅助制动装置的要求，对于总质量大于等于 12000kg

的专项作业车；

——8.2.1 关于部分货车、专项作业车和挂车的后部照明和信号装置透光面面积的要求；

——10.5 关于车长大于等于 6m 的客车应具有超速报警功能的要求，对于除公路客车、旅游客车、未设置乘客站立区的公共汽车外的其他客车；

——11.5.4 关于紧急情况下乘客门开启的要求，对于车长小于 6m 的客车；

——12.4.1.2 关于部分车长大于等于 6m 的客车应设置应急门的要求。

15.9 自本标准实施之日起第 43 个月开始，新生产机动车（摩托车除外）的每面号牌板（架）（三轮汽车的前号牌板[架]除外）均应设有 4 个号牌安装孔。

15.10 本标准关于专用校车的技术要求，其实施日期按 GB 24407 的规定执行。

附 录 A
（规范性附录）
驾驶人耳旁噪声检验方法

测量驾驶人耳旁噪声时：

a. 汽车空载，处于静止状态且置变速器于空挡，发动机应处于额定转速状态，门窗紧闭。

b. 测量位置应符合 GB/T 18697—2002 的规定。

c. 环境噪声应低于被测噪声值至少 10 dB(A)。

d. 声级计置于"A"计权、"快"档。

附 录 B
（规范性附录）
典型车型车身反光标识粘贴示例及要求

B.1 粘贴基本要求

B.1.1 粘贴施工要求

车身反光标识均应粘贴在无遮挡、易见、平整、连续，且无灰尘、无水渍、无油渍、无锈迹、无漆层起翘的车身表面。

粘贴前应将待粘贴表面灰尘擦净。有油渍、污渍的部位，应用软布蘸脱脂类溶剂或清洗剂进行清除，干燥后进行粘贴。对于油漆已经松软、粉化、锈蚀或起翘的部位，应除去这部分油漆，用砂纸对该部位进行打磨并做防锈处理，然后再粘贴车身反光标识。

B.1.2 通用粘贴要求

车身后部的车身反光标识应由白色单元开始、白色单元结束。侧面可以由红色单元开始，但靠近车辆尾部的最后一个单元应为白色单元。

粘贴车身反光标识后，不应影响本标准规定的车辆照明和信号装置的性能。

粘贴车身反光标识后，不应在车身反光标识上钻孔、开槽。

车身表面无法直接粘贴车身反光标识时，应先将车身反光标识粘贴在具有一定刚度、强度、抗老化的条形衬板上，再将条形衬板牢固地粘贴或铆接到车身上。

车身反光标识离地面的高度最低为 380mm。

B.1.3　后部车身反光标识粘贴要求

B.1.3.1　后部车身反光标识应尽可能体现车辆后部宽度和高度，水平粘贴的车身反光标识体现车辆后部宽度，沿后部两侧边缘垂直粘贴的车身反光标识体现车辆后部高度，货厢后部边角相交部分应为白色单元。部分总质量小于等于 4500kg 的货车，因后部货厢结构不能满足白色单元相交要求时，可红、白相交，但垂直粘贴的单元上部应为白色单元。厢式货车和厢式挂车后部的车身反光标识应能体现货厢轮廓。

B.1.3.2　不同级别的车身反光标识材料不应同时应用于车辆后部。采用一级车身反光标识材料时，其与后反射器的面积之和应大于等于 $0.1m^2$；采用二级车身反光标识材料时，其与后反射器的面积之和应大于等于 $0.2m^2$。

B.1.3.3　后部车身反光标识应连续粘贴，无法连续粘贴时可断续粘贴，但每一连续段长度应大于等于 300mm，且应包含红、白色车身反光标识至少各一个单元，粘贴间隔应小于等于 100mm。特殊情况下，允许红、白单元分开粘贴，但应保持红、白相间，每一连续段长度应大于等于 150mm，粘贴间隔应小于等于 100mm。如果不能沿车厢后部两侧边缘垂直粘贴，应在最接近边缘的宽度达到 50mm 的可粘贴表面粘贴，车身反光标识的上边缘尽可能接近车厢后部的上边缘。

B.1.4　侧面车身反光标识粘贴要求

侧面车身反光标识的粘贴允许中断，但其总长度（不含间隔部分）应大于等于车长的 50%，每一连续段长度应大于等于 300mm，且应包含红、白色车身反光标识至少各一个单元，二级车身反光标识材料粘贴间隔应小于等于 150mm，一级车身反光标识材料粘贴间隔应小于等于 300mm，粘贴应尽可能纵向均匀分布。特殊情况下，允许红、白单元分开粘贴，但仍应保持红、白相间，每一连续段长度应大于等于 150mm，二级车身反光标识材料粘贴间隔应小于等于 150mm，一级车身反光标识材料粘贴间隔应小于等于 300mm。

侧面车身反光标识的长度对三轮汽车应大于等于 1.2m；对货厢长度不足车长 50% 的货车应为货厢长度；侧面车身结构无连续表面的混凝土搅拌运输车和专项作业车，其粘贴总长度应大于等于车长的 30%。厢式货车和厢式挂车侧面的车身反光标识应能体现货厢轮廓。

侧面车身反光标识材料的级别可不同于后部车身反光标识材料。

B.2　栏板货车、栏板挂车、低速汽车粘贴

对总质量大于 4500kg 的栏板货车，应在驾驶室后方围栏上方两侧或驾驶室后部上方两侧边角用白色车身反光标识拼接成"倒 L"，"倒 L"水平方向和垂直方向均由 2 个长度为 150mm 的白色单元拼接而成。对总质量小于等于 4500kg 的栏板货车，后部栏板高度不足以粘贴连续长度为 300mm 的车身反光标识（含红、白各 1 个单元）时，可只粘贴长 150mm 的白色单元。

栏板货车、栏板挂车、低速汽车粘贴示例见图 B.1。其中，图 B.1（b）为二级车身反光材料粘贴示例，对总质量小于等于 4500kg 的货车可粘贴成"□"形以满足粘贴面积的要求；后部使用一级车身反光标识材料时，可以断续粘贴，但垂直方向最上方和最下方及水平方向最左侧、最右侧和中

间部位应粘贴。

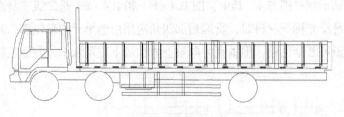

（a）侧面粘贴示列　　　　　　　　　　　　　（b）后部粘贴示列

图B.1　栏板货车、栏板挂车、低速汽车粘贴示例

B.3　厢式货车（含厢式低速货车）、厢式挂车粘贴

厢式货车（含厢式低速货车）的侧面车身反光标识应沿车厢下边缘粘贴，在侧面车厢上部两侧边角用白色车身反光标识拼接成"倒L"，"倒L"水平方向和垂直方向均由2个长度为150mm的白色单元拼接而成。后部车身反光标识应勾勒出车厢后部的轮廓，四个角应为白色单元相接。

厢式货车（含厢式低速货车）、厢式挂车粘贴示例见图B.2。其中，图B.2（b）是二级车身反光标识材料的粘贴示例；使用一级车身反光标识材料时，货厢后部四角应用白色单元勾勒轮廓，其他部位可断续粘贴。

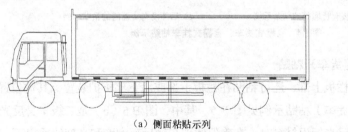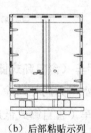

（a）侧面粘贴示列　　　　　　　　　　　　　（b）后部粘贴示列

图B.2　厢式货车（含厢式低速货车）、厢式挂车粘贴示例

B.4　封闭式货车粘贴

封闭式货车的后部车身反光标识应勾勒出车辆后部轮廓，四个角应为白色单元相接。因铰链等无法连续粘贴时，允许断续粘贴。

封闭式货车粘贴示例见图B.3。其中，图B.3（b）是二级车身反光标识材料的粘贴示例；使用一级车身反光标识材料时，货厢后部四角应用白色单元勾勒轮廓，其他部位可断续粘贴。

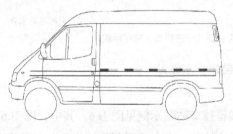

（a）侧面粘贴示列　　　　　　　　　　　　　（b）后部粘贴示列

图B.3　封闭式货车粘贴示例

B.5 仓栅式货车、仓栅式挂车粘贴

仓栅式货车、仓栅式挂车粘贴示例见图 B.4。其中，图 B.4（b）和 B.4（c）是二级车身反光标识材料的粘贴示例；使用一级车身反光标识材料时，货厢后部四角应用白色单元勾勒轮廓，其他部位可断续粘贴；侧面车身反光标识可断续粘贴，但垂直方向最上方和最下方及水平方向最左侧、最右侧和中间部位应粘贴。

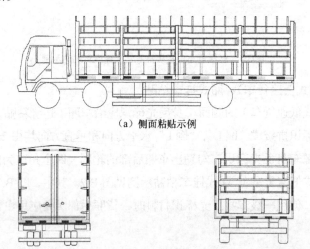

（a）侧面粘贴示例

（b）后部装有货厢门的粘贴示例　　　（c）后部没有货厢门的粘贴示例

图B.4　仓栅式货车、仓栅式挂车粘贴示例

B.6 自卸车（含自卸式低速货车）粘贴

后部水平方向粘贴除了栏板上部，还可粘贴在栏板下部或后下部防护装置等其他位置。

自卸车（含自卸式低速货车）粘贴示例见图 B.5。其中，图 B.5（b）是二级车身反光标识材料的粘贴示例；使用一级车身反光标识材料时，在确保体现车辆后部宽度和高度的前提下，可断续粘贴，但垂直方向最上方和最下方及水平方向最左侧、最右侧和中间部位应粘贴。

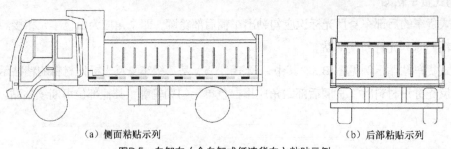

（a）侧面粘贴示列　　　　　　　　　　　　　　（b）后部粘贴示列

图B.5　自卸车（含自卸式低速货车）粘贴示例

B.7 平板货车、平板挂车、低平板挂车、集装箱挂车粘贴

B.7.1 平板货车粘贴

平板货车、平板挂车、低平板挂车、集装箱挂车粘贴示例见图 B.6。其中，图 B.6（b）是二级车身反光标识材料粘贴示例，如果平板后部无法粘贴，应在后下部防护装置上水平并列连续粘贴两排车身反光标识，粘贴面积应大于等于 0.2m²；后部使用一级车身反光标识材料时，可在平板后部

或后下部防护装置上水平连续粘贴，粘贴面积应大于等于 $0.1m^2$。

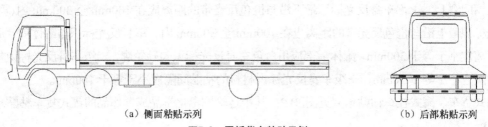

（a）侧面粘贴示列 　　　　　　　　　　　　　　（b）后部粘贴示列

图B.6　平板货车粘贴示例

B.7.2　平板挂车、低平板挂车、集装箱车粘贴

平板挂车、集装箱挂车的侧面车身反光标识应沿车架侧面水平粘贴，其中低平板半挂车应沿车架平整的连续表面粘贴。因车架结构原因，侧面粘贴的车身反光标识可不在同一水平面上。

后部有后下部防护装置时，后下部防护装置上应粘贴车身反光标识。低平板挂车后部如有爬梯，还应在两个爬梯最外侧的爬梯架上（至少应在爬梯架的最上端、中间和最下端）粘贴车身反光标识。

集装箱挂车装载集装箱时，应在集装箱后部和侧面至少水平固定一块 2000mm×150mm 的柔性反光标识，安装部位应尽可能接近集装箱顶部。

平板挂车、集装箱挂车粘贴示例见图 B.7 和图 B.8。其中，图 B.7（b）和图 B.8（b）为二级车身反光标识粘贴示例，平板后部、后下部防护装置应连续粘贴；使用一级车身反光标识材料时，可断续粘贴。

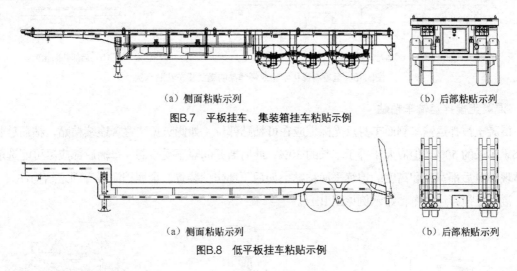

（a）侧面粘贴示列 　　　　　　　　　　　　　　（b）后部粘贴示列

图B.7　平板挂车、集装箱挂车粘贴示例

（a）侧面粘贴示列 　　　　　　　　　　　　　　（b）后部粘贴示列

图B.8　低平板挂车粘贴示例

B.8　罐式货车、罐式挂车粘贴

罐式货车、罐式挂车侧面车身反光标识应在车身侧面车架或罐体中间部位水平粘贴，体现罐体长度。不规则罐式挂车侧面车身反光标识应粘贴在罐体侧面中间位置，体现罐体长度。罐体后部应用车身反光标识勾勒罐体轮廓，二级车身反光标识材料的粘贴间隔应小于等于 50mm，一级车身反光标识材料的粘贴间隔应小于等于 100mm。

对运输剧毒化学品或爆炸品的罐式货车，侧面车身反光标识应在车身侧面的车架部位水平粘贴，体现车架长度，并在罐体侧面用边长为 300mm（2 个 150mm 长的单元拼接）白色车身反光标识拼接成"L"和"倒 L"，上部车身反光标识最下沿与橙色反光带的距离应在 100mm 至 300mm 内，下部车身反光标识最上沿与橙色反光带的距离应在 100mm 至 300mm 内，车身反光标识与罐体前、后端的最大距离应小于等于 300mm。罐体后部应用白色车身反光标识勾勒轮廓，二级车身反光标识材料的粘贴间隔应小于等于 50mm，一级车身反光标识材料的粘贴间隔应小于等于 100mm。

罐式货车、罐式挂车粘贴示例见图 B.9，其中运输剧毒化学品或爆炸品的罐式货车粘贴示例见图 B.10。

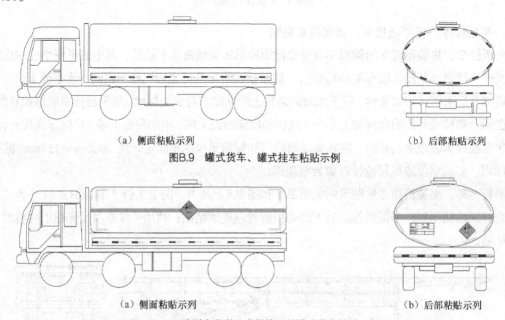

（a）侧面粘贴示列　　　　　　　　　　　　　　（b）后部粘贴示列

图B.9　罐式货车、罐式挂车粘贴示例

（a）侧面粘贴示列　　　　　　　　　　　　　　（b）后部粘贴示列

图B.10　运输剧毒化学品或爆炸品的罐式货车粘贴示例

B.9　混凝土搅拌运输车粘贴

混凝土搅拌运输车侧面车身反光标识应在可粘贴部位（如侧防护装置）连续粘贴，粘贴总长度可小于车长的 50%，但应大于等于车长的 30%，此时断开间隔不受限制。车辆后部应尽可能选取能够体现车身后部宽度和高度的连续平面粘贴，如后下部防护装置、金属挡泥板等固定结构件。

混凝土搅拌运输车粘贴示例见图 B.11。

（a）侧面粘贴示列　　　　　　　　　　　　　　（b）后部粘贴示列

图B.11　混凝土搅拌运输车粘贴示例

B.10　专项作业车粘贴

专项作业车上车身反光标识的粘贴应尽可能按前述基本粘贴要求进行粘贴，部分专项作业车除驾驶室外的车身结构无连续平面，不能满足要求时，车辆后部应尽可能选取能够体现车身后部宽度和高度的连续平面粘贴，如后下部防护装置、金属挡泥板等固定结构件；侧面车身反光标识应在可粘贴部位（如侧防护装置）连续粘贴，粘贴总长度可小于车辆长度的 50%，但应大于等于车辆长度的 30%，此时断开间隔不受限制。

汽车起重机粘贴示例见图 B.12，清障车粘贴示例见图 B.13。

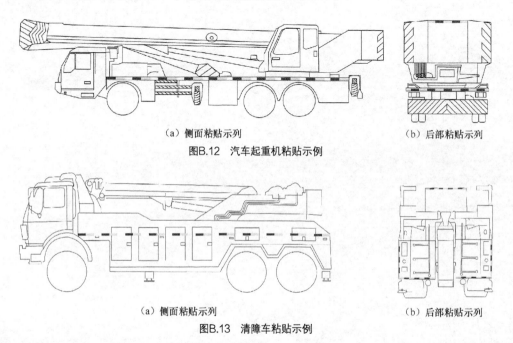

（a）侧面粘贴示列　　　　　　　　　　（b）后部粘贴示列

图B.12　汽车起重机粘贴示例

（a）侧面粘贴示列　　　　　　　　　　（b）后部粘贴示列

图B.13　清障车粘贴示例

B.11　半挂牵引车粘贴

半挂牵引车的侧面无须粘贴车身反光标识，后部应在驾驶室后部粘贴；使用二级车身反光标识材料时，水平方向应并列连续粘贴 2 排，垂直方向每侧应各粘贴 2 个长 150mm 的白色单元；使用一级车身反光标识材料时，水平方向应连续粘贴，垂直方向每侧应各粘贴 1 个长 150mm 的白色单元。

半挂牵引车粘贴示例见图 B.14。

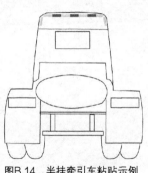

图B.14　半挂牵引车粘贴示例